千古奇案系列

梦回大元
看奇案

姜正成 著

吉林出版集团股份有限公司

图书在版编目(CIP)数据

梦回大元看奇案 / 姜正成著. —长春：吉林出版集团股份有限公司，2018.7
ISBN 978-7-5581-5545-1

Ⅰ.①梦… Ⅱ.①姜… Ⅲ.①中国历史—元代—通俗读物 Ⅳ.①K247.09

中国版本图书馆 CIP 数据核字(2018)第 149794 号

梦回大元看奇案

著　　者	姜正成
责任编辑	王　平　史俊南
开　　本	710mm×1000mm　1/16
字　　数	210 千字
印　　张	15.25
版　　次	2018 年 7 月第 1 版
印　　次	2018 年 7 月第 1 次印刷
出　　版	吉林出版集团股份有限公司
电　　话	总编办：010-63109269
	发行部：010-67208886
印　　刷	北京市通州大中印刷厂

ISBN 978-7-5581-5545-1　　　　　　　　　　　　定价：49.80 元

版权所有　侵权必究

前 言

元代是少数民族建立的政权,前后持续了九十七年。它的历史与明、清等朝代相比是短暂的,也因为元朝是游牧民族入主中原,由于为文化的差异,留下了不少历史谜团。这些扑朔迷离的历史事件和人物,为元代历史涂上了一层神秘的色彩,显得迷雾重重。

本书从元代的疑案入手,通过生动的故事叙述、案件分析,以独特的视角剖析疑案,揭开谜团,解读人物命运。"以案件说人物,以人物说历史",拨开迷雾,还原历史,通俗地叙述了元朝百年由盛而衰的过程。

帝王与后妃的宫廷生活,一直笼罩着神秘的色彩,难以为世人所知晓。本书既有帝王的艰辛与勤政,也有他们的残暴与淫逸;既有帝后、君臣之间的真诚与忠贞,又有他们为权欲而争斗的欺诈与谋变;本书系统地反映了元朝宫廷内部错综复杂的斗争。从森严的宫廷之中寻找那些被桎梏的灵魂,探寻他们曾经的种种心理历程,可以让我们一窥那个时代的风华,领略一代天骄的子孙们的故事。

在本书中,您将看到不可一世的大元帝王们短瞬的荣光与所遭受过的挫折,每一次的皇位更替都伴随着血淋淋的家族相残,亲情一度成为被利用的工具——元武宗在位还不到四年时间就离奇死亡,其弟爱育黎

拔力八达继承了皇位后，在位不到九年时间就步其兄后尘。

在本书中，您更会看到，英雄豪杰的慷慨悲歌和可歌可泣的千古传奇以及许许多多匪夷所思的奇闻谜案。八思巴为何能成为忽必烈的帝师？哈麻兄弟俩为何同时被杖死？权力的滋味到底有多么大的诱惑，让亲情变得支离破碎？当带着腥味的鲜血自七窍中喷涌而出的时候，那些曾经为了权力而争得不可开交的灵魂，会不会有所感悟？

一个世纪，几代人，在中国五千年的历史长河中确实不算长。但这沧桑百年，对中国历史走向所造成的巨大扭力，是以往任何一个朝代所不能比拟的！抛开蒙元东征西杀的残酷、破坏，那个时代所迸发出的不可抑止的创造力、扩张力、竞争力、进取力，确实值得后人学习了。可惜的是，民族压迫这一致命的症结从一开始就决定了元帝国的悲惨结局。蒙古统治者没有顺应"汉化"的历史趋势，他们太多的精力都浪费在享乐和如何防止被"同化"上面。草原虽然非常辽阔，却没有赋予"黄金家族"优秀而又辽阔的政治视野。

元朝，这个兴起于大漠草原、第一个入主中原的少数民族政权，凭借着金戈铁马，以气吞万里的如虎之势，在广袤的东亚大地上演出了一幕幕波澜壮阔的历史短剧。本书将为您解读那些故事，以及隐藏在那些故事背后不为人知的秘密。在这里您将看到，不可一世的大元帝王们的荣耀与失意；皇子公主们瑰丽或凄迷的人生；深居后宫的嫔妃似烟似雾的愁容以及身居高位的达官显贵们内心中的脆弱；汉人百姓在夹缝中艰难求存的凄凉……

再回首，元帝国已经化作历史的尘埃，今天的我们，唯有回溯历史的长河，用心地解读那些人、那些事，寻觅那些绽放在看似野蛮的时代里的文明之花。

在编写此书的过程中，我们查阅了大量的史书资料，但由于我们的水平有限，可能还有很多的知识点有欠缺和遗漏的地方，在本书中难免会出现一些错误与不足，还恳请众多读者批评与指正。

上篇 莫名其妙的死亡之谜

元朝是中国历史上第一个由少数民族建立的大一统帝国。在这一时期出现了众多莫名其妙的死亡疑案，军事家，或者是帝王，都难逃此劫。其中到底发生了怎么样的故事？又是谁在幕后主导着一切？

路遇杀手：成吉思汗商队被屠案

- 成吉思汗商队与花剌子模的关系 …………………… 002
- 商队惨案之谜 …………………………………………… 007
- 成吉思汗发怒西征 ……………………………………… 010
- 成吉思汗为什么能成功 ………………………………… 014
- 成吉思汗用兵之谜 ……………………………………… 019

拖雷暴死：军事家死亡之谜

- 立储斗争的谜团 ………………………………………… 024
- 窝阔台即位之谜 ………………………………………… 028
- 拖雷死亡之谜 …………………………………………… 033
- 拖雷之死与蒙古继承制度 ……………………………… 039
- 拖雷喝巫师之水代兄赴死？ …………………………… 042

脱脱冤死：一代贤相死亡之谜

伯父专权引祸端 ………………………………… 046

脱脱为什么要大义灭亲 ………………………… 052

脱脱更化之谜 …………………………………… 058

脱脱辞职与复任 ………………………………… 062

贤相脱脱被害之谜 ……………………………… 068

帝王之殇：元朝帝王不明死亡之谜

元明宗"暴崩"之谜 …………………………… 075

成吉思汗铁木真的死因 ………………………… 079

贵由的死亡之谜 ………………………………… 083

蒙哥命绝钓鱼城 ………………………………… 087

元成宗铁穆耳死亡谜团 ………………………… 091

海都之死奇闻 …………………………………… 095

百年风雨：大元王朝宫廷争斗秘闻

术赤是否因色丧生 ……………………………… 099

称雄西北王海都 ………………………………… 103

妥欢贴睦尔的后宫生活 ………………………… 106

皇太子真金与反叛无常的昔里吉 ……………… 109

铁木格斡赤斤与别里古台秘闻 ………………… 114

元成宗继位之谜 ………………………………… 118

下篇 离奇叵测的王室奇案

元朝因统治腐败、宰相专权和内乱频发以及民族矛盾过深，导致了大规模的农民起义。这期间出现了反叛，出现了刺杀，王室中充斥着勾心斗角已然无法正常生活。离奇的死亡、不可思议的叛乱，让这个朝代出现了数不清的谜案……

风云官场：王侯将相奇闻疑案

- 扎木合的七十口锅究竟煮的什么东西 ………… 124
- 权臣燕帖木儿的荒淫无度 ………… 127
- 外国籍宦官朴不花 ………… 131
- 速不台为何被称为"四狗"之首 ………… 135
- 蒙元第一贤臣耶律楚材 ………… 138
- 被遗忘的"苏武"郝经 ………… 141

勾心斗角："理财"权臣阿合马被刺之谜

- 敛财高手阿合马 ………… 146
- 奸臣专权秘闻 ………… 150
- 阿合马横征暴敛之谜 ………… 154
- 阿合马与太子真金的斗争 ………… 158
- 阿合马被刺之谜 ………… 164

南坡事变：胆大妄为弑君之谜

元英宗弄巧成拙谜案 …………………………………… 170

元英宗的斗争 …………………………………………… 175

南坡事变之谜 …………………………………………… 179

元英宗为何众叛亲离 …………………………………… 184

权力之争的谜团 ………………………………………… 189

离奇秘闻：后宫红颜乱政之谜

太子妃阔阔真的风流事 ………………………………… 191

斡兀立·海迷失听政监国 ……………………………… 195

元惠宗妥欢帖睦尔的三个皇后 ………………………… 198

乃马真专权之谜 ………………………………………… 201

成吉思汗为何一生珍爱皇后孛儿帖 …………………… 205

权欲弩戈：王室宫廷的政治谜团

八思巴是忽必烈的帝师吗？ …………………………… 208

博尔术为何被封为蒙古第一人 ………………………… 212

肆无忌惮的短命鬼卢世荣 ……………………………… 215

自树"功德碑"的吐蕃人桑哥 ………………………… 220

史天泽是名将贤相，还是汉奸 ………………………… 226

成吉思汗为什么封木华黎为国王 ……………………… 231

后　记 …………………………………………………… 235

上篇

莫名其妙的死亡之谜

元朝是中国历史上第一个由少数民族建立的大一统帝国。在这一时期出现了众多莫名其妙的死亡疑案,军事家,或者是帝王,都难逃此劫。其中到底发生了怎么样的故事?又是谁在幕后主导着一切?

路遇杀手：成吉思汗商队被屠案

具有雄才大略的成吉思汗，并不满足于已有的功业，他在成为蒙古帝国的最高统帅之后，带领他的大军南征北战，大肆扩张领土，以便为他的子孙拓展更大的疆域。然而，成吉思汗派出的一个450人的庞大商队前往西域，却遭到了当地人的残酷屠杀！其中的谜团众说纷纭，没有定论。

成吉思汗商队与花剌子模的关系

公元1206年，铁木真统一了蒙古各部，并在斡难河（也就是今天的蒙古人民共和国鄂嫩河）畔被推举为全蒙古的大汗，蒙古帝国就此建立，铁木真就是历史上著名的成吉思汗。

具有雄才大略的成吉思汗，并不满足于已有的功业，他在成为蒙古

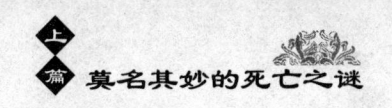

帝国的最高统帅之后，带领他的大军南征北战，大肆扩张领土，以便为他的子孙拓展更大的疆域。

成吉思汗十三年（1218年），成吉思汗派出了一个450人的庞大商队前往西域，准备用珠宝和药材换回粮食和战马，然后向金国再次发动进攻。然而，当这支商队走到花剌子模的讹答剌城（今哈萨克斯坦奇姆肯特市阿雷思河和锡尔河交汇处）时，却遭到了当地人的残酷屠杀……

那么，花剌子模人为什么要把成吉思汗派出的商队全部杀掉呢？商队被杀之后，成吉思汗又采取了哪些应对措施？这个事件对蒙古帝国的历史产生了哪些重要影响呢？

在分析这个事件之前，有必要对花剌子模作一个简单的介绍。

花剌子模是一个位于今日中亚西部地区的古代国家，位于阿姆河下游、咸海南岸，国土主要分布在今日乌兹别克斯坦、土库曼斯坦、塔吉克斯坦、吉尔吉斯斯坦的土地上，鼎盛时期还包括今天伊朗和阿富汗的一些地方。

花剌子模曾经是波斯帝国的一个行省。公元前5世纪，波斯军队远征希腊失败后，波斯帝国走向衰落，约公元前4世纪中期，花剌子模独立。后来，亚历山大大帝灭亡波斯，花剌子模隶属于马其顿帝国。公元前后，印度的贵霜王朝强盛起来，统治了花剌子模地区。这个时期佛教从印度传入花剌子模地区，但是这里的居民长期保留着古老的宗教习惯，大部分人信奉祆教。3世纪，花剌子模脱离贵霜帝国获得独立，以后较长时间里保持相对独立的地位，经济比较繁荣。波斯萨珊帝国时期，中亚为突厥所据，但是主权归属一直是波斯版图，花剌子模重新被波斯萨珊王朝控制。7世纪时，被阿拉伯帝国征服。11到13世纪，受塞尔柱突厥统治，领土扩张到波斯、阿富汗一带。

1142年，西辽与塞尔柱人决战，塞尔柱人战败，西辽军侵入花剌子

模,花剌子模被迫向西辽称臣。

西辽是辽国被金国灭亡后,由辽国大将耶律大石建立的一个国家,史称西辽。辽国是在1125年灭亡的,在此之前,耶律大石率部退至漠北,后来又率部西征,于1132年到达叶密立(今新疆额敏县),并在这里登基称帝,号菊尔汗。西辽建国后,耶律大石就开始大规模地对外扩张,在十年的时间里,先后征服了高昌回鹘王国(东喀喇汗王朝、西喀喇汗王朝)和花剌子模。西辽兵进入花剌子模后,大肆屠杀当地平民,迫使其统治者阿即思称臣,每年向西辽进贡。随后,西辽兵退出了花剌子模,花剌子模继续由阿即思统治。

1200年,摩诃末当上了花剌子模的国王,仍向西辽称臣。1204年,阿富汗古尔王朝入侵花剌子模,双方展开大战。花剌子模在西辽兵的帮助下,打败了古尔人,并把对方赶出了花剌子模。随着花剌子模国力的增强,摩诃末不甘心于自己的附庸地位,便停止了给西辽的年贡,而且开始征服整个河中地区(指中亚锡尔河和阿姆河流域以及泽拉夫尚河流域,包括今乌兹别克斯坦全境和哈萨克斯坦西南部)。1206年布哈拉汗国爆发了起义,摩诃末认为这是征服河中地区的大好时机,便率军进入河中地区,攻占布哈拉,镇压了起义。摩诃末同西喀喇汗王朝的奥斯曼结成同盟,与西辽对抗,但被西辽打败,摩诃末退回了花剌子模。

蒙古兴起后,乃蛮部被成吉思汗打垮,乃蛮部太阳汗之子屈出律(又称古出鲁克)及大量部民逃脱。他们逃往别失八里(今新疆吉木萨尔境内),从那里又越过天山到达库车(今新疆库车县)。屈出律带领部下在库车山里东游西荡,既无粮食又缺乏给养,而跟随他的那些人已作鸟兽散。1208年冬,屈出律只好去投奔西辽王朝的菊尔汗。当花剌子模的摩诃末起兵反对西辽时,西辽的属国、属部也起来造反,西辽处境困难。这时,屈出律主动向西辽菊尔汗建议,让他去纠集乃蛮旧部,以强大西辽。西辽菊尔汗耶律直鲁古接受了他的建议，赏赐他许多财宝并封他为可汗。屈出律东去之后，果然收拢了不少乃蛮士兵，又同其他部落结成联盟。他率领这支军队进入西辽直辖领地，大肆杀戮和抢劫。这个屈出律是个野心家，他秘密向花剌子模派出使臣，约定双方夹攻菊尔汗，以瓜分西辽的土地。这样，屈出律和耶律直鲁古反目成仇，屈出律出兵击败西辽军队，劫掠西辽的府库乌兹干（今吉尔吉斯斯坦的乌兹根），又进攻喀喇汗王朝的古都巴拉沙衮（今吉尔吉斯斯坦楚河州托克马克境内的布拉纳城），但被西辽军打败，士兵大半被俘。屈出律北走，重新集结兵力，等待时机。

1211年秋天，屈出律趁耶律直鲁古外出狩猎的时候发动突然袭击，耶律直鲁古兵败被抓，屈出律攫取了西辽的政权，西辽国到此实际上就灭亡了。《辽史》记载，"乃蛮王屈出律以伏兵八千擒之（指耶律直鲁古），而据其位。"屈出律攫取西辽政权后，表面上对菊尔汗很礼敬，"尊耶律直鲁古为太上皇，皇后为皇太后，朝夕问起居"，实际上是利用他来稳定自己的统治。耶律直鲁古在抑郁悲意中生活了两年，于1213年死去。

屈出律为了取得契丹贵族的支持，娶了西辽王朝的一位公主。屈出律本来是信奉基督教的，但在这位公主的劝告下，他由信奉基督教改信佛教，并且在全国大力推行佛教，打击伊斯兰教。屈出律要穆斯林改奉佛教，至少要穿戴契丹人的服装，并强制推行。屈出律的做法引起了当地人民的普遍不满。

1210年，摩诃末再次出兵，进入河中地区。摩诃末为动员广大穆斯林支持自己，煽动起他们的宗教狂热，抵制屈出律的统治，并宣布对西辽进行"圣战"。他在怛逻斯（今哈萨克斯坦江布尔城）附近打败西辽军队，并俘虏了其主帅塔阳古，从此摩诃末威名大震。

西辽在对付花剌子模和西喀喇汗王朝的叛离而失败的同时，它在各个属国的官员也日趋腐化。东部的高昌回鹘王国于1209年杀死西辽王朝的监督官投靠蒙古国；1211年，葛逻禄部首领阿儿斯兰汗也投奔成吉思汗。这样，西辽王朝只剩下东喀喇汗王朝这一个附庸国。后来，东喀喇汗王朝也起兵造反，菊尔汗出兵镇压，并把喀喇汗王朝的穆罕默德俘虏，囚禁于巴拉沙衮，才稳定住局势。但是这时西辽王朝的直辖领地已经与全盛之时不可同日而语了。

1212年，摩诃末终于征服了河中地区，到1215年，花剌子模彻底征服了阿富汗地区。花剌子模的国力一天天强大起来，到1217年，它的疆域扩展到阿富汗、波斯一带，成为一个强大的国家。

当花剌子模逐渐强盛的时候，摩诃末听说东方的蒙古帝国正在兴起，就于1215年派使团来打探虚实。摩诃末的使团在中都（今北京西南）附近觐见了成吉思汗，成吉思汗盛情地款待了他们，并表示，双方要保持和平友好关系，让商人自由往来。1216年，成吉思汗还派出使者，回访了花剌子模国。1218年春，摩诃末在不花剌城（今乌兹别克斯坦西南部的布哈拉）接见了蒙古使者，蒙古使者递交了成吉思汗亲自写给摩诃末的信。信的大致内容是：吾人眼下有友邻之责，协调的途径应由双方遵循；友谊的责任应得到承担；吾人应有义务在不幸事故中相互支援和帮助；并且应使常行的和荒废的道路平安开放，让商人们可以安全无约束地来往。

摩诃末同意了成吉思汗的提议，双方缔结了和平通商协定。

但是，时间不长，不幸的事情却发生了……

商队惨案之谜

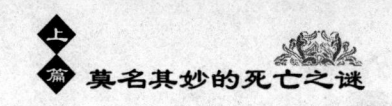

当成吉思汗与花剌子模国王摩诃末达成和平通商协定后，成吉思汗于当年就派出了一个450人组成的商队，赶了500匹大骆驼，浩浩荡荡向西域而去。成吉思汗的目的是准备用珠宝和药材换回粮食和战马，然后再次向金国进攻。这500匹骆驼排成长队，气势是何等的宏大！他们一路向西，在广漠的天地间形成一道亮丽的风景。

经过长途跋涉，商队到达了花剌子模的边境。边境上有一座城池叫讹答剌城，位于今天的哈萨克斯坦奇姆肯特市阿雷思河和锡尔河交汇处，是花剌子模国东部的一个重镇，也是商人到伏尔加河以及东罗马帝国的必经之路。蒙古的商队到达这个地方以后，商队的领队让大家卸下货物，在城外等候，自己带着一个随从，拿着成吉思汗的通关文牒，进城办理过境手续。

讹答剌城的守将名叫亦纳勒术，是花剌子模国王摩诃末的异母兄弟或者表兄弟，被封为"海尔汗"，具有相当大的权力。亦纳勒术是个非常傲慢的家伙，仗着自己是皇亲国戚，为非作歹，横行霸道，不可一世。他看了蒙古商队的通关文牒，说是要亲自出城检查，让商队的领队出城等候。

蒙古商队的领队到了城外，让大家一边等候检查，一边拿出干粮充饥。工夫不大，从城里陆续冲出几队士兵，为首的正是那个亦纳勒术。

商队的人员不知道发生了什么事，正在纳闷，亦纳勒术一声令下，那些士兵挥舞着战刀冲了过来，把手无寸铁的蒙古商队人员都俘虏了。

接着，亦纳勒术向摩诃末报告，说蒙古商队中有间谍人员。摩诃末听了非常生气，他不作任何调查，就命令亦纳勒术将蒙古商队人员全部杀死，将商队所带财物全部扣留。只有一名驼夫侥幸逃脱，跑回蒙古国，向成吉思汗作了汇报。历史上称这一事件为"讹答剌惨案"。

那么，亦纳勒术为什么要把蒙古商队赶尽杀绝呢？原来，这个亦纳勒术见蒙古商队带着许多珠宝和值钱的东西，不由得见财起意，于是谎称蒙古商队中有间谍，因而制造了这场屠杀案。

那名侥幸逃脱的驼夫跑回蒙古，向成吉思汗报告了商队人员被杀、珠宝货物被抢的经过，成吉思汗勃然大怒。此时的成吉思汗正准备攻打金国的都城汴京（今河南开封）。金国的都城原来在中都，成吉思汗九年（1214年），蒙古军攻陷了中都，金国不得不将都城南移到汴京。成吉思汗得到这个报告，便暂时取消了攻打汴京的计划。他和四个儿子术赤、察合台、窝阔台、拖雷商量，决定先派使者前往花剌子模进行交涉。

成吉思汗派出的使者到了花剌子模，见到了国王摩诃末，要求惩办制造惨案的元凶亦纳勒术，并归还所有被扣押的珠宝和货物。但是，摩诃末有意袒护亦纳勒术，不仅断然拒绝了蒙古使者的要求，而且还狂妄地杀死了蒙古使者。这一下可把成吉思汗激怒了，这位称霸草原的英雄决定亲率大军，西征花剌子模，出一出胸中的这口恶气。于是，震撼世界的第一次西征开始了。

成吉思汗决心西征花剌子模，为自己的商队和使者报仇。但蒙古帝国与花剌子模之间还隔着一个大国，这就是前面说过的西辽。西辽虽然已经灭亡了，但统治西辽的屈出律并没有重新建立国家，所以我们仍然称这个国家为西辽。要去攻打花剌子模，必须经过西辽地界，而西辽与

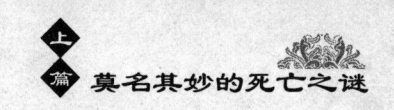

蒙古帝国势不两立，向西辽借道是不可能的。所以，第一步必须先征服西辽国，扫清西征花剌子模的障碍，然后才能进军花剌子模。

为了加快西征步伐，成吉思汗决定借助西夏的力量，联合进攻西辽国。西夏国的皇帝叫李遵顼，他虽然被蒙古军打败，但并没有诚心臣服蒙古帝国。所以，当成吉思汗派来的使者请求他出兵时，李遵顼以国穷、兵弱、马瘦、粮缺等种种理由，拒绝了成吉思汗的要求。于是，成吉思汗放弃了这一打算，改派自己的得力大将哲别前去征伐西辽。

哲别原名叫只儿豁阿歹，因为他是一名神箭手，成吉思汗赐名为哲别，蒙古语就是"箭"的意思。他骁勇善战，是成吉思汗手下的一员名将。

1218年，哲别奉命率两万精兵，征伐西辽。

自从屈出律夺取政权之后，西辽的政权从契丹族人手里转到乃蛮人手里，民族矛盾相当尖锐。再加上屈出律下了一道命令，让西辽的人都信奉佛教，这就使得民族矛盾更加激化了。民族矛盾和宗教矛盾使西辽社会一片混乱，人民怨声载道，对屈出律非常不满。

蒙古军抓住这一要害展开政治攻势。哲别大张旗鼓地向西辽百姓进行宣传，说明蒙古军此次出征，只是追剿屈出律和他的乃蛮残部，对西辽的广大民众绝不伤害，并且主张信仰自由，信什么教都可以。这样，西辽上下都对蒙古军有了好感。

哲别率蒙古精兵势如破竹，西辽军根本无力抵抗。哲别很快就攻占了西辽的都城虎思斡耳朵，就是前面提到的巴拉沙衮。这个古都是当年耶律大石改名的。蒙古军占领了虎思斡耳朵，屈出律仓皇出逃，后来被当地伊斯兰教徒抓获，交给了哲别。最后，屈出律在撒里黑昆（今新疆西南部的塔什库尔干）被哲别处死。

西辽的最后覆灭，为成吉思汗西征扫清了道路。时间进入1219年，

成吉思汗亲率20万大军，向花剌子模杀去。早在一年前，成吉思汗就派人到燕京，将一个叫耶律楚材的能人请到军中，作为自己的军师。这次出征，同样将耶律楚材带在身边。同时，成吉思汗的儿子术赤、察合台、窝阔台、拖雷，以及大将速不台、哲别一同出征。

成吉思汗发怒西征

成吉思汗十四年（1219年）六月，成吉思汗率领大军到达新疆阿勒泰地区额尔齐斯河上游，在此地举行了盛大的出征誓师大会。然后，成吉思汗命长子术赤、大将哲别率军取道畏兀儿、可失哈儿（今新疆喀什市北），向拔汗那（今乌兹别克斯坦费尔干纳）进军，从东南方向进攻花剌子模的城市，以吸引摩诃末的注意力。摩诃末果然上当，派主力部队指向拔汗那，阻挡术赤和哲别的进攻。成吉思汗则乘机率领大军迅速推进到讹答剌。哲别的部队靠近拔汗那后，突然挥师南下，沿阿姆河北上，攻打阿姆河沿岸的一些城市。

由于西辽的覆灭，蒙古大军一路向西，如入无人之境，顺利地到了讹答剌城下。守将亦纳勒术知道蒙古大军是为报仇而来，所以防守非常严密，并多次打退蒙古大军的进攻。同时，亦纳勒术火速派人去向摩诃末禀报军情。

花剌子模有两个都城，新都叫撒麻耳干（蒙古人称寻思干或薛迷思干，今乌兹别克斯坦撒马尔罕），位于花剌子模东部；旧都叫玉龙杰赤

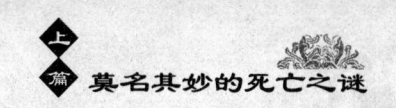

（遗址在今土库曼斯坦乌尔根奇），位于花剌子模西北部。国王摩诃末驻在新都，母后秃尔汗驻旧都。除这两个都城外，还有一个最繁华的城市叫不花剌城，位于新都和旧都的中间，国王摩诃末如今就在这里。

当时，花剌子模有军队40万，大部分是突厥人。从数量上看，花剌子模处于绝对优势，但从战斗力上看，却远远不如蒙古的骑兵。摩诃末的战略部署是：将部分主力部队分配到新都和旧都，大部分主力驻守在自己所在的不花剌城，以便两边策应。他采取的战术是以守城为主，避免同蒙古骑兵进行野战。

蒙古大军到达讹答剌之后，成吉思汗又兵分四路：第一路由皇子察合台、窝阔台指挥，攻打讹答剌；第二路由长子术赤指挥，顺锡尔河下游北上，攻打花剌子模西北部的城市；第三路由猛将阿剌黑、塔孩等率领，沿锡尔河上游攻占伯纳克特（一作别纳客忒，今乌兹别克斯坦塔什干西南）、忽毡（今塔吉克斯坦的苦盏）等城市；第四路由成吉思汗与拖雷率领主力，以速不台为先锋，渡过锡尔河，穿越基吉尔库姆大沙漠，直取不花剌（今乌兹别克斯坦布哈拉），以切断摩诃末与新、旧两都之间的联系。

讹答剌攻守战是最为激烈的。作为蒙古军一方来说，一心要为自己的商队报仇，所以攻得十分勇猛；作为亦纳勒术来说，这场战争是由于自己引起的，只有誓死保卫讹答剌城，自己才有生存的希望，否则一旦城破，自己肯定死无葬身之地。因此，一方攻得猛烈，一方拼命死守，数月之中不分胜负。蒙古军有足够的耐心，他们把讹答剌城牢牢围住，不断消耗对方的力量。最后，城内的弓箭全部射完了，连防御守城的石头、瓦块也用完了，经过6个月的围攻，蒙古军终于啃下了这块硬骨头，作恶多端的亦纳勒术被活捉。察合台和窝阔台请示成吉思汗，如何处置亦纳勒术，成吉思汗下令，用融化了的银液灌入亦纳勒术的眼睛和耳朵，

为自己的商队和使臣报了仇。

再说成吉思汗和拖雷带领中路军秘密渡过锡尔河，越过基吉尔库姆大沙漠，实施远距离大纵深穿插迂回，于成吉思汗十五年（1220年）二月出其不意地抵达并包围了不花剌城。不花剌城分内城和外城，城周围还有大大小小的许多城堡，应该说是易守难攻。但是，国王摩诃末早被蒙古军的猛烈攻势吓破了胆，并没有组织有力的防御战，自己却仓皇逃跑了。成吉思汗命令速不台和哲别两员大将率军追赶，自己指挥主力攻打不花剌城。

部分守军拒绝投降，蒙古军便发起了猛烈的进攻，昼夜连续进攻数日，将这些守军全部消灭。其他守军见国王逃跑，也纷纷出逃。蒙古军乘胜追击，消灭大部溃逃守军于阿姆河畔。攻破不花剌城之后，成吉思汗下令毁城，不花剌城变成了一片废墟。不花剌一经陷落，花剌子模新、旧两都之间交通遂断，东西部互相支援也随之被切断，花剌子模立刻呈现出瘫痪状态。

三月，察合台和窝阔台在攻占讹答剌城后，率军与成吉思汗会合。随后，成吉思汗挥军指向花剌子模新都撒麻耳干。五月，蒙古各路大军兵临城下，对方守军不堪一击，撒麻耳干很快被蒙古军占领。成吉思汗下令屠城，撒麻耳干同样变成一片废墟。

摩诃末逃出不花剌城后，被速不台和哲别一路追赶，最后逃到了宽田吉思海（今里海）的一个小岛上。这是一个荒岛，要吃的没吃的，要喝的没喝的，再加上连日奔逃，摩诃末一病不起，于这一年的年底在绝望中死去。

摩诃末的长子叫札兰丁，他继承了父亲的王位，逃回到旧都玉龙杰赤，准备进行反扑。成吉思汗得知消息后，命自己的长子术赤和次子察合台率军前去攻打。

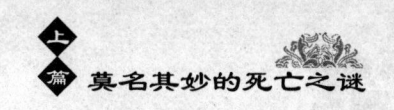

玉龙杰赤本来也是可以战胜的，但由于术赤和察合台两兄弟意见不一，致使久攻不下。成吉思汗知道这一情况后，当机立断，派三子窝阔台前去担任前线总指挥，并于成吉思汗十六年（1221年）秋天攻克了这座城池。

摩诃末的儿子札兰丁虽然立志复仇，但父亲留给他的已经是一个不可收拾的烂摊子了，纵然他有三头六臂，也没有了回天之力。再加上因为王位问题，皇室内部发生变乱，札兰丁内外交困，只得逃往呼罗珊（今阿姆河以南，大部分在今伊朗，一部分在今阿富汗的赫拉特和土库曼斯坦的马雷）。蒙古军紧追不放，把札兰丁逼到一个悬崖上。札兰丁骑着马，从悬崖上跃入印度河中。但是，札兰丁并没有被汹涌的河水淹死，而是骑在马背上，奇迹般地渡过了印度河，逃到印度去了。成吉思汗十九年（1224年），蒙古军撤兵后，札兰丁从印度回到波斯，重振兵马，势力有所恢复。窝阔台汗三年（1231年），札兰丁在蒙古军紧紧追逼下，逃入库尔迪斯坦山中，后来被山民所杀。这是后话。

成吉思汗占领了花剌子模后，命令长子术赤驻守该国，并在各城设置督官，加强对该国的统治。他随后命速不台和哲别进攻太和岭（今高加索山）北部的钦察大草原，先后征服了钦察部和斡罗思（今俄罗斯）的许多公国。成吉思汗十九年（1224年）秋天，成吉思汗下令班师，于第二年秋天回到蒙古土拉河行宫。至此，西征宣告结束。

成吉思汗为什么要班师呢？原因有三个：第一，随成吉思汗西征的忽兰夫人思乡心切；第二，花剌子模人不断袭击蒙古军，致使蒙古军不得安宁；第三，国内战事紧张。其中第三个是主要原因。

成吉思汗西征后，留下大将木华黎经略中原。蒙古军很快占领了黄河以北的广大地区。但是，成吉思汗十八年（1223年）三月，木华黎病死在军中，原来山东的一支农民起义军——红袄军转而反蒙，西夏国见

蒙古大军西征远去，也与金国和好，共同对付蒙古军，致使蒙古军腹背受敌。基于这种情况，成吉思汗果断地下达了班师的命令。

关于成吉思汗西征的原因，表面上看是成吉思汗为了给自己的商队和使者报仇，实际上，这只是原因之一。从成吉思汗的个人品质和风格来看，他是一个从不满足的人，在统一蒙古之后，他的理想是向南统一整个中国，然后向西开辟更广阔的疆域，为他的子孙后代积累更多的财富。因此，商队惨案，正好为成吉思汗西征找了一个借口，使他出师有名，将自己的统治延伸到欧亚大陆，这才是他西征的真正原因。

成吉思汗时代，是中国历史上版图最大的时代，他是世界历史上最伟大的战神之一，是真正的"一代天骄"。

成吉思汗为什么能成功

成吉思汗经常是与成功联系在一起，从某种意义上说，解读成吉思汗所处的时代及个人影响李就是解读成吉思汗成功之谜。

首先，成吉思汗所处的时代形势有助于他成就霸业。对于一位游牧民族的征服者来说，当时的世界形势为其取得非凡成就提供了人类历史上绝无仅有的黄金机遇。当时的世界主要是由无数多的小国组成，相对强大的国家也就是中亚及其边缘地区的几个王朝。东边的宋金两个王朝都已经度过了它们的全盛时期，西南边西夏和客喇契丹王朝也已经不再是难以征服的军事强国了。而且事实证明，正在扩张的花剌子模帝国，在

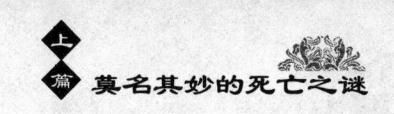

真正需要抵御入侵者时，也只不过是徒有虚名而已。总之，除了成吉思汗的蒙古处于上升期之外，世界上的其他主要国家基本都处于下降期。

其次，蒙古军队自身的特点也是成吉思汗取得成功的重要因素。蒙古军队的纪律以及士兵的个人和整体作战能力，在当时是鹤立鸡群的。几乎同样重要的是，蒙古人建立了适合蒙古军队最有效的以什为单位的组织形式，并且建立了给养供给系统，供应部队粮秣，补充新的马匹以及运输攻城器械。蒙古军队的攻城器械较之于其对手的任何器械都更高级。蒙古人还具有优于敌人的战术上的优势，速度、机动和保密也是帮助成吉思汗成功的重要因素。正是因为有了这些因素，成吉思汗才能对他的军队指挥从容。不仅如此，成吉思汗取得关于对手的情报以及了解他要侵入的地区的地形、形势的方法，在当时也是很特殊的。成吉思汗的情报是由商人提供的，而商人们则将成吉思汗及其家族看作他们的保护人。最初，蒙古人最明显的弱点是他们对于攻城技术全然无知，但是由于吸收了熟练的汉族和穆斯林工匠，这一缺陷很快就被克服了。虽然游牧民族在数量上的劣势，不允许他们深入持久地保持其优势地位，但直到大炮在中亚出现之前，每当与定居的邻人战斗时，他们总是胜利者。这是因为旷日持久的战争，能够打破农业生活的正常秩序，妨碍复杂的灌溉系统的定期维修。但是对于游牧经济来说，长期战争的危害就相对少一些。虽然游牧民族的军事优势主要是基于流动性与使用弓箭技术的结合，但游牧者与那些急于解甲归田的农民军队相比，能够更好地承受一场消耗战争。游牧民族的流动性与使用弓箭技术的结合，使火药发明之前的弓箭手几乎无往不胜。

上面概略的分析了成吉思汗成功的客观原因。下面重点分析成吉思汗无愧于千古风云第一人的自身素质。

作为一位战争指挥者和善于在敌人内部制造敌对和误解的军事家和

政治家，成吉思汗永远高瞻远瞩的战略思想，比他一生中的任何方面都更能说明他的才智。

成吉思汗的最终目标是对中原地区的征服，但是当他在蒙古东部建立起自己的统治之后，与预期的相反，没有去进攻女真人，因为即使开始他能够取胜，也会遭到在他后方的草原中西部克烈部和乃蛮部的袭击。所以，他克制了直接进攻中原地区的欲望，集中全力使自己成为草原上无可争议的统治者。甚至在统一了蒙古草原之后，他仍然没有准备去征服整个中原地区。成吉思汗对西夏和金的战争，从某种意义上说，也是他在袭击西部游牧部落和西辽诸部之前采取的防御手段。我们可以看到，在战争中，他很乐意跟西夏和金朝谈判。因为西方游牧部落的机动性和作战方法与蒙古人相似，一旦蒙古人深深地陷入与中原王朝的大规模的战斗之中，他们就很可能会轻而易举地粉碎新建的蒙古联盟。因此成吉思汗在消灭了西方的游牧民族以及花剌子模等后顾之忧后，才着手去消灭西夏和金。

成吉思汗的战争观是：以战止战，以战争寻求和平秩序。在战争环境中成长的成吉思汗认为，战争不是罪恶，而是在弱肉强食的环境，争取生存的一种正当手段。不能战斗，就不能对抗威胁自己生命安全的势力。他的这种观念增强了全民的战争意识。

战略上的大迂回作战，大包围战和袋型阵地的使用，是成吉思汗根据蒙古人的特点在战术上的伟大发明，也是三代蒙古军的最大特色。当然这必须有最机动的性能才容易做到。凡是控制最快速的交通工具的人就是在战场上最可能赢得胜利的人。成吉思汗的蒙古军都是骑兵，是当时最快速的的机动部队。蒙古人又是男女自幼就习惯于马背生活，个人的打猎和可汗以下氏族长们的围猎都是对于行军和作战的良好训练。长期策马弯弓的游牧生活，使蒙古人能征善战。有事则举国皆兵，使他们能有足够的军事动员能力。部落既是战斗单元，也是生活单元，可以说是彻底地实行了"军国民教育"，每个男人都是骑士，都是射手。这些特点适合于大迂回，大包围战。在战场上，一级准备的同时，利用骑兵的速度把各地军队迅速地集中到一个据点，以大吃小，予以突袭。假如不能一举拿下，就假装后退，引敌出击，使他们进入袋形阵地，然后再反身还击，使敌人无法逃脱，一举歼灭。

成吉思汗和他的悍将们卓越的军事才能与蒙古军队的特点相结合，再加上严格的训练，如佯装撤退以及伏击，在一定程度上致使成吉思汗麾下的铁骑势如破竹。兵锋所指，号称世界征服者的花剌子模西方长胜军被打得人仰马翻，钦察骑兵和俄罗斯诸公国也一败涂地。成吉思汗将军事艺术推向了冷兵器时代的最高峰。

成吉思汗具有超人的政治天才和组织能力，他的思想超越了他所处的时代。

成吉思汗制定的大札撒是一部完整的基本法典，是一部包括皇室、国家组织、军事、社会秩序和民、刑、法的一部完整的法典。成吉思汗严格地实行法治，把一个动乱不堪的落后的奴隶制游牧部落快速建设成以可汗为中心的封建社会。

成吉思汗主张法律面前人人平等，带头严格实行大札撒。他对于过失可以原谅，但面对故意违背法纪的，虽属亲信也决不宽容。他在创业初期，宁可失掉一个不守法纪的氏族或部落的合作，也要坚决维护法律的尊严。《蒙古秘史》中记载，成吉思汗的叔父答阿里台违背军令，先掳去一部分战利品，成吉思汗毫不客气地派人去没收，捍卫了大札撒的尊严和法律面前人人平等的原则。

此外，成吉思汗还根据当时的实际情况，独创了一系列超越时代的体制和技术。比如他建立了最早的运输联络系统，他从宋朝、金国、波斯、欧洲等世界各地找来了技术高超的工匠，将中国的火药同伊斯兰的掷火器结合起来，加上欧洲的铸造技术，发明了火炮，创建了世界上第一支炮兵部队。成吉思汗非常重视在谋略上战胜敌人，并且胸有妙计，胜敌一等。他组建了世界上第一个军事参谋部，比拿破仑的世界上第二个参谋部早了600年。蒙古军总参谋部作为组织健全，效能极高的统帅部，择人标准不分种族出身，唯忠能是用。参谋部里有蒙古人、汉人、契丹人、畏兀儿人、阿拉伯人。并且成吉思汗将歼灭战、进攻战、运动战和速度战有机结合，发明了闪电战。

成吉思汗具有坚定的个性和独特的人格。

识人，无疑是历史伟人创业的最重要条件。在这方面，成吉思汗的确具有超过他人之处。凡是他自己的战友，或是由他所选拔的将帅功臣，没有一个不是终身效忠的。他所重用的人，没有一个背叛他的。成吉思汗也是世界历史上所有的创业之主中唯一没有杀过功臣的人。他成功之后，对于所有的功臣，都是不断地赏赐有加，从来没有杀戮削权之事，而是把大权放心地交给他的股肱之臣。并且他的悍将也从来没有产生过功高震主、兔死狗烹的顾虑。成吉思汗识人之准，格局之大，信人之诚，实在是旷古至今历代帝王所不能及。这是他能创建他人所不能比肩的大业的最重要原因之一。

在成吉思汗一生之中，都是言出法随。他要确立他的威信以达到最大限度，他的话就是圣旨，是一定服从的绝对命令。成吉思汗非常看重人的忠诚度，甚至对战败的敌人，也要按其对旧主的忠奸予以宽容或处决。成吉思汗维持和建立了封建社会的最高道德，这是他的功臣中没有一个心怀二志的原因之一。

纳谏是历史上君主或领袖们不可缺少的美德，也是他们成大功、立大业的条件。也是历代明君极难做到的一件事情。在中国历史上，唐太

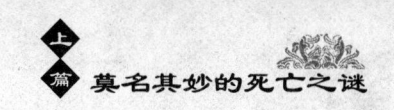

宗的从谏如流堪称典范。成吉思汗也是纳谏的明君，并且非常敬重直言劝谏的臣下。耶律楚材等成吉思汗时期的名臣，大多是敢谏的直言之士。

成吉思汗用人以才为本，唯忠能是用，决不因出身、种族存有偏见。他的悍将基本都是平民出身，有的甚至是奴隶出身。而在他的名臣中，耶律楚材是契丹人，镇海是畏兀儿人，察罕是唐兀儿惕人，史天倪父子以及严实父子等都是汉人，牙剌瓦赤父子是花剌子模人。

各国学者对成吉思汗评论各异，褒贬不一，但有一点是肯定的，就是成吉思汗是人类历史上最大的成功者。而对于他成功的原因，目前国际上还没有定论，目前仍然众说纷纭。

成吉思汗用兵之谜

1995年12月31日，成吉思汗被美国《华盛顿邮报》评选为"千年风云第一人"。这个结论是依据"在人类文明史上第二个1000年（1000~1999年）中，何人缩小了地球、拉近了世界"的标准而产生的。成吉思汗及其子孙们在40多年时间里，连续发动一系列西征战争，建立起庞大的蒙古帝国，将东方和西方连为一体。"千年第一人"当之无愧。

整个13世纪，成吉思汗率蒙古铁骑如风卷残云一般横扫欧亚大陆，展开了一个又一个胜利的进攻战役。这里，我们只介绍蒙古军横扫中亚的几个片断，从中探析成吉思汗用兵制胜的一些军事秘诀。

13世纪初期，在中亚地区称王称霸的是一个叫"花剌子模"的伊斯

兰国家。花剌子模原本是中亚一个古老的小国，从12世纪下半叶开始逐渐强盛。阿剌丁和他的父辈经过半个世纪的对外扩张，将花剌子模变为一个庞大的中亚强国，占有整个波斯（今伊朗）、呼罗珊（今伊朗东北部、土库曼斯坦东南部、阿富汗西北部地区）、阿富汗及河中地区（锡尔河、阿姆河流域之间）。

1217年，蒙古汗国的180多位后妃、诸王、勋贵、千户长各派两三名手下的伊斯兰教徒组成商队出使花剌子模。这支450人的商队到达花剌子模边境城市讹达剌（废墟在今哈萨克斯坦境内锡尔河右岸支流阿雷斯河口附近）时，守将海尔汗心存私欲，诬称蒙古商队是间谍，骗取了昏庸傲慢的花剌子模王的轻信，杀人劫财。成吉思汗闻讯大怒，遣使责问，要求国王交出海尔汗接受惩罚。花剌子模王拒绝了成吉思汗的正当要求，竟下令杀死使臣。蒙古人无法忍受如此狂妄的挑衅。成吉思汗决定大举西征复仇，向花剌子模发出了战争诏书。

西征前，蒙古汗国进行了战争总动员，从阿尔泰山脉到黄河之滨征集青壮年入伍。西征联军由蒙古军、汉军、钦察军、畏兀儿军、契丹女真军、西辽军、哈剌鲁军等多民族武装组成，配备炮石火器，攻城器械和筑路、架桥、造船器具，准备了预备马匹和军械备件以及充足的军粮肉食。尽管这支军队与花剌子模相比人数不多，却代表着当时世界上军事力量的最高水准。特别是其中的蒙古军从1189年起，在成吉思汗带领下连续不断地打了30年仗，早已成为一架战争机器。

花剌子模征集了40多万人的军队准备迎战。阿剌丁的战略方针是全面防守，作战策略是重兵屯守城镇，坚壁清野，迫使蒙古军退兵。具体战略部署是：将军队主力配置在锡尔河、阿姆河及河中地区，分城据守，防御中心设在都城撒麻耳干（今乌兹别克斯坦撒马尔罕）和旧都玉龙（今土库曼斯坦库尼亚乌尔根奇）；将战略预备队配置在河中地区待命机

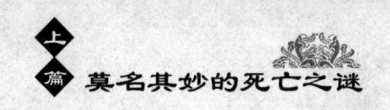

动,准备在撒麻耳干外围地区与蒙古军进行战略决战。

1219年6月,成吉思汗带辅臣耶律楚材进至今新疆阿勒泰地区额尔齐斯河上游。西征军在此举行了盛大的出征誓师仪式。"车帐如云,将士如雨,牛马被野,兵甲辉天,远望烟火,连营万里。"这就是耶律楚材笔下当时在额尔齐斯河畔目睹西征大军威武壮观的写照。蒙古人高悬惩罚之鞭的军威是一派怎样的气势?耶律楚材在诗中赞叹道:"天兵饮马西河上,欲使西戎献驯象。旌旗蔽空尘涨天,壮士如虹气千丈。秦王汉武称兵穷,拍手一笑儿戏同。"在耶律楚材看来,蒙古军西征是惊天地泣鬼神的壮举,穷兵黩武的秦王汉武的战争行动与成吉思汗相比,简直如同儿戏般可笑。成吉思汗与众将召开部署西征的最高军事大会,命次子察合台、三子窝阔台、幼子拖雷及诸将各自率军从额尔齐斯河源头出征,正面进击花剌子模的锡尔河防线。在此之前,成吉思汗命当时在蒙古西部征服乞尔吉思部的长子术赤率军南下,会同西辽境内的哲别军从南路出征。

早在1218年冬,术赤、哲别率3万名骑兵从刚刚占领的西辽领堆(今新疆喀什、和田地区)出发,在帕米尔高原人踪绝迹的山谷间探寻通往西域之道。隆冬季节,蒙古军翻越海拔4000~7000米的冰山雪岭,这是一条上千里的酷寒与死亡之路,不少人马倒在途中。经过艰苦跋涉,蒙古军进入天山山脉的阿赖山北麓,于1219年夏季突然出现在花剌子模的费尔干纳盆地,四处袭扰。

从1220年起,蒙古军在花剌子模展开河中战役及阿姆河流域诸城战役。这一地区的撒麻耳干、玉龙杰赤、不花剌3个城市的战略地位十分重要。都城撒麻耳干是花剌子模的战略防御中心。1219年秋,成吉思汗与拖雷率主力军,以速不台部为前锋,渡锡尔河南下,攻克和招降了沿途的数座城镇,于1220年3月包围了有"伊斯兰教罗马"之称的西域名

城不花剌（今乌兹别克斯坦布哈拉市）。

成吉思汗围攻不花剌时，采取了先紧后松、围三阙一、运动歼敌的战术：先以精锐的先锋军在不花剌的12座城门下屯营，后续部队随即包围外城四周，驱使以战俘为主组成的"哈沙尔"军摆开强烈的攻势，然后故意示弱于某处，网开一面放出守军，随后在蒙古军擅长的运动战和野战中歼灭之，以减轻攻坚战的消耗和损失。当花剌子模的大将阔克汗带领两万名守军退出不花剌城后，蒙古军紧迫至阿姆河边展开战斗，阔克汗全军被歼。

成吉思汗设计、指挥的两河及河中地区的一系列战役不仅使蒙古军攻占了大片土地，而且基本歼灭了花剌子模汗国的精锐主力部队。特别是不花剌、撒麻耳干、玉龙杰赤3城的攻取对蒙古远征军来说具有重大的战略意义。撒麻耳干是花剌子模的政治中心，玉龙杰赤是该国国王阿剌丁母后一党军事势力的根据地，不花剌是河中地区贸易、宗教、文化集中地，其政治、经济、军事、宗教、文化意义可想而知。回头看，成吉思汗将西征主力军的首攻目标定为不花剌极具战略眼光。得此城既可切断东西两部的交通和援兵，又能扼控撒麻耳干与河中地区的咽喉，并可断绝锡尔河被围各城之援，恰似狼咬羊脖。仅此一招，花剌子模的灭亡便成定数。《元史·太祖本纪》对成吉思汗的评价只有10个字——"帝深沉有大略，运兵如神。"

如果以欧洲骑士的标准来看，蒙古骑兵充其量算是一种轻骑兵。因为蒙古骑兵的装甲多为皮革制成，轻便坚韧，虽然其防护性不及欧洲重装甲骑兵身上的锁子甲，但负担轻，容易保持长时间的战斗力，此外穿着它不会像穿铁制铠甲那样在严寒酷暑时节成为难以忍受的负担。

成吉思汗从未像西方军的首领一样对兵种的武器进行严格的分工，加之不像欧洲和中亚军队使用的武器那样笨重，所以蒙古骑兵随身携带

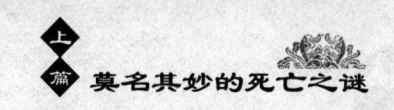

各种武器，可以完成不同的任务。蒙古骑兵随身携带的武器通常有弓箭、马刀、长矛、狼牙棒。值得一提的是蒙古人的弓箭。他们的弓箭较长较大，需大约相当于80公斤的力量才能拉开（电视剧《马可·波罗》中有马可·波罗始终无法拉开蒙古人硬弓的场面），射程远，是蒙古骑兵的最重要的杀伤武器。此外，蒙古骑兵常常根据个人爱好装备其他武器，譬如套马的绳套和网马的网套。这在正规的西方军队看来，是匪夷所思的，也是防不胜防的。

蒙古军队同生活在中国北方的其他游牧民族一样，从小玩的玩具就是弓箭，一到成年就可以算是职业军人了。由于在严酷的环境中长大，蒙古人大都具有极为坚韧耐劳的性格，爬冰卧雪为常事，远距离跋涉更是其从小的习惯。对物质条件不讲究，使蒙古军队的后勤负担很轻。蒙古军人拥有东方和西方农耕定居民族所缺乏的连续作战的意志和能力，这是西方养尊处优的贵族骑兵们和中国中原地区穿上军装的农民永远比不上的。这种从艰苦环境和游牧生活中磨炼出来的精神上的素质，就是蒙古军在天才统帅成吉思汗指挥下能够横扫中亚和欧洲的最主要的奥秘所在。

拖雷暴死：军事家死亡之谜

公元1232年，也就是窝阔台继承汗位的第四年，拖雷突然在军中暴死。他究竟是怎么死的？史学界一直争论不休，至今没有定论。有的说拖雷是被他的三哥窝阔台害死的，有的说是受了巫师的蒙骗而死的，也有的说拖雷的确是得了暴病而死的。究竟哪种说法正确，现在仍是一桩疑案。

立储斗争的谜团

我们知道，成吉思汗有四个嫡子，长子术赤，次子察合台，三子窝阔台，四子就是拖雷。成吉思汗最喜欢的是四子拖雷，最不喜欢的是长子术赤，而术赤在成吉思汗驾崩前就已经病逝了。成吉思汗驾崩后，先由拖雷监国两年，但拖雷并不是合法的继承人，后来由窝阔台正式继承

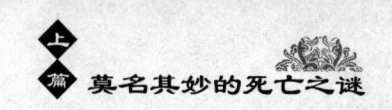

了汗位，史称元太宗。公元1232年，也就是窝阔台继承汗位的第四年，拖雷突然在军中暴死。他究竟是怎么死的？那么，就让我们回归历史，在历史的层层迷雾中去寻找答案吧。

立储，对于封建王朝来说，就是选择皇帝的接班人。这件事关江山社稷的大事，历来是封建王朝中最敏感的问题。历朝历代，为了争夺皇位继承权，曾经上演过多少刀光剑影、你死我活的争斗，曾经有多少人成为皇权斗争的牺牲品。在那无数次的争斗中，人世间最可贵的亲情被可怕的欲望掩盖了，被血淋淋的屠刀斩杀得无影无踪，人的灵魂也被彻底扭曲了。可以说，封建时代的许多皇帝，都是踏着亲人的尸骨爬上皇帝宝座的。

作为一代天骄的成吉思汗，在选择接班人的问题上同样犯了严重的错误。按照封建宗法制原则，通常实行的是嫡长子继承制，也就是说，嫡长子术赤应该是成吉思汗的合法继承人。但是，成吉思汗并没有这样做，而是选定了三儿子窝阔台为自己的接班人。成吉思汗为什么要这样安排呢？原因有两个。

第一，成吉思汗打心眼里不喜欢长子术赤，因为怀疑术赤不是自己的亲生儿子。说到这个问题，还得从当年的一件事说起。

成吉思汗的母亲叫诃额仑，本来是蔑儿乞惕部首领脱里脱阿的弟弟赤列都的未婚妻，在成亲的路上被成吉思汗的父亲也速该抢去，成为也速该的妻子，也就是成吉思汗的母亲。因为这件事，脱里脱阿与成吉思汗的父亲也速该结下了仇。后来，虽然成吉思汗的父亲也速该被塔塔儿人害死了，但脱里脱阿并没有忘记这个仇恨，一心要报这抢亲之仇。

成吉思汗的第一位妻子叫孛儿帖，术赤、察合台、窝阔台、拖雷都为孛儿帖所生。当年，成吉思汗和孛儿帖成亲不久，就遭到了蔑儿乞惕人的突然袭击。脱里脱阿以牙还牙，掳走了成吉思汗的妻子孛儿帖。后

来，成吉思汗在其他两个部落的帮助下，打败了蔑儿乞惕部人，救回了孛儿帖，不久就生下了术赤。但是，成吉思汗却对术赤是否为自己的骨血产生了怀疑，以致成为他心中永远抹不去的一块阴影，这也成为他不喜欢术赤的重要原因。

那么，术赤究竟是不是成吉思汗的亲生儿子呢？据世界通史著作《史集》中的记载，孛儿帖在被蔑儿乞惕人掳去之前就怀有身孕了，在成吉思汗把她救回来的路上就生下了术赤。很显然，术赤肯定是成吉思汗的亲生儿子，这不会有什么问题，但在那个科学知识非常欠缺的时代，成吉思汗对自己的儿子产生怀疑，在今天看来还是可以理解的。

《史集》是波斯人主持编纂的一部世界通史著作，是用波斯文写的。该书是目前古文献中研究蒙古史最重要的书籍之一，史料价值极高，因此书中对于术赤出生问题的记载应该是可信的。

第二，察合台极力反对术赤为合法的汗位继承人。察合台在成吉思汗的嫡子中排行老二，性格比较刚毅，办事雷厉风行，与他哥哥术赤的性格截然不同。术赤是个非常敦厚善良的人，性格又比较内向，不喜张扬。因为性格等方面的原因，兄弟二人长大以后就一直不和，再加上大家对术赤的出生有怀疑，所以察合台从来就看不起他的大哥术赤，并坚决反对立术赤为汗位继承人。

成吉思汗十四年（1219年），成吉思汗率大军西征花剌子模。出征前，成吉思汗的另一位皇后也遂提醒成吉思汗，让他考虑立储问题。按说，成吉思汗早就该考虑这个问题了，因为从年龄上讲，他这时已经快60岁了（1162年出生），而长子术赤是1179年出生的，这时已经40岁了。成吉思汗迟迟不确定自己的接班人，一方面是因为连年征战，无暇顾及；另一方面恐怕还是对术赤不大满意，所以一直犹豫不决。经过也遂皇后的提醒，成吉思汗觉得是到该考虑这个问题的时候了。于是，他

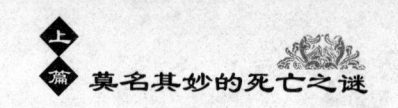

把四个儿子都召集到自己大帐中，商议立储之事。

成吉思汗首先征求术赤的意见，术赤是老大，让老大先说。可术赤此时心里是非常郁闷的。按常规来说，老大自然就是合法的继承人，何须多问？所以他没有马上表态。当他刚要开口说话的时候，察合台却抢先说话了。察合台毫不客气地对成吉思汗说："如果您要选那个蔑儿乞惕种人的儿子作您的继承人的话，我们是决不会甘心居于他之下的……"

俗话说，打人不打脸，揭人不揭短。可察合台说话从不留情面，一开口就带着侮辱性的言语，矛头直接对准了术赤的痛处。术赤的自尊心受到了极大的伤害，与察合台当面吵闹起来，最后还都抽出了宝剑要进行格斗。

成吉思汗喝住了两个儿子，把察合台骂了一顿，并声称术赤就是自己的亲生儿子，让察合台不得放肆。察合台的嚣张气焰虽然被压下去了，但他还是坚决不同意让术赤做汗位的合法继承人，而是推荐了三弟窝阔台。

察合台之所以极力反对术赤继承汗位，不排除他有觊觎汗位的野心。为什么呢？因为他在四个嫡子中排行老二，如果把老大扳倒，接下来不就轮到老二了吗？这是很顺理成章的事情。但是，在这种场合，察合台又不敢明目张胆地表露自己的心迹，所以就虚伪地推荐了自己的三弟窝阔台。

其实，成吉思汗对四个儿子早就做过分析。长子术赤虽然敦厚善良，但缺乏雷厉风行的刚毅性格，难以成就大事。次子察合台虽然刚毅勇猛，但缺乏虚怀若谷的气度，难以君临天下。三子窝阔台热情豪放，为人处世灵活多智，而且很有城府，似乎找不出什么缺点。四子拖雷虽然精明过人，可惜年纪太小，难以服众。看来，只有老三窝阔台是比较合适的人选了。

成吉思汗见察合台极力推荐窝阔台，于是就征求术赤和拖雷的意见。术赤心里虽然不愿意，但他心里明白，父亲不喜欢自己，根本没有让自己接班的打算，所以只得勉强点了点头。老四拖雷知道，自己上面有三个哥哥，怎么轮也轮不到自己，所以也同意了。

立储问题就这样解决了。当然，此时的察合台真是哑巴吃黄连，有苦也不能说了。

窝阔台即位之谜

成吉思汗二十二年（1227年）七月，成吉思汗病逝于六盘山下，享年66岁。临终前，他把察合台、窝阔台、拖雷都召到身边来，安排后事。为什么没有长子术赤呢？开头已经说过，术赤在成吉思汗病逝前半年就去世了，他是病死在自己封地的。

成吉思汗把剩下的三个嫡子叫到自己的卧榻旁，嘱咐他们说，将来的大汗之位由窝阔台继承，让察合台和拖雷一定要帮助窝阔台治国平天下，谁都不许有二心。成吉思汗还特别抓住拖雷的手，叮嘱说："拖雷，你要全力佐助你三哥平定天下！你没能即汗位，是长生天的意思，谁也别怪。"成吉思汗还交代，遵照蒙古族的传统，窝阔台在继承汗位之前，必须召开由诸王以及各部酋长等参加的"库里尔泰会"，通过这个大会议定之后，才可以继承汗位。成吉思汗还向窝阔台推荐了一个智囊人物，这个人就是大名鼎鼎的耶律楚材。关于这个人的一些情况，后面还要提

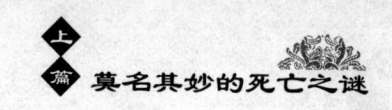

到，这里暂且不说。

"库里尔泰会"汗位继承人只有通过议定，才是合法的。但是，成吉思汗死后，要马上召开这个大会，却遇到了很多阻力和困难。一方面，西夏国虽然刚被灭掉，但金国和南宋仍然存在，要完成成吉思汗统一中国的遗愿，任务还非常艰巨。另一方面，术赤病逝后，他的儿子拔都嗣位。拔都对于他父亲术赤没有能够成为汗位的继承人而耿耿于怀，所以找了种种理由，不去参加"库里尔泰会"。再说成吉思汗的次子察合台，他当年为了反对术赤，极力推荐窝阔台为汗位继承人，没想到弄巧成拙，自己弄了个竹篮打水一场空，什么也没有捞到。他不甘心汗位被三弟窝阔台占去，所以也不愿意召开这个大会。"库里尔泰会"开不成，窝阔台就不能继承汗位，所以在成吉思汗死后，只能由幼子拖雷临时监国。所谓监国，就是代理国政，代理大汗行使权力，发号施令，统领国家一切事宜。

拖雷这个人以勇于攻战，崇尚武功著称。因为他在嫡子中年龄最小，成吉思汗非常喜欢他，所以他一直在成吉思汗身边，跟随成吉思汗南征北战，立下了很多战功。成吉思汗死后，按照蒙古人的惯例，拖雷获得了其父的所有领地以及大部分军队，其实力是最大的。

1229年，拖雷监国已经快两年了。依照成吉思汗的遗命，大汗位应该传给窝阔台，但此时的拖雷并没有一点移权的迹象。汗位一直虚悬，对国家非常不利，这可急坏了一个人，这个人就是前面提到的耶律楚材。

这个耶律楚材可是个了不起的人物。他本来是辽国皇族的后代，也就是辽太祖耶律阿保机的长子东丹王突欲的八世孙。不过，他出生的时候，辽国已经被金国灭亡了。他三岁丧父，靠母亲的教育，成了一个名闻遐迩的博学才子，后来到金国的中都燕京任职。1215年，蒙古军攻占燕京后，耶律楚材一心一意钻研起佛教来，形成了以儒治国、以佛治心

的思想原则，并立志以自己平生所学贡献于国家。

1218年，成吉思汗听说耶律楚材是个难得的人才，就把他招到自己身边，成为成吉思汗最重要的智囊人物。耶律楚材足智多谋，跟三国时期的诸葛亮一样，上知天文下知地理，运筹帷幄，决胜千里。他随成吉思汗西征花剌子模、征讨西夏，屡出奇谋，多次被成吉思汗称为"神人"。

窝阔台是个城府很深的人。成吉思汗在世的时候，他就看中了耶律楚材是个治理国家的栋梁之才，并暗中决定一旦自己掌握了大权，一定要对这个人加以重用。成吉思汗病逝后，窝阔台就将耶律楚材带在自己身边，遇到大事小情，总要征求耶律楚材的意见。耶律楚材见窝阔台非常尊重自己，心里很受感动，所以决定尽最大努力，促成窝阔台早日继承大汗之位。

1229年秋天，在各方面的努力下，"库里尔泰会"终于在克鲁伦河畔召开了。在这次会上，察合台、窝阔台和拖雷三个人，各怀心事，尽在不言中。窝阔台和拖雷表面上你推我让，实际上，窝阔台早就想继承汗位了，而拖雷却迟迟不肯交权。这种风平浪静式的争斗，比那些血淋淋的骨肉相杀要文明得多。虽然窝阔台对拖雷的做法很不满意，甚至心生怨恨，但兄弟之间总算还没有撕破脸皮。但是，这样推来让去，大会开了将近40天仍没有结果。耶律楚材觉得不能再拖下去了，他首先去找拖雷，把事情挑明，让他顺利移权。

耶律楚材办事是很讲策略的。他见了拖雷之后，首先给拖雷一个下马威。他对拖雷说："在下昨夜夜观天象，又以太乙数推之，明日为立新汗的最后吉期。错过明天，大蒙古国将会大乱而一蹶不振，再不可能有新汗产生了。"

拖雷对耶律楚材的意思非常清楚，他生气地对耶律楚材说："我从

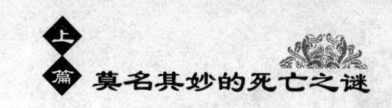

来不曾亏待过你，你为什么要跟我离心呢？"

耶律楚材说："窝阔台是大汗生前指定的即位人，大汗生前有大恩于在下，在下必须肝脑涂地以报万一，所以我不能因为您监国就见风使舵，做出违背大汗的事来。"

耶律楚材的这些话句句千钧，态度非常明确，就是要拥立窝阔台继承汗位。

拖雷并不是任人摆布的人，他恶狠狠地问道："你可知道这样做的结果吗？"拖雷的意思是，你耶律楚材不支持我继承汗位，难道就不怕我把你杀掉吗？

耶律楚材表现得非常从容，他捋着自己的长胡子，坦然地说："一死而已，也好早日拜见大汗。"

耶律楚材的这句话更厉害，一下子就把拖雷镇住了。你不就是想杀我吗，我不怕死，死了好去拜见大汗。拖雷一时间无话可说了。

耶律楚材抓住机会，动之以情，晓之以理，继续说："大汗生前最喜爱的人就是你了，你难道愿意违背大汗的遗命吗？这大蒙古国是大汗率领他的兄弟和你们弟兄多年浴血奋战打下来的，你能忍心看着它毁于一旦？大汗的在天之灵期待着你们拥立窝阔台为汗，期待着你们在窝阔台率领下卷起漫天西风，横扫落叶一般，夺取金、宋两国，一统天下，你可要三思啊！"

拖雷被耶律楚材的话打动了，回忆起父亲临终前的嘱咐，他眼里不禁滚出泪珠来。

耶律楚材还帮拖雷分析了当时的形势。耶律楚材说："大汗驾崩之后，你迟迟不召开大会，世人都在猜测，你是不是有夺取汗位的打算？我想，你是最忠于大汗的，绝不会有此非分之想。要知道，虽然你大哥已经不在了，但还有你二哥察合台呢，如果闹起来，你能稳操胜券吗？"

耶律楚材一番苦口婆心的教诲，终于把拖雷的思想做通了。拖雷下了决心，要立即移权，拥立窝阔台继承汗位。

接着，耶律楚材又去做察合台的工作。他对察合台说："大汗驾崩已经两年了，大汗之位迟迟未定，不知王爷有何打算？"

察合台对于耶律楚材的问话，一时间不知道该怎样回答。说自己想继承汗位吧，肯定不行；说自己愿意拥立窝阔台做大汗吧，自己还不甘心，所以他只能保持沉默。

耶律楚材接着说："听说，当年立嗣的时候，是大汗听了你的主张，才决定让窝阔台继承汗位的。如今，你大哥虽死，但他的儿子们仍在西方，是否也有谋取汗位的企图呢？这很难说。如果现在不早做定夺，恐怕夜长梦多。有人在下面说，王爷自己想当大汗，我认为这完全是无稽之谈。第一，王爷是最讲信誉的人，想当年自己提名窝阔台，今日又与他争抢，岂不是言而无信！第二，论实力，你的弟弟拖雷和你的侄子拔都都要胜过你，真的抢夺起来，恐怕你也难以如愿。"

相比起来，察合台的工作要比拖雷好做得多，察合台听了耶律楚材的话，觉得非常有理，最终也同意拥立窝阔台继承汗位。

第二天，拖雷继续主持召开"库里尔泰会"。但是，这次大会与前几天的大会有实质性的不同。前几天的大会，三方都在扯皮，形不成统一意见。但今天一开会，拖雷的态度来了个一百八十度的大转弯，明确表示，要遵照父汗的遗命，拥立窝阔台继承汗位。接着，察合台首先响应，当即拉起窝阔台的右手，拖雷拉着窝阔台的左手，把他拉到了汗位的宝座上。

除了耶律楚材，所有人都惊呆了，包括窝阔台在内，不知道为什么会出现这种情况。当窝阔台还在发愣的时候，察合台、拖雷已经带头跪在了地上，向窝阔台行礼。在场的人见状，也都呼啦啦跪倒在地，向新

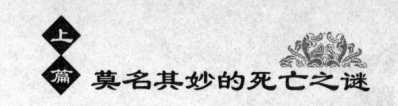

大汗行礼。这样，窝阔台在拖雷监国两年之后，终于登上了大汗的宝座。这是1229年八月的事。

窝阔台之所以能继承汗位，耶律楚材发挥了重要作用，是第一功臣。在他的努力之下元朝的第二位皇帝产生了，这就是元太宗窝阔台。

拖雷死亡之谜

窝阔台即汗位后，首先把察合台打发回他的封地去了。察合台的封地在哪儿呢？他的封地范围包括阿尔泰山以西、阿姆河以东的广大地区，外加天山南北的西辽旧地。后来，察合台在自己的封地建立了察合台汗国，其都城设在阿力麻里附近的忽牙思，即今天的新疆霍城县水定镇西北。察合台与窝阔台一直保持着良好的关系。窝阔台也非常尊重察合台，凡遇军国大事，必派使者去与察合台商议，然后才加以定夺。窝阔台汗十三年（1241年）五月，察合台早窝阔台五个月病逝。

窝阔台让察合台回到自己的封地，却把拖雷留在自己身边，按照成吉思汗临终的部署，准备全力伐金。

第二年七月，窝阔台率拖雷及拖雷的长子蒙哥南下，渡过黄河与陕西的蒙古军会合，进攻凤翔。到十二月，攻克了韩城、蒲城。窝阔台汗三年（1231年）二月，蒙古军终于攻克了凤翔。金国迁民于河南，扼守潼关。五月，窝阔台在官山九十九泉（今内蒙古自治区卓资县北灰腾梁）避暑，召集诸王、大臣商议伐金之策。最后议定兵分三路进攻金朝，于

次年春在汴京会师。窝阔台自统中路军，经山西，取黄河以北要地河中府（今山西永济），从白坡（今河南孟县西南）渡河，向洛阳进兵。左路军由斡赤斤（成吉思汗的四弟）统领，向济南进兵。命令拖雷统右路军自凤翔经宝鸡，入大散关（今陕西宝鸡西南），假道宋境汉中，沿汉水东下唐州（今河南唐河县）、邓州（今河南邓县），从背后包抄汴京。冬十月，窝阔台指挥的中路军围攻河中府，至十二月破城。然后，于窝阔台汗四年（1232年）正月由白坡渡河，进兵郑州，与拖雷南北呼应。

再说拖雷率领的右路军攻取宝鸡后，派使臣到宋朝，要求向宋朝借道，但使臣却被宋朝的边将杀害。于是，拖雷率3万精兵攻破大散关，进入宋境。冬天的时候，拖雷率军顺汉水东下，经兴化（今陕西汉中）、洋州（今陕西洋县）、金州（今陕西安康），攻占了房州（今湖北房县）、均州（今湖北丹江口市西北），然后渡过汉水北上进入金国的邓州境内。

到窝阔台汗四年正月，拖雷的大军与金兵在钧州（今河南禹州市）附近的三峰山展开激战，金军主力全部被歼。二月，窝阔台与拖雷两路大军会合，攻克了钧州。蒙古军以排山倒海之势，接连攻占了河南的十几个州，获得了巨大胜利。

三月，窝阔台命令大将速不台进攻汴京。金国军队用"震天雷"、"飞火枪"守御。"震天雷"是以铁罐装满炸药，点火引爆，可穿透铁甲，杀伤力很大；"飞火枪"就是用铁管注入火药，能烧伤十余步之敌。双方攻守16昼夜，伤亡都很大。蒙古军不能速胜，没有更好的办法，而金军也疲惫不堪，于是双方于四月停战议和，蒙古军退到河、洛之间，徐图破城之策。窝阔台于是带着拖雷北返，经真定、中都，然后北出居庸关，到官山避暑去了。

为什么要详细叙述这段历史呢？就是要说明两个问题。第一，拖雷移权让位是真心真意的，不是虚情假意。第二，拖雷是真心拥戴窝阔台的，并没有任何反心。窝阔台正式继承汗位后，拖雷总是服从窝阔台的领导，从大局出发，跟随窝阔台征伐金兵，并且一心一意，毫无二心。如果拖雷稍微有点二心的话，他也不会跟窝阔台那么紧密地配合，更不会舍生忘死地跟金兵玩儿命。可以说，从窝阔台继承汗位的那天起，拖雷就打心眼里承认了窝阔台的合法地位，并且是竭尽全力在帮助窝阔台进行统一全国的大业。可以设想，对于这样一位高风亮节、光明磊落的人物，窝阔台不论从哪个角度来说，都是不应该亏待拖雷的。但是，历史是不能设想的，历史是残酷无情的，历史没有朝着我们美好的愿望去发展，历史是不以人的意志为转移的，人们意想不到的悲剧还是发生了。

据《元史·睿宗传》记载："五月，太宗不豫。六月，疾甚。拖雷祷于天地，请以身代之，又取巫觋（男巫师）祓（祛除的意思）除衅涤之水饮焉。居数日，太宗疾愈，拖雷从之北还，至阿剌合的思之地，遇疾而薨，寿四十有（一）。"

这段话的意思是说，窝阔台汗四年（1232年）五月，窝阔台身体不舒服了，大概是得病了。到了六月，病情更厉害了。拖雷于是向上天祷告，愿意代替窝阔台得病，甚至替他去死，后来又把巫师用来祛除疾病的水喝下去了。数日之后，窝阔台的病就好了，拖雷在北还途中得病而死，年仅41岁。

首先说一下拖雷的年龄问题。为什么"寿四十有（一）"中的"一"要用括号呢？这是因为拖雷的生年史料缺载，弄不清具体是哪一年出生的，所以括号中的"一"是后来根据史学家的推算而添加的。怎么推算的呢？《元朝秘史》中有一段记载，说成吉思汗在攻打塔塔儿人时，有一个塔塔儿人逃脱，窜到成吉思汗后营行帐中觅食，趁机劫持了5岁的拖雷，幸亏被部属救出。这次战争是指金章宗承安元年，即1196年的斡里札河之役，这一年拖雷5岁，以此推算，拖雷应该出生于1192

年。拖雷死于1232年是没有疑问的，所以他活了41岁，括号中的缺字应该是"一"。

但是，关于拖雷的死，其他的史书记载却有所不同。《元朝秘史》详细记载了拖雷之死的情况。其经过如下：

在官山避暑期间，窝阔台汗突然得了重病，于是请医生来看。医生开了药，窝阔台汗吃了好几天，病情并未好转，反而越来越重。蒙古人讲究迷信，窝阔台就请来巫师为他驱除病魔。那个巫师对窝阔台说："大汗征战多年，杀人过多，又毁坏城郭，这样就激起了山川之神的愤怒，天神要拘大汗去问罪呢。"

窝阔台听了巫师的话，心里非常恐惧，于是向巫师求教解脱之法。巫师说："至少得有一个亲王代替大汗去向天神请罪，才可以免除大汗的灾难。"

在亲王之中，当时只有拖雷随侍。窝阔台就命人把拖雷叫到身边，说："四弟，我这病恐怕是不行了。"

拖雷见窝阔台叫自己"四弟"，很是感动，急忙说道："三哥偶染小疾，三五日就会好的，何出此言？"

窝阔台说："方才巫师为我祈祷，上天怪罪，定要拘我，若我不去，说除非要一个亲王代我才行。现在随军的亲王只有四弟你，可军中无我尚可，无你是万万不行的。所以为兄只好将你叫来，安置一下，我去之后，吾弟要……"

不等窝阔台说完，拖雷赶紧说："既然小弟能代，义不容辞。三哥是一国之主，万万少不得。"说完，命内侍将巫师请出。

巫师被叫来之后，拖雷说愿意代大汗到天神那里请罪。巫师拿出"咒水"，让拖雷喝下。拖雷二话不说，一饮而尽。拖雷被人抬回自己的寝帐，没几天就死了。

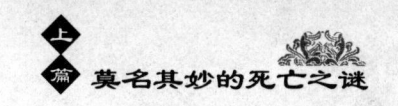

以上是《元朝秘史》的记载。

还有一点也值得怀疑。《元史·太宗传》是专门写窝阔台汗的，对于拖雷的死，却明确记载为九月。而《元史·睿宗传》是专门写拖雷的，难道却不写拖雷死亡的时间了吗？显然不是。所以，《元史·太宗传》所写的"九月，拖雷薨"，笔者以为是有误的，是故意所为。写史者故意将拖雷的死亡时间推后三个月，这显然是在为窝阔台开脱杀害亲兄弟的罪过。

史书对拖雷死亡的原因有不同的记载，只能说明一个问题，拖雷的死不是简单的"遇疾而薨"，而是存在诸多疑点，至今仍为一个疑案。

对于拖雷的死亡原因，史学家们提出了不同的看法。主要有以下意见：

第一种意见认为，拖雷是被窝阔台害死的，而且持这种意见的人居多。

第二种意见认为，拖雷是甘愿替窝阔台而死的。

奇怪的是，史学家们都不认为拖雷是得暴病而死的，也就是说，拖雷的死不属于自然死亡，而是属于他杀。

综合史书的记载和史学家们的观点，拖雷确实是被窝阔台害死的，而不是病死的。理由如下：

第一，窝阔台存在杀人的动机。拖雷是成吉思汗最喜欢的儿子，成吉思汗曾经打算把汗位传给幼子拖雷，但由于当时拖雷年纪太小，未能如愿。按照蒙古人"幼子守灶"的习俗，成吉思汗死后，把自己的属地、财产和大部分军队都留给了拖雷，使拖雷拥有了巨大的实力。拖雷监国两年而迟迟不肯移权，势必引起窝阔台的不满而心生怨恨，只不过窝阔台城府极深，没有发作而已。此其一。

后来，在耶律楚材的斡旋下，拖雷虽然移权让位，但拖雷在蒙古帝

国中的威望依然不减，窝阔台始终感到一种严重的威胁。即使拖雷在三年五年内没有反心，但谁敢保证他在十年八年后也没有反心呢？这是窝阔台最担心的问题，换了谁都会有这样的担心。在窝阔台看来，与其这样提心吊胆地过日子，还不如干脆把对方干掉，以绝后患。此其二。

窝阔台在继承汗位后，把他的二哥察合台打发走了，但却把拖雷留在了自己身边，不让拖雷回到领地去。这是为什么呢？明眼人一眼就能看出来，如果让拖雷回到他的领地去，就等于是放虎归山，再要想控制他就十分困难了。所以，窝阔台牢牢地把拖雷捆在自己身边，使拖雷不敢轻举妄动。一旦有了机会，就可马上动手，除掉对方。此其三。

因此，窝阔台要除掉拖雷是必然的结果，只不过是迟早的问题罢了。

第二，窝阔台设计害死了拖雷。窝阔台要除掉自己的亲兄弟，但还不想留下任何把柄，让天下人耻笑，所以就精心设计了一个骗局。他与那个巫师串通一气，紧密配合，先是自己装病，然后让巫师来"驱除病魔"，巫师于是编造了一套鬼话，来引拖雷上钩。拖雷上钩之后，巫师拿出了所谓的"咒水"让拖雷喝下。事情一步步按照窝阔台导演的程序进行，最终实现了他们的目的。所以，拖雷的死完全是窝阔台一手制造的阴谋。

拖雷究竟有没有反心呢？我们从史书上找不到这方面的记载，说明他至少在那个时候是没有反心的。窝阔台从自己的利益出发，不惜杀害自己的亲弟弟，这是封建社会皇权制度的必然结果，也是造成拖雷人生悲剧的根本原因。

从史书的记载看，拖雷是一个杰出的人物，他不仅有一个伟大的父亲成吉思汗，而且还有一个伟大的儿子忽必烈，这两个人物在中国历史上都是非常耀眼的人物。就拖雷本人来讲，他对蒙古帝国做出的杰出贡献，在任何时候都是不容否定的。

拖雷之死与蒙古继承制度

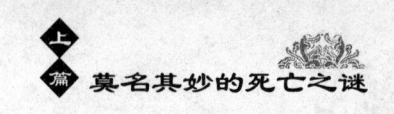

公元1227年，成吉思汗灭亡了西夏，病重死于六盘山下。临死时候，留了遗言，将大汗位传给三子窝阔台，但还需要全蒙古部落开库里台通过，在大汗选出之前，由四子拖雷监国。其统治下的地域、财产和军民也做了划分，长子术赤分封在钦察汗国（也叫金帐汗国，俄罗斯一带，彼时术赤已死，主要由其儿子拔都继承）、次子察合台封在察合台汗国（大约在新疆西南部阿富汗和巴基斯坦一带）、三子窝阔台分封在新疆大部与蒙古西部，称窝阔台汗国，三个儿子各分得蒙古部四千户居民（领地户口由各自统治），其余蒙古部落领地包括占领的金国大部，以及蒙古诸部落大约10万户军民都留给了四子拖雷，包括10万1千骁勇的蒙古军队。

这里面涉及到有关蒙古汗位的两项制度，第一个是库里台大会制度。这个库里台制度很有意思，参加的人员都是是蒙古亲王、贵族，选择最合适的大汗人选。

另外一个就是幼子守灶制度。即幼子获得祖上的大部分土地与资产。上面拖雷获得成吉思汗的绝大部分军队和资产，就是这个制度的衍生物。但为什么成吉思汗没有把大汗位传给拖雷呢？其实主要与几个儿子不和有关，长子术赤和拖雷系关系较好而和察合台不和，基本上，术赤和拖雷算是一派，察合台和窝阔台是一派，但窝阔台平时表现宽厚，而拖雷

军事才能不错，政治才能差一些，于是选择了窝阔台为大汗。其实已经种下了蒙古内乱的种子。另外一个原因，汗位不是私人的财产，还必须通过库里台选举产生。当然成吉思汗遗命的力量也是非常重要的。

正史中一直把拖雷描绘成谦让的战神，并不争夺汗位。但他明显掌握了军政大权，库里台大会也一直拖了两年（1229年）才召开，开了四十天。蒙古大将和贵族一致要推选拖雷为大汗，窝阔台也表示因为有幼子守灶制度要推让给拖雷，但因为有成吉思汗的遗命，一直拖而未决。后来耶律楚材表示了担心（天长日久无汗位的担心），拖雷才支持窝阔台为汗，后来窝阔台被尊为元太宗。

汗位定下来以后，窝阔台就发动了对金国残余地区雷霆般的进攻，当然拖雷是主攻手，决定性的假道宋境攻金的几场战役都是托雷完成的，仿佛唐初的李世民。1332年，拖雷取得了钧州三峰山战役这一灭金的决定性胜利之后，发生了一件离奇的事情，窝阔台大汗突然暴病，奄奄一息，萨满（巫师）说只有亲王替死才能治好他的病，而那时候窝阔台身边的亲王只有拖雷，拖雷只好把萨满端来的所谓有了符咒的水一饮而尽。或许是巧合，几天后窝阔台的病果然好了，而拖雷却暴病身亡。这是一段历史之谜，拖雷死得含糊，也死得荒唐，后人有理由相信是窝阔台的主意。这也算是幼子守灶制度的后遗症。但窝阔台为了表示对拖雷的感激（或者是歉疚），很善待拖雷的四个儿子：蒙哥、忽必烈、旭烈兀、阿里不哥。

8年后窝阔台病死，汗位继续有悬念。窝阔台系和察合台系都推选窝阔台子贵由（元定宗）。那时候，术赤之子拔都已经横扫欧洲，力量强大，其反对贵由没有参加库里台大会。贵由继承汗位三年后去世。库里台大会在拔都和拖雷妻唆鲁禾帖尼的安排下，推选了拖雷长子蒙哥为汗。

1259年蒙哥死于重庆钓鱼城下。忽必烈急忙终止了侵宋战争，回到

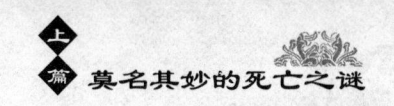

蒙古。因为此时拖雷的幼子阿里不哥（忽必烈的弟弟）在草原继承汗位与忽必烈对抗，经过四年的战争，忽必烈取得汗位，并且立下传长子的做法，中断了库里台大会。但后来有东部诸王叛乱，西部又有窝阔台汗国海度（窝阔台的孙子）之乱，这些内乱一直贯穿了元朝的始终。从此元帝国衰亡下去，不到100年就终结了。

蒙古族的家庭一般由夫妻和未成年子女组成。儿子结婚后分居，另立门户。父母所住的蒙古包及附属什物，习惯上由幼子继承。蒙古族的传统惯例是在其父在世时，长子成人结婚分出去居住，分得一部分财产和牲畜等，女儿出嫁也有相当数量的陪嫁。而其父亲死后，由正妻所生的最小的儿子（蒙古语叫"斡赤斤"，意为守灶者）继承财产，管理家务。正是亲中选贤的大汗推举制与"幼子守灶"的财产继承制，导致了蒙古汗国和元朝在汗位、皇位继承问题上的一系列矛盾与冲突，导致了蒙古汗国时期的汗位转移和元朝中后期的宫廷政变。根据惯例，大汗死后，继位者必须经过宗亲、贵戚和勋臣参加的库里台推举，大汗与臣属各自宣誓之后，才能算正式即位，合法地行使汗权。在这段汗位空缺时期，先可汗的幼子可以以大斡耳朵继承人身份监国，也可以由先可汗大妃监国，同时负责筹备召开选举大汗的库里台事宜。成吉思汗死，遗命窝阔台继承汗位。拖雷暂时监国，要经过忽里台（蒙古宗王们的大聚会）推举后，窝阔台才能正式即位。成吉思汗一直很喜欢拖雷。蒙古旧俗有幼子继承制，家长活着的时候给年长的儿子们一些财产，让他们自己成家；幼子却留在家中，日后继承家业。按这个习俗，成吉思汗的汗位继承人应该是拖雷，成吉思汗为了诸子之间的团结把汗位交给窝阔台，但他也说："我的营地、家室、财产以及军队在内的一切，让拖雷掌管。"窝阔台对拖雷很是顾忌，面对一些宗王的劝进，他说："尽管成吉思汗的命令实际上是这个意思，但是有长兄和叔父们，特别是大弟拖雷，比我更配担当这件事,我怎能在他活着时并当着他们的面登上汗位呢?"因此,一直到两年后,即1229年秋,才举行忽里台。这时,有察合台的支持,又有成吉思汗的遗命,窝阔台便顺理成章地继承了汗位。1232年,窝阔台与拖雷伐金得胜,两人一起北归,窝阔台突然昏迷不语。珊蛮(巫师)占卜,说是蒙古军队杀人太多,金国山川之神因此作祟。稍隔一会,窝阔台忽然睁开眼睛要水喝,并问自己怎么了。珊蛮说,必须用亲王代替他死,窝阔台的病才能好。这时拖雷开口说:"战争中所有的罪业都是我造的,现在神要惩罚,就罚我好了。我又长得好,可以侍奉神灵,由我代替哥哥吧!"说完就叫珊蛮把咒过的水拿来喝了,几天后,拖雷在路上死了。

拖雷喝巫师之水代兄赴死?

成吉思汗究竟有多少儿女?这个问题不好回答。他的后代很多,现在每4个蒙古人中就有一个带有他的血统。如果按照当时蒙古人的习惯,只有正妻生的孩子才算真正的子女,在大多历史书籍上只是记载了他的正妻孛儿帖生下的4个儿子。

大儿子术赤,是孛儿帖在被抢前怀孕的,对于他的血统问题一直是现在学者的辩论主题,这也导致他一生的悲情,临死的时候还特意叮嘱不要让他的儿子和后代去抢夺汗位,也说明他心中的自卑。二儿子察合台,是成吉思汗正妻孛儿帖所生第二子。1226年,成吉思汗出征西夏,察合台受命留守蒙古大斡耳朵。他与长兄术赤不和，与弟窝阔台相处较融洽。

成吉思汗死后，1228年（戊子年），以察合台、术赤长子巴图为首的右翼诸子及官员，以斡惕赤斤、也古、也孙格为首的左翼诸子及官员，以拖雷监国为首的中央本部诸子、官员及万户长、千户长们齐聚客鲁连河畔的阔迭兀岛之地，遵照成吉思汗的遗诏，拥立成吉思汗第三子窝阔台为大汗。据《蒙古秘史》记载，察合台和拖雷二人，将在成吉思汗"察阿荅"（身边）护卫其父金贵生命的宿卫、弓箭手、秃鲁花等万名怯薛军，以及由九十五千户组成的中央本部百姓交给了窝阔台汗，顺利完成了汗权的交接。

拖雷是成吉思汗正妻孛儿帖所生成吉思汗的第四子。1213年，成吉思汗分兵伐金，拖雷从其父率领中路军，攻克宣德府，遂攻德兴府。拖雷与驸马赤驹先登，拔其城。既而挥师南下，拨涿州、易州，残破河北、山东诸郡县。1219年，从成吉思汗西征，攻陷不花剌、撒麻耳干。1221年，分领一军进入呼罗珊境，陷马鲁、尼沙不儿，渡搠搠阑河，降也里。遂与成吉思汗合兵攻塔里寒寨。按照蒙古习俗，幼子继承父业，而年长诸子则分家外出，自谋生计。故成吉思汗生前分封诸子，拖雷留在父母身边，继承父亲所有在斡难和怯绿连的斡耳朵、牧地及军队。成吉思汗留下的军队共有12.9万人。其中10.1万由拖雷继承。

1229年，在选举大汗的忽里台上，拖雷的三兄窝阔台被推举为全蒙大汗，史称元太宗。他在任内继承父亲的遗志扩张领土，主要是继续西征和南下中原。他在位期间成功地征服了中亚和华北。1231年，拖雷与窝阔台汗兄戮力同心，分道伐金，拖雷总右军自凤翔渡渭水，过宝鸡，入大散关。11月，蒙古军假道南宋境，沿汉水而下，经兴元（今陕西汉中）、洋州（今陕西洋县）在均州（今湖北均县西北）、光化（今湖北光

化北)一带,渡汉水,北上进入金境。1232年初与金军在均州(今河南禹县)遭遇。拖雷乘雪夜天寒大败金将完颜合达、移剌蒲阿、完颜斜烈于三峰山,尽歼金军精锐。此役毕,拖雷与自白坡渡河南下的窝阔台军会合。

罗卜藏丹津所著的《黄金史》中记载了这样一个动人的传说:成吉思汗患病时,其幼子拖雷也感不适,卜者说,如果其中一人痊愈,另一人将难逃厄运。于是拖雷之妻察兀儿别吉向苍天祈祷说:"如果汗主死去,举国民众都将成为孤儿,如果拖雷死去,只有我一人成为寡妇。"她的祈祷果然应验,拖雷死了,可汗痊愈。为此,成吉思汗嘉奖儿媳察兀儿别吉,在丈夫与汗父二者只能选一的重大抉择中,不顾丈夫、敬重汗父、顾全大局的贤德,特给以"也失哈屯"之封号,并赐予她"八鄂托克察哈尔"。

罗卜藏丹津在其《黄金史》中的上述记载,尚未找到其他史料佐证,而且有几点明显的错误。一是拖雷去世,是在成吉思汗死后的第五年。因此拖雷之死,并非替父成吉思汗,而是代兄窝阔台而死。这在《蒙古秘史》、《元史》中都有明确的记载。1231年拖雷随太宗窝阔台汗征金,第二年,太宗在军中患病,不能言语。巫师向神许以人命、宝物问卜,但病情不见好转,反而更加严重起来。又向神许以亲人之命,窝阔台汗才苏醒过来。于是,在汗兄身边看护的拖雷说:"我圣明的汗父,委兄以大任而将国家江山交给了您。汗父命我随汗兄身边,提起所忘,唤醒所睡。如今,我若失去汗兄,将提起谁之所忘,唤醒谁之所睡呢?若汗兄真有不测,蒙古之众将成遗孤。"于是,拖雷喝下了巫师之水。少顷,拖雷说:"我已大醉!照顾遗孤之事就拜托汗兄了。"即走出屋去,昏厥而亡。之后,太宗果然病愈。二是拖雷之妻是克烈部王罕之弟札合敢不之女唆鲁禾帖尼,而非王罕之女察兀儿别吉。三是将察哈尔说成是"八鄂托克",显然是误将一百多年后形成的察哈尔部八鄂托克提前到了这里。尽管如此,这里提到的"察哈尔"并非虚构。这说明13世纪30年代,感恩于拖雷的窝阔台汗,对拖雷妻唆鲁禾帖尼给予皇后的待遇,并将由大汗的护卫军怯薛和其家属、匠人等本部百姓组成的"察哈尔"的一部分,赐给了她。唆鲁禾帖尼于1252年去世,后来的察哈尔人中,就有尊崇祭祀"也失哈屯"唆鲁禾帖尼的风俗,从而也证实了此事的真实性。

蒙古史传确有记载的是:1232年,拖雷在征金胜利后北返途中病逝。至元三年(公元1266年)谥号景襄皇帝,庙号睿宗。子蒙哥(宪宗)、忽必烈(世祖)相继称帝。

脱脱冤死：一代贤相死亡之谜

> 脱脱冤死案，是元朝历史上的最大一个冤案。脱脱是元末一代贤相，著名的政治家、军事家。他殚精竭虑地挽救即将坍塌的元朝大厦，但却壮志未酬，冤死在奸臣的阴谋之下。脱脱对元末的历史产生了重大影响，他的死，成为元朝走向灭亡的转折点。

伯父专权引祸端

脱脱生于1314年，字大用，蒙古人。他的父亲叫马札儿台，伯父就是伯颜。

元文宗在毒死自己的哥哥元明宗后，二次登基当了皇帝。元明宗虽死，但元明宗的皇后八不沙以及他们的儿子还在，而且八不沙皇后对元明宗的死已经产生了怀疑，因而对元文宗和元文宗的皇后卜答失里时常

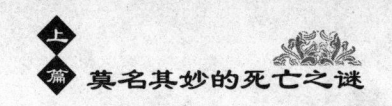

流露出一些怨言。卜答失里是个心狠手辣的女人，她觉得留下八不沙皇后终究是个祸害，于是在元文宗的默许下，于至顺元年（1330年）四月，将八不沙皇后赐死了。

至顺三年（1332年）十月，也就是在元文宗死后两个月，懿璘质班终于即了皇帝位，历史上称元宁宗。

元宁宗也是个短命皇帝，在位43天就死了，连年号都来不及改。这时候，燕铁木儿又向卜答失里皇后提出建议，让元文宗的次子燕帖古思继承皇位。卜答失里皇后不改初衷，她说："我儿子年纪还小，妥懽帖睦尔今年已经13岁了，况且他是明宗的长子，理应立他为皇帝。"燕铁木儿据理力争，卜答失里皇后就是不同意，燕铁木儿心里虽然不满，但也无可奈何。于是，卜答失里皇后派中书右丞阔里吉思到广西去迎请妥懽帖睦尔到京城来，准备即皇帝位。

妥懽帖睦尔和他的母亲迈来迪先是被贬到高丽的一个小岛上，后来，迈来迪死在那里，妥懽帖睦尔又被改迁到静江。

广西离京城大都路途遥远，妥懽帖睦尔一行到达元大都西南部的良乡时，已经是第二年的春天了，也就是至顺四年（1333年）的春天了。妥懽帖睦尔到了良乡，就是说未来的皇帝马上就要到达京城了。卜答失里皇后命令太常礼仪使拿着簿籍，到良乡迎接妥懽帖睦尔，燕铁木儿也随后赶到良乡。

妥懽帖睦尔长期在边远地区生活，哪里见过这种阵势，况且他只是一个13岁的少年，见了迎接他的官员，就显得非常紧张。尤其是见了权臣燕铁木儿，更是紧张得不知所措。在回大都的路上，燕铁木儿与妥懽帖睦尔并马而行，并耀武扬威地挥着马鞭，一边走一边告诉妥懽帖睦尔迎接他到大都的目的。妥懽帖睦尔对当皇帝一点心理准备也没有，所以对燕铁木儿的话不知道该如何回答，只好保持沉默。燕铁木儿看了看这

位13岁的少年,错误地认为妥懽帖睦尔年纪不大,但城府很深,竟把他吓得心里直打鼓。

妥懽帖睦尔到了大都,拜见了卜答失里,先在宫中居住下来。燕铁木儿害怕极了,他害怕妥懽帖睦尔即位后找自己报仇,所以他找了若干理由,迟迟不让妥懽帖睦尔即位。这期间,一切军国大事,都由燕铁木儿决断,经卜答失里皇后同意后执行。

这年六月,权臣燕铁木儿由于纵欲过度,体羸溺血而死。燕铁木儿一死,卜答失里没有了阻力,于是议定由妥懽帖睦尔正式继承皇位。她还附带了一个条件,就是将来妥懽帖睦尔驾崩之后,皇位再转给她的儿子燕贴古思,就像武宗、仁宗时一样,遵循"兄终弟及,择长者立"的原则,将皇位一代一代传下去。但是,卜答失里的这个愿望是不可能实现了,因为妥懽帖睦尔是元朝的末代皇帝,元王朝就是在他手里灭亡的。

六月初八,妥懽帖睦尔在上都即皇帝位,这就是元顺帝。妥懽帖睦尔刚刚即位,当时有个元明宗亲信的大臣叫阿鲁辉帖木儿,出于对元顺帝的一片忠心,就对元顺帝说:"天下的事太多了,应该让宰相们去处理,如果陛下亲自去处理,弄不好就会留下不好的名声。"元顺帝听从阿鲁辉帖木儿的建议,于是整天深居宫中,对朝中大事不闻不问。

伯颜因为护送元文宗到大都有功,被提拔为河南行省左丞相,并赏赐了他很多值钱的东西。元文宗即位后,特加伯颜银青荣禄大夫,不久又加封太尉,进为开府仪同三司、录军国重事、御史大夫、中政院使。天历二年(1329年)正月,拜伯颜为太保。二月,特授伯颜为忠翊侍卫亲军都指挥使。元明宗即位后,拜伯颜为太子詹事,其他官衔照旧。八月,伯颜又被提拔为中书左丞相。元明宗死后,元文宗复位,加伯颜为储政院使。天历三年(1330年)正月,拜伯颜为知枢密院事。至顺二年(1333年)八月,进封伯颜为浚宁王、忠翊侍卫亲军都指挥使。至顺三

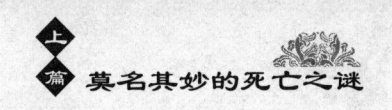

年（1334年），拜伯颜为太傅，加徽政院使。可以说，伯颜在官场上一路顺风，屡屡升迁，简直像坐上了直升机。

元顺帝即位之后，拜伯颜为太师、中书省右丞相、上柱国、兼修国史，并兼奎章阁大学士，统领学士院、太史院、回纥、汉人司天监事，任命燕铁木儿的弟弟撒敦为太傅、左丞相。

八月，卜答失里为了牵制伯颜的权势，执意为元顺帝册立燕铁木儿的女儿答纳失里为皇后。元顺帝心里虽然不大愿意，但也只好遵命而行。接着，元顺帝下诏，命伯颜和撒敦专理国家大事，把朝政大权交给了二人。十月，元顺帝改元，以当年十月为元统元年，大赦天下，封赏功臣。封撒敦为荣王，伯颜为寿王，燕铁木儿的儿子唐其势承袭太平王，并晋升为金紫光禄大夫。燕铁木儿的另一个弟弟、知枢密院事答里为金紫光禄大夫。元统二年（1334年）四月，又任命唐其势为总管高丽女直汉军万户府达鲁花赤，与马札儿台并为御史大夫；加封撒敦开府仪同三司、上柱国、录军国重事。

当时，右丞相伯颜自恃有功，独理朝政，逐渐变得骄傲自大起来，根本不把所有人放在眼里。伯颜的行为引起燕铁木儿家族的不满，燕铁木儿的儿子唐其势说："这天下本来是我家的天下，伯颜算什么东西，凭什么他的职位在我之上？"燕铁木儿的弟弟撒敦则以身体有病为由，向元顺帝提出辞职请求。元顺帝念及他是答纳失里皇后的叔叔，同时也是皇太后卜答失里信任的大臣，于是在五月的时候，让唐其势代替撒敦中书左丞相的职务，撒敦仍可以参与中书省的事务。但是，唐其势对这样的安排仍不满意，拒不上任。元顺帝没有办法，只好将撒敦再次任命为左丞相。为了安慰唐其势的不平心理，元顺帝还追赠燕铁木儿为公忠开济弘谟同德立翊运佐命功臣、开府仪同三司、太师、中书右丞相、追封为德王，谥号忠武。

但是，唐其势还是不满意，经常在元顺帝面前发牢骚，并公开了与伯颜的矛盾。元顺帝被唐其势吵得非常心烦，就在（后）至元元年（1335年）四月，加封唐其势为开府仪同三司。不久，左丞相撒敦病逝。伯颜也知道唐其势对自己不满，为了缓解二人之间的矛盾，到了五月，伯颜主动提出，要将自己的右丞相职位让给唐其势，但遭到元顺帝的拒绝。元顺帝对唐其势的贪得无厌已经很反感了，怎么能把如此重要的职位让给他呢？于是，元顺帝任命唐其势接替撒敦的职务，担任了左丞相。

唐其势气坏了，决定要杀掉伯颜，废掉元顺帝，拥立一个叫晃火帖木儿的宗王为帝。唐其势还有一个叔父，叫答邻答里，是撒敦的弟弟，被封为句荣郡王，与宗王晃火帖木儿的关系十分密切。于是，唐其势给叔父答邻答里写了一封密信，说明事由。答邻答里与晃火帖木儿一商量，同意了唐其势的想法。答邻答里于是给唐其势写了回信，密约调集军队，里应外合，发动政变。

没想到，他们的密谋被郯王彻彻秃知道了，彻彻秃立即向元顺帝密报了此事。这个彻彻秃也是皇室宗亲，他的曾祖父就是元宪宗蒙哥。元顺帝开始并不相信，于是下诏命答邻答里入朝议事。但是，答邻答里却一直没有奉诏入朝。元顺帝终于相信唐其势等人果然要谋变，于是命令伯颜做好一切准备，以应对突发事件的发生。

这年六月三十日，唐其势在京城东郊布下伏兵，然后与弟弟答剌海率领一支精锐士兵冲进宫中。他本以为自己出其不意，可以一举成功，没想到朝廷早有准备。当他冲进宫中的时候，伯颜和完者帖木儿等人一声令下，伏兵四起，将唐其势以及他的勇士包围。双方展开厮杀，唐其势毕竟人少，很快就被活捉。他的弟弟答剌海见事情败露，在混战中逃到皇后答纳失里的卧室里。答纳失里是他的妹妹，见哥哥被追杀，急忙让他藏到座位后面，并用衣服遮盖起来。但是，追击的士兵早已冲了进

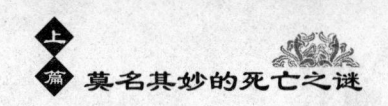

来，一把将答剌海从座位后面拽出来，当场将其杀死。

伯颜指挥的军队很快将叛兵剿杀，然后将唐其势和皇后答纳失里押到元顺帝面前。答纳失里吓坏了，大声呼救说："陛下救我，陛下救我！"

元顺帝大怒，说："你的哥哥们密谋篡逆，岂能饶你？"于是下令将唐其势斩首，将皇后答纳失里贬到开平民舍居住，不久被伯颜所杀。

答邻答里听到唐其势等人被杀的消息，举兵造反。元顺帝命脱脱派精锐之师征讨，答邻答里兵败被擒，在上都被处死。宗王晃火帖木儿听到政变失败的消息，觉得元顺帝肯定饶不了自己，遂自杀身亡。

经过这次政变，元顺帝决定不再设立左丞相一职，任命伯颜仍为右丞相，独理朝政，并全部罢免了燕铁木儿、唐其势所提拔的官员，将晃火帖木儿、答邻答里、唐其势的子孙流放到边远地区。

伯颜在这次平叛中又立了大功，元顺帝给他封了一大堆官职和称号，总字数达246字之多，并封他为秦王，使他的权力达到了顶峰。（后）至元四年（1338年）七月，元顺帝下诏，在涿州（今河北涿州）、汴梁（今河南开封）为伯颜建立了生祠。祠堂一般是为死者而修建的，为活着的人建立祠堂是十分少见的。可见，元顺帝的做法是多么荒唐！到了（后）至元五年（1339年）十月，元顺帝又任命伯颜为大丞相，加封为"元德上辅功臣"之号。

伯颜独理朝政，专权自恣，逐渐变得目空一切。他在朝中为所欲为，擅自赦免已经判了死罪的犯人，任意对亲信封官加爵，随意挥霍国家府库的钱财，大有取元顺帝而代之的异谋。他所掌握的诸卫精兵，远远超过了元顺帝身边禁卫军的数量，以致天下人只知道有个伯颜，而不知道有个元顺帝。元顺帝看在眼里，忧在心上，但也无可奈何。

脱脱为什么要大义灭亲

伯颜上欺皇帝，下压群臣，引起许多大臣的不满，其中有一个正直的大臣，这就是伯颜的侄子脱脱。

脱脱生下来就与一般人不一样，幼年非常聪慧，至于聪慧到什么程度，我们不得而知。上学的时候，他师从浦江名儒吴直方，对汉文和儒家典籍造诣颇深。吴直方在当时是个了不起的人物，曾经在元明宗潜邸任教，后担任上都路学正。

元文宗至顺二年（1331年），元文宗授脱脱虎符、忠翊侍卫亲军都指挥使，开始掌握军权。到元顺帝元统二年（1334年），脱脱连续升职，先是被任命为同知宣政院事，成为正二品大员。同年五月，又调任为中政院中政使。中政院是负责中宫财赋、营造、供给等事务的重要部门。六月，元顺帝又将脱脱提拔为同知枢密院事，成为朝廷最高军事机构的副职。

（后）至元元年，唐其势政变失败后，脱脱因为平叛有功，晋升为太禧宗禋院使，拜御史中丞、虎贲亲军都指挥使，有权提调左阿速卫。（后）至元四年（1338年），脱脱又被提拔为御史大夫，仍兼任以前的职务。

脱脱担任御史大夫之后，重拳出击，大力整顿朝纲，使朝廷内外的官员都十分紧张。他不畏强权，即使是皇帝有不对的地方，他也敢于犯颜直谏。这一年，他护从元顺帝从上都回来，走到鸡鸣山（这里指河北张家口的鸡鸣山）的浑河时，元顺帝准备在保安州（今河北涿鹿县）狩猎。脱脱觉得在这里狩猎肯定会毁坏百姓的庄稼，于是劝谏说："古者帝王端居九重之上，日与大臣宿儒讲求治道，至于飞鹰走狗，非其事也。"意思是说，历代圣明的帝王，应该每天与大臣们探讨治国之道，至于飞鹰走狗舟的狩猎，不是他们应该做的事。脱脱的话虽然让元顺帝觉得有些扫兴，但他还是愉快地接受了脱脱的劝告，取消了狩猎的计划，并授予脱脱金紫光禄大夫，兼绍熙宣抚使。

脱脱小时候曾寄养在伯父伯颜家里，对伯颜有一定的感情。但是，脱脱对于那些飞扬跋扈、势焰熏天的人非常痛恨。而现在令他感到痛苦不安的是，眼下在朝中专权横行的不是别人，正是自己的伯父伯颜。怎么办呢？如果任伯父败坏朝纲，则有违自己的良心，对不住朝廷；如果奋起与伯父斗争，又会留下不孝的骂名，对不住伯父的养育之恩。脱脱的内心十分矛盾，怎么也想不出一个两全之策。

脱脱私下里对父亲马札儿台说："伯父现在骄纵到极点了，万一有一天天子震怒，我们全族人就要被杀了，不如在他还没有倒台的时候想办法除掉他。"马札儿台觉得儿子的话很有道理，但要除掉伯颜，那毕竟是自己的哥哥，他却下不了决心。

脱脱没有办法，只好向自己的老师吴直方请教。前面说过，吴直方是个正直的儒士，他听了脱脱的话，毫不犹豫地说："历史上有很多大义灭亲的例子，大丈夫只知道忠于国家，其他的还有什么可顾虑呢？"

吴直方的话给脱脱吃了一颗定心丸，坚定了他要学习古人大义灭亲的壮举，坚决舍弃个人感情，为民除害。

有一天，脱脱见到元顺帝，趁别人不注意，陈述了自己要舍家为国的想法。但是，元顺帝知道脱脱与伯颜的关系，所以对脱脱的话很不相

信。当时，元顺帝身边布满了伯颜的耳目，元顺帝的一举一动，伯颜都掌握得一清二楚，唯有两个人是元顺帝的心腹。一个是翰林学士承旨世杰班，一个是西靖王阿鲁。世杰班是沙剌班的儿子，沙剌班曾经当过元顺帝的老师，很有学问，父子二人都受到元顺帝的信任。阿鲁是谁呢？阿鲁的父亲是魏王阿木哥，与元武宗和元仁宗是亲兄弟，都是真金太子的孙子，阿鲁也就是元武宗和元仁宗的亲侄子。元顺帝的父亲是元明宗和世王㻋，而和世王㻋是元武宗海山的儿子。所以，按辈分，阿鲁是元顺帝的伯父或叔父。于是，元顺帝秘密派世杰班和阿鲁与脱脱交往，整天探讨忠君报国的话题。从脱脱的言论中，世杰班和阿鲁知道了脱脱是一个忠心报国的忠臣，便告诉了元顺帝，元顺帝终于彻底打消了对脱脱的怀疑。

当时，元顺帝身边还有一个心腹，名叫杨瑀，多年在元顺帝潜邸做事，深得元顺帝信任，眼下担任奎章阁广成局副使，可以随意出入宫中。每当元顺帝与脱脱、世杰班、阿鲁议事的时候，总是让杨瑀在场。元顺帝的目的很明确，就是要逐渐增强自己的实力，以便和伯颜一帮人抗衡。

（后）至元五年（1339年）秋天，元顺帝在上都巡游，而伯颜也正好外出，到应昌（故址在今内蒙古克什克腾旗西北达里诺尔）去了。脱脱和世杰班、阿鲁计划在伯颜回来时，在大都东门外动手，逼迫伯颜让出相位。但考虑到当时双方力量悬殊，恐难取胜，只得作罢。

就在这时，发生了河南范孟矫杀省臣一案。事情是这样的：河南省台小吏范孟，由于多年得不到升迁，于是胆大妄为，想出一个歪主意，于这年十一月，伪称诏使，到了汴梁，杀了河南行省平章月鲁帖木儿、左丞勃烈、廉访使完者不花、总管撒里麻，并假称圣旨封他为河南都元帅，以廉访使段辅为左丞。伯颜知道这件事后，大耍淫威，对台臣说，以后汉人一律不准担任廉访使，并就此事向元顺帝上了一道奏章。

当时，别儿怯不花担任御史大夫，这是个见风使舵的奸臣。他怕大臣们议论他依附伯颜，就装病待在家里，连朝也不上了。因此，伯颜给元顺帝的奏章被压了下来，一直没有上报。伯颜知道后，十分恼火，再三催促上报自己的奏章。监察御史被逼急了，赶忙去找脱脱。脱脱说："别儿怯不花的职位比我高，而且大印掌握在他手里，我怎么敢专权呢？"脱脱实际上是想阻止御史台，不要把伯颜的奏章送上去。但是，别儿怯不花知道这些情况后，害怕伯颜报复自己，于是赶忙表示自己不日就去上朝。脱脱不好当面阻拦，就去找老师吴直方商量对策。

吴直方对脱脱说："汉人可以担任廉访使，这是祖宗定下的法度，决不可以废掉，你为什么不先把这件事跟皇上说清楚呢？"脱脱听从老师的建议，入朝对元顺帝说了，元顺帝表示赞同。

等伯颜的奏章送上来之后，元顺帝对伯颜说："汉人担任廉访使，这是祖宗定下的，不能废除。"伯颜知道这是脱脱的意思，勃然大怒，根本不顾及君臣礼仪，蛮横地对元顺帝说："脱脱虽然是我的侄子，但他一心袒护汉人，必须严加惩治！"元顺帝解释说："这是我的意思，跟脱脱无关。"伯颜听后，狠狠地瞪了元顺帝一眼，愤愤地走了。

（后）至元四年（1338年），彻彻秃入朝时，伯颜为自己的儿子向彻彻秃求婚，就是请求将彻彻秃的女儿嫁给他的儿子，但遭到彻彻秃的拒绝。为此，伯颜怀恨在心，伺机报复。第二年，他指使亲信诬告彻彻秃谋反，请求元顺帝将彻彻秃杀掉，但元顺帝没有答应。伯颜并不罢休，于是矫旨将彻彻秃处死，并将宣让王帖木儿不花、威顺王宽彻普化（二王都是镇南王脱欢的孙子）贬到边远地区。伯颜的行为引起了元顺帝的极大愤慨，元顺帝下定决心要除掉伯颜。

一日，元顺帝哭着对脱脱诉说了自己的委屈，并流露出要坚决斥逐伯颜的意思。脱脱心里感到十分难过和愧疚，禁不住也流下了眼泪。

脱脱从宫里出来后，又去找自己的老师吴直方。吴直方说："这件事关系到国家的生死存亡，一定要保密。你们商量此事的时候，有谁在跟前？"

脱脱说："阿鲁和脱脱木儿。"

吴直方听后大惊，说："脱脱木儿乃见利忘义之人，事情一旦泄露，皇上的性命不保啊！"

脱脱于是赶紧将脱脱木儿请到自己家中，摆上酒菜，让他喝酒，不让他出去。自己则跟阿鲁、世杰班等人密议，准备在伯颜入朝的时候，将他一举擒获。

脱脱在宫门加强了警戒，并在附近布下士兵，对出入宫门的人严格检查。伯颜发现这一情况后，大吃一惊。他找到脱脱，问他怎么回事。脱脱说："皇上住的地方，不得不严加防范。"但是，伯颜已经对脱脱产生了怀疑，于是也加强了自己的警卫力量。脱脱见此计不成，只好放弃。

到了（后）至元六年（1340年）二月，伯颜带着自己的卫兵，请元顺帝打猎。元顺帝听从脱脱的建议，说自己有病，不能外出。伯颜于是请太子燕帖古思到柳林打猎去了。

伯颜走了以后，脱脱立即与世杰班、阿鲁商量，将他们所掌握的部队和皇宫卫队部署在城门下，准备活捉伯颜。

这天晚上，元顺帝住在玉德殿，召近臣汪家奴、沙剌班以及省院大臣先后入见，让他们出午门听命。深夜二更时分，元顺帝又派怯薛官月可察儿率30名骑兵，悄悄地到太子的大营，把太子燕帖古思接回了京城。接着，元顺帝又召杨瑀、范汇到玉德殿草拟诏书，列数伯颜罪状，贬其为河南行省左丞相。一切都布置妥当后，时间已是四更。元顺帝命中书平章政事只儿瓦歹奔赴柳林去送诏书。

伯颜接到诏书，不知道自己为什么被贬，于是派一队骑兵到京城责问。伯颜派出的骑兵到达京城时，天色已经蒙蒙亮了。他们见城门紧闭，而脱脱却端坐于城门之上，刚要上前询问，就听见脱脱在城门上高喊："皇上有旨，只驱逐丞相一人，其余不问，可各还本营。"

此时，伯颜率领的那些卫兵听得分明，纷纷散去。有人逃回去向伯颜报告，伯颜见大势已去，只得请求元顺帝撤销他丞相的职务，但没有得到允许。伯颜无奈，只得去河南行省去上任。

伯颜走到真定（今河北正定县），委屈地对当地百姓说："你们见过有儿子杀父亲的吗？"

当地百姓知道伯颜专权自恣，就说："我们没有见过儿子杀父亲的，只是听说过有大臣弑君的。"伯颜听了，脸上红一阵白一阵，不知如何对答才好。

三月，元顺帝又下诏，将伯颜贬到南恩州阳春县（今广东阳江）安置。在南下的路上，伯颜又气又恨，走到隆兴路（今江西南昌），竟病倒在驿站。驿站的驿官见伯颜已成落架的凤凰，不免对他冷嘲热讽。伯颜气上加气，在驿站一命呜呼了。

伯颜势力垮台后，元顺帝心中大大舒了一口气。他随即任命脱脱的父亲马札儿台为中书右丞相，脱脱为知枢密院事，授虎符，忠翊卫亲军都指挥使，提调武备寺、阿速卫千户所，并兼绍熙等处军民宣抚都总使、宣忠兀罗思护卫亲军都指挥使司达鲁花赤、万户府都总使。十月，马札儿台因病辞去了中书右丞相的职务，元顺帝正式任命脱脱为中书省右丞相、录军国政事，把军政大权交给了年轻的脱脱。这一年，脱脱才28岁。

脱脱更化之谜

脱脱更化，笼统地说就是脱脱实行的一系列改革。

伯颜倒台后，元顺帝心里终于出了一口恶气，甚至可以扬眉吐气了。他踌躇满志，决心有所作为，于是将（后）至元七年改为至正元年，并且将年轻的脱脱推到了政治斗争的风口浪尖上。

脱脱扳倒自己的伯父伯颜之后，掌握了朝中的大权。他恨不得把朝中的腐败恶习一下子改变过来，重振朝纲，所以上任之后，他立即着手进行拨乱反正，开始大刀阔斧的改革。脱脱的改革主要有以下几个方面：

第一，恢复科举制度。伯颜历来对汉人存有偏见，在铲除唐其势集团后，伯颜担任了中书右丞相职务，权倾朝野。（后）至元元年十一月，伯颜逼迫元顺帝下诏，废除了科举制度。他之所以要废除科举制度，就是要封死通过科举考试来选拔汉族官员的道路，从而为他任意任免官员创造条件。元顺帝虽然不同意伯颜的做法，但苦于伯颜的势力，只好违心下了诏书。更让人气愤的是，（后）至元三年（1337年）四月，伯颜又逼迫元顺帝下了一道诏书，诏书的内容是："省、院、台、部、宣慰司、廉访司及郡府幕官之长，并用蒙古、色目人。汉人、南人不得习学蒙古、色目文字"。伯颜不仅不让汉人做官，而且不让汉人、南人学习蒙古和色目人的文字，真可谓荒唐到了极点。

但是，废除科举制度是不得人心的，尤其是汉人知识分子，更是强烈反对。就是一些朝中大臣，也不同意废除这一制度。（后）至元二年六月，也就是伯颜废除科举制度的第二年，礼部侍郎忽里台上书，请求恢复科举取士之制，但遭到了伯颜的拒绝。所以，早日恢复科举制度，是人心所向。脱脱改革的第一件事就是顺应人心，恢复科举制度。脱脱是（后）至元六年（1340年）十月担任中书右丞相职务的，当年十二月，他就恢复了科举制度。行动之快，效率之高，不能不让人佩服。同时，脱脱还对传统的科举考试程式进行了改革，并规定了国子监的生员，每3年一次，依科举例入会试，中取者18名。

恢复科举制度大得人心，元顺帝也十分赞同。至正二年（1342年）三月，元顺帝还兴致勃勃地亲试进士78人，赐拜住、陈祖仁及第，其余的都给予了不同的学历。至正五年（1345年）三月，元顺帝再次亲试进士78人，赐普颜不花、张士坚及第。

脱脱恢复科举制度，消除了汉族知识分子的不满情绪，对缓解阶级矛盾发挥了一定作用。

第二，平反冤假错案。郯王彻彻秃是元宪宗蒙哥的曾孙，元英宗至治二年（1322年）十二月被封为武宁王，元明宗至顺二年（1331年）晋封为郯王。彻彻秃这个人具有浓厚的忠君思想，不管是谁当皇帝，他都是忠心不二，极力维护皇帝的统治。因此，在元英宗、泰定帝、元文宗、元明宗、元顺帝当皇帝的过程中，他始终没有异心，而且屡立战功，在众多宗王中拥有较高威望。前面说过，燕铁木儿的儿子唐其势等人谋反，就是彻彻秃及时将情报密报了元顺帝，从而使朝廷有了准备，最终将唐其势集团一网打尽。因此，彻彻秃在维护元顺帝统治的斗争中又立了一功，元顺帝给予了他很多赏赐。

由于彻彻秃在朝中威望较高，又具有相当大的势力，这就引起了伯颜的忌恨。再加上人们称彻彻秃为"使长"，伯颜就更不满意了。伯颜曾

经愤怒地对人讲："吾位极人臣，岂尚有使长！"因此，伯颜于（后）至元五年（1339年）屡次在元顺帝面前诬告彻彻秃有反心，要求元顺帝处死他。元顺帝说："当年唐其势谋反的时候，彻彻秃都没有跟他们一起谋反，怎么现在会有反心呢？"于是坚决不同意杀掉彻彻秃。但是，伯颜却暗中指使党羽伪造圣旨，闯到彻彻秃府中，将其逮捕，并擅自将彻彻秃斩首了。史书记载，彻彻秃遇难那天，阴云密布，大风呼啸，好像也在为彻彻秃喊冤。元顺帝知道后，愤怒不已，但冤案已经酿成，他也无可奈何。现在，伯颜集团已经垮台，脱脱在征得元顺帝同意后，为彻彻秃平反昭雪，恢复名誉。

前面说过，伯颜专权的时候，擅自将宣让王帖木儿不花、威顺王宽彻普化贬到边远地区。帖木儿不花是元世祖忽必烈的孙子，先是世袭镇南王，后改封为宣让王。为什么要改封为宣让王呢？这是有原因的。帖木儿不花的父亲是忽必烈的第九子脱欢，脱欢当年被封为镇南王，奉忽必烈之命征讨安南国，但没有取得成功，忽必烈非常生气，责备他"丧师辱国"，不让他回朝。脱欢死后，他的长子老章袭承王位，老章死后，他的弟弟脱不花又袭承王位。脱不花死后，他的儿子孛罗不花年纪还小，朝廷让帖木儿不花袭承了王位。到了元文宗天历二年（1329年），帖木儿不花见孛罗不花已经长大，便主动提出将镇南王的王位让给孛罗不花。元文宗对帖木儿不花的做法非常赞赏，特地改封他为宣让王，并赐金印，移镇于庐州（今安徽合肥市）。

威顺王宽彻普化也是元世祖忽必烈的孙子，脱欢的儿子，宣让王帖木儿不花的哥哥。泰定三年（1326年），泰定帝封宽彻普化为威顺王，镇武昌。这两个宗王都拥有一定兵力，并屡立战功，伯颜无缘无故地将二王贬走，究竟是出于什么原因，史书上没有记载。

脱脱在为冤死的彻彻秃平反昭雪后，又恢复了帖木儿不花和宽彻普

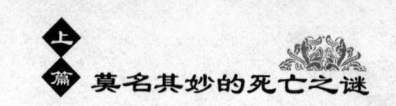

化的王位，让二人仍回旧藩。

脱脱的这些措施，受到蒙古诸王的拥护，加强了封建统治集团内部的团结，有利于当时政局的稳定。

第三，减免税赋，减轻百姓负担。脱脱当政后，在经济领域也实行了改革。首先是开放马禁。蒙古人善于骑射，是坐在马背上征战四方而取得天下的，因而对马的放牧和管理非常严格。元世祖中统四年（1263年），忽必烈就设立了群牧所，成为第一个管理马匹的机构。后来，群牧所升为尚牧监，又升为太仆院，后来又改为卫尉院。元朝政府在全国各地圈定了14处牧地，专门饲养马匹，民间是不准私养马匹的，对偷盗和宰杀马匹的行为，处罚非常严厉。脱脱根据实际情况，解除了这个禁令，允许私人饲养马匹。这一改革措施，深受百姓拥护，因为它促进了农业生产和交通运输，也就促进了经济的发展。

其次，脱脱还减轻盐税，并免除了百姓所欠的税额，在一定程度上减轻了百姓的负担。

第四，开经筵，精选有学问的人进宫讲学。脱脱亲自抓这项工作，实际上就是给官员"充电"，提高官员的素质。

第五，主持编撰宋、辽、金三朝史。中国历来有编修前朝历史的传统，元朝建立以后，宋、辽、金三朝的历史一直没有正式编写过。元顺帝至正三年（1343年）三月，元顺帝诏修辽、金、宋三史，任命脱脱为都总裁官，中书平章政事铁木儿塔识、中书右丞太平、御史中丞张起岩、翰林学士欧阳玄、侍御史吕思诚、翰林侍讲学士揭傒斯为总裁官，开创了各族史家合作修史的先例。后来，这三部史书被列入中国正史《二十四史》，而二十四史中，只有《宋史》《辽史》《金史》三部是少数民族宰相主编的，也只有这三史是汉族和其他少数民族历史学家共同完成的。

经过三年多的努力，至正五年（1345年）十月，宋、辽、金三史编撰完成。中书右丞相阿鲁图将三史呈给元顺帝过目（此时脱脱已经辞职在家），元顺帝说："史书既然已经编撰完成，此事事关重大。对于历史上行善的君主，朕要效法他们；对于那些作恶的君主，朕一定要引以为戒，吸取教训。当然，史书中所记载的内容，不仅仅是规劝君主，做臣子的也应该知道。你们很体察朕的内心，朕要以前代善恶为勉。"

脱脱的一系列改革措施，使元朝的社会风气有所好转，民族矛盾有所缓解，并极大地调动了汉族官员的积极性，也使元顺帝有了一定的上进心。朝野上下对脱脱都十分佩服，大家都亲切地称他为贤相。

脱脱辞职与复任

脱脱的"贤"不仅表现在工作上，而且表现在日常生活中。

元顺帝的长子叫爱猷识理达腊，生于（后）至元四年（1338年），幼年生活在脱脱家里。每当小皇子有病吃药的时候，脱脱都要亲自尝一尝，看药水是否烫嘴。一次，元顺帝带着小皇子出行云州，脱脱等人伴驾左右。正好遇上狂风发作，暴雨滂沱。咆哮的洪水像疯狂的野兽一般，迅速向出行队伍猛冲过来。慌乱之中，脱脱紧紧抱住爱猷识理达腊飞身上马，单骑向旁边的山顶冲去，小皇子得以幸免于难。自此以后，小皇子长到6岁才回到皇宫。元顺帝非常感激脱脱对儿子的救命之恩，他对脱脱说："汝之勤劳，朕不忘也。"

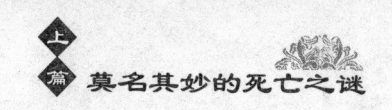

另外，脱脱还用自己的钱在健德门外修造大寿元忠国寺，祝愿皇子平安无事，健康成长。这项工程所花费用共计银122000锭。

脱脱担任中书省右丞相职务的时候，铁木儿不花为左丞相。至正三年十二月，元顺帝罢免了铁木儿不花的职务，改用别儿怯不花为中书省左丞相。

前面说过，别儿怯不花是个见风使舵的奸臣，他与脱脱在御史台共事的时候就闹下了矛盾，脱脱非常鄙视别儿怯不花的德行，两人经常发生争吵。脱脱任中书省右丞相后，向元顺帝建议，将别儿怯不花调离京城。于是，至正二年（1342年），别儿怯不花被调出京城，任江浙行省左丞相。

别儿怯不花在上任的路上，还发生了一件有意思的事。他走到淮东的时候，杭州城内突然发生了一起大火，火势蔓延，将城内的建筑几乎都烧毁了。别儿怯不花听到这件不幸的事后，仰天大哭说："杭州是江浙行省的治所，我受命出镇，还没有到达，就发生了这样的大火，这都是我干了缺德事而连累了杭州百姓啊！"

别儿怯不花说这样的话，不知是出于迷信，还是良心有所发现。他加快速度，疾奔杭州，立即下令调查这次火灾的损失情况。经过调查登记，受灾百姓共有23000余户，还有不少人在大火中丧命。于是，别儿怯不花与江浙行省官员商定，对烧毁房屋的每户补偿银1锭，死者也有。同时，每人每月发给救济米2斗，幼儿减半。别儿怯不花还请求江浙行省减少酒税和纺织税，军器、漆器行业停产一年，除此之外，其他的税一律停止征收。这些措施上报朝廷后，不仅得到了朝廷的允许，而且朝廷还拨付银10000锭给予救济。

别儿怯不花的这些做法不管出于什么目的，一时间竟赢得了当地百姓拥护。他在江浙行省为官两年，男女老少都感激他的恩德。不久，别

儿怯不花被调回朝廷，拜翰林学士承旨，仍掌宿卫。很快，他就接替铁木儿不花，担任了中书省左丞相职务，成为脱脱的助手。

其实，别儿怯不花是个野心和嫉妒心很大的人，他觉得在比自己小很多的年轻人手下工作，心里很不是滋味。尤其是脱脱才高识卓，称誉朝野，更令他自惭形秽。别儿怯不花还心想，脱脱现在还很年轻，如果要等到他退休让位，那要等到什么时候呢？如果是这样，自己就永远没有当右丞相的机会了。因此，最好的办法就是把脱脱从右丞相的位置上推下来，但怎样才能把他推下来呢？别儿怯不花开始实施他罪恶的阴谋了。

首先，别儿怯不花在工作上不断给脱脱制造麻烦，很不配合脱脱的工作。其次，他多次在元顺帝面前大进谗言，对脱脱进行诬陷诽谤。别儿怯不花的这些手段并不高明，如果遇到一个英明的皇帝，他的阴谋是不会得逞的。但是，我们都知道，元顺帝是一个相当昏庸的皇帝，自己没有一点治国的本领，还偏听偏信，毫无主见。他见别儿怯不花三番五次地在自己耳边唠叨脱脱的坏话，就开始怀疑起脱脱来，他一改以往的做法，有些事情干脆避开脱脱，让别儿怯不花直接去处理。

前面说过，脱脱是个个性很强的人，他最痛恨别人暗箭伤人，在背后捅刀子。但更令他痛心的是，当今的皇帝遇事不察，听信谗言，自己一片忠心却不被理解。因此，脱脱越想越生气，越想越痛苦，正好赶上自己又生了重病，所以他一气之下，于至正四年（1344年）五月写了辞职报告，交到元顺帝手里。

糊涂的元顺帝看了脱脱的辞职报告，根本不知道其中的原因，心里只是嘀咕："干得好好的，怎么说不干就不干了？不行！"坚决不同意脱脱辞职。

脱脱年轻气盛，与元顺帝较上了劲。你越不同意我辞职，我越要辞

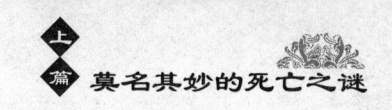

职，他一连上递了17次辞职报告，说什么也不干了。元顺帝见脱脱如此坚决，终于同意了脱脱的请求。

脱脱临回家前，元顺帝问他谁可以接替中书右丞相职位，脱脱推荐了阿鲁图。阿鲁图是博尔术的四世孙，博尔术是成吉思汗的开国元勋之一，蒙古名将。成吉思汗少年时，博尔术帮助成吉思汗夺回了被盗的爱马，从此成为成吉思汗的部下，为成吉思汗统一蒙古做出了杰出贡献。阿鲁图的父亲叫木剌忽，袭封广平王。父亲死后，阿鲁图于（后）至元三年（1337年）袭封广平王。

脱脱推荐了阿鲁图，元顺帝倒也听话，于是任命阿鲁图为中书省右丞相，接替了脱脱的职位。

脱脱辞职，在我们看来，是很不高明的。你想想，别人巴不得你早日下台呢，人家还没有把你推下来，你自己就下台了，这不正中了人家的奸计吗？当然，我们是不能责怪脱脱的，因为他毕竟太年轻了，还缺乏一种政治斗争的策略，显得有些意气用事。

脱脱辞职后，元顺帝觉得有些对不起脱脱，于是封脱脱为郑王，食邑安丰（今安徽寿县），并赐给他金印及许多宝物，但脱脱一概不受，这就是脱脱的性格。

阿鲁图一下被提拔到这么重要的岗位上，一时间真有些摸不着头脑。所以，遇到大事，他总要与别儿怯不花商量，然后一同做出决定。别儿怯不花虽然嫉妒阿鲁图青云直上，但更痛恨脱脱不举荐自己。现在，他见阿鲁图很尊重自己，心里稍微平衡了一些，因此在一段时间内，二人相处还比较和谐。

别儿怯不花还有一个打算，就是先拉拢阿鲁图，利用他将脱脱置于死地，然后再想办法将阿鲁图从相位上赶走。但是，君子和小人从来是不同谋的，阿鲁图对于别儿怯不花陷害脱脱的行为早已痛恨不已，

现在竟然要自己助纣为虐，于是他严肃地对别儿怯不花说："我等岂能久居相位，当亦有退休之日，人将谓我何？"别儿怯不花仍不甘心，多次拉阿鲁图下水，没想到，阿鲁图根本不买他的账，始终没有答应他的要求。

恼羞成怒的别儿怯不花开始陷害阿鲁图。至正六年（1346年），别儿怯不花唆使监察御史弹劾阿鲁图，说阿鲁图不适合担任中书省右丞相职务，要求元顺帝换人。同时，别儿怯不花还在元顺帝面前不断说阿鲁图的坏话，弄得元顺帝不知怎么办才好。阿鲁图知道这些情况后，觉得自己要继续担任右丞相职务，必遭别儿怯不花的陷害。于是，他也写了辞职报告，干脆从京城搬出去居住，远离这是非之地。阿鲁图的心腹很不服气，对阿鲁图说："丞相，您并没有做错什么事，何必要这样呢？御史们说的话太没道理了，您何不跟皇上讲明，皇上一定会辨别是非的。"

阿鲁图说："我博尔术世裔，岂丞相为难得耶？但帝命我不敢辞，今御史劾我，我宜即去。盖御史台乃世祖所设置，我若与御史抗，即与世祖抗矣。尔等无复言。"

阿鲁图就这样结束了自己的政治生涯。直到至正十一年，阿鲁图复起为太傅，出守和林边，最后死在那里。

别儿怯不花挤走了阿鲁图，心里幸灾乐祸。昏庸的元顺帝于至正七年（1347年）正月，任命别儿怯不花为中书省右丞相。别儿怯不花做贼心虚，怕别人说闲话，假装推辞不干。四月，元顺帝再次任命别儿怯不花为中书省右丞相，别儿怯不花这才假惺惺地上了任。中书左丞相一职空缺，元顺帝就任命中书平章政事铁木儿塔识为中书左丞相。

别儿怯不花成为一人之下，万人之上的重臣，但心里总不踏实。为什么呢？因为他的政敌脱脱还活着，他认为，只要脱脱一天在世，他就一天也不得安宁。他想了很多办法要将脱脱置于死地，但脱脱自从辞职以后总是待在家里，没有任何把柄可抓。怎么办呢？别儿怯不花就把目光转移到脱脱的父亲马札儿台身上。

不久，别儿怯不花就诬陷太师马札儿台图谋不轨，要求元顺帝对马札儿台进行惩处。元顺帝是个软耳朵，根本不去调查，就于这一年六月下诏，将马札儿台流放到西宁州（今青海西宁）安置。当时，马札儿台已是60岁的老人了，又有病在身，为了照顾父亲，脱脱上书力请与父亲同行。

脱脱要与父亲同去西宁州，这可乐坏了别儿怯不花。别儿怯不花心想，这西行路途遥远，人迹稀少，大漠孤烟，父子两个非死在路上不可。如果是这样的话，自己就没有后顾之忧了。

一路上，脱脱对父亲悉心照顾，每当吃饭的时候，他总要亲口尝一尝，看饭菜合不合父亲的口味。父子二人历经千辛万苦，终于安全到达了西宁州。但是，父子二人刚松了一口气，京城的诏书又来了，要他们立即转移到西域撒思加（今新疆境内）。

原来，别儿怯不花听说脱脱父子安全到达了目的地，心里更加不安。于是，他又唆使御史台的官员给元顺帝上书，说马札儿台与西宁州的叛乱分子相互勾结，企图造反。元顺帝不辨真伪，随即下了诏书，将马札儿台迁往更加荒凉、更加遥远的西域去。马札儿台接到诏书，不敢违命，只得在脱脱的陪伴下继续向西而去。

父子二人刚走到黄河边上，京城的诏书又来了，让马札儿台返回原地去。怎么回事呢？元顺帝下达迁马札儿台到西域的诏书后，御史大夫亦怜真班对元顺帝说："脱脱父子并没有什么大错，为什么一定要让他们去那个险恶的地方呢？"元顺帝终于生出恻隐之心，才改变了原来的主意，让马札儿台返回原地去。

马札儿台毕竟年老体弱，来回这么一折腾，病情加重，于当年十一月就去世了。

贤相脱脱被害之谜

元朝末年，各地农民起义风起云涌，接连不断，规模最大的是韩山童、刘福通领导的红巾军起义。韩山童牺牲后，刘福通成为红巾军的领袖，继续领导起义军与元军作战。至正十一年（1351年），脱脱奏请让自己的弟弟、御史大夫也先帖木儿为知枢密院事，领兵十余万去镇压起义。结果，也先帖木儿被红巾军打败，逃到汴梁，收拾残军败将，屯兵朱仙镇。朝廷以也先帖木儿不会打仗为由，下令让别的将领代替他。也先帖木儿连夜回到京城，仍然担任御史大夫。这时，陕西行台监察御史蒙古鲁海牙、范文等12人联名上书，弹劾也先帖木儿丧师辱国，要求治罪。脱脱出于私心，不仅没有处罚自己的弟弟，反而将西台御史大夫朵儿直班贬为湖广行省平章政事，联名上书的12名官员都被罢免。这样一来，朝中大臣都不敢再说什么了。

就是在这样天下大乱的情况下，昏庸的元顺帝却于至正十三年六月，也就是张士诚发动起义的次月，立自己的儿子爱猷识理达腊为皇太子、中书令、枢密使，并于九月在圣安殿西侧为皇太子建鹿顶殿，根本不顾及国家的安危。

遇到这样昏庸的皇帝，如果身边的大臣加以劝谏，也许会是另外一种情况。但是，留在朝廷的哈麻不劝元顺帝操劳政务，反而为元顺帝请来一位西蕃僧，专门向元顺帝传授寻欢作乐的方法，名为"大喜乐"。哈麻的妹夫、集贤学士秃鲁帖木儿也是个狡猾的家伙，深得元顺帝宠信，元顺帝对他言听计从。这个家伙也给元顺帝引荐了一个西蕃僧，名叫伽璘真。伽璘真号称有秘法，他给元顺帝传授了一种叫"双修法"的房中术。昏庸的元顺帝非常高兴，封那个西蕃僧为司徒，封伽璘真为大元国师。他运用这两种房中术，广采美女，整天以淫为乐，根本不理朝政。更为荒唐的是，元顺帝与几个亲信混在一起淫乐，男男女女赤身裸体睡在一起，根本不顾羞耻。而许多僧人随便出入宫中，无所顾忌，皇宫里的淫乐声甚至传到了宫外，让京城的老百姓听到都觉得恶心。皇太子爱猷识理达腊已经长大了，对这样的行为非常痛恨。他想把秃鲁帖木儿和那些僧人都驱逐出皇宫，但无计可施。

脱脱的心腹汝中柏以及脱脱的弟弟也先帖木儿将这些情况报告了在外操劳军务的脱脱，脱脱非常气愤，决定回到京城劝谏皇帝。他见到元顺帝后，直言不讳地说："古时的暴君，莫过于夏桀、商纣。夏桀宠爱妹喜，商纣宠爱妲己，都是由于受了不良之臣的引诱，导致亡国。现在哈麻引诱皇上做出这种事来，应该将其革职流放，将西蕃僧驱除出宫，以杜绝淫乱。"

元顺帝听了，不耐烦地说："哈麻不是你推荐的吗？"

脱脱也感到十分惭愧，说："臣确实为国家社稷着想，不料臣一时糊涂，错荐了哈麻，臣知罪。现在哈麻祸乱朝廷，脱脱不能再包庇纵容他。如果皇上仍信任哈麻，那后人岂不将皇上比作夏桀、商纣了吗？"

元顺帝权衡了一下，觉得不对哈麻进行处分，对脱脱交代不了。于是，元顺帝下诏，将哈麻改为宣政院使。

哈麻知道这件事是脱脱和汝中柏、也先帖木儿从中作梗，于是对这

三人恨之入骨，决心伺机报复。

至正十四年（1354年）二月，脱脱调集各路军马，围剿各地的农民起义军。当月，脱脱任命湖广行省平章政事苟儿为淮南行省平章政事，率兵攻打高邮的张士诚，但元军大败。六月，张士诚率领起义军攻打扬州，脱脱命达识帖睦尔率兵征讨，结果元军又败。脱脱见形势危急，又命江浙行省参知政事佛家闾与达识帖睦尔的残军汇合在一起，共同征讨张士诚。但是，早已没有战斗力的元军根本不是张士诚的对手，张士诚接连攻克了盱眙县（今江苏盱眙）、泗州（今江苏泗县一带），元军节节溃退。七月，脱脱又命刑部尚书阿鲁于海宁州（今江苏连云港市南海州区）等处招集兵马，去攻打泗州，但并没有什么效果。

九月，脱脱决定亲自督军去攻打高邮。临行前，脱脱对朝廷很不放心，特地任命自己的心腹汝中柏为治书侍御史，以辅助自己的弟弟也先帖木儿，做好朝廷的各项事情，免除自己的后顾之忧。汝中柏担心哈麻留在京城必为后患，于是决定除掉哈麻。汝中柏将自己的想法告诉了脱脱，脱脱犹豫了一下，说："我现在已顾不上这件事了，我走了之后，你与也先帖木儿商量，该怎么办就怎么办吧。"

脱脱准备完毕，率领百万大军出征高邮。脱脱离开京城之后，汝中柏想来想去，觉得不除掉哈麻，连觉都睡不好。于是，他按照脱脱的吩咐，与脱脱的弟弟也先帖木儿商量此事。也先帖木儿说："当年我家遭难的时候，是哈麻鼎力相助才有今天的，哈麻对我家有恩，我们怎么忍心杀掉人家呢？"于是坚决不同意汝中柏的主张。

不想，汝中柏与也先帖木儿密谋的时候，被哈麻的耳目听到了，赶紧报告了哈麻，哈麻顿时吓得目瞪口呆。镇静之后，他咬牙切齿地说："好啊，我还没有找你们算账，你们倒想动手了！看来，一场生死搏斗在所难免了，不是你死，就是我活，咱们看看谁笑到最后！"

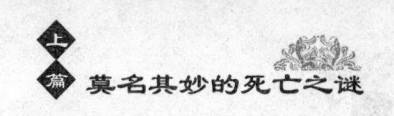

眼下，脱脱领兵在外，哈麻决定先除掉汝中柏和也先帖木儿，然后再想办法除掉脱脱。

哈麻首先在元顺帝的第三个皇后奇氏面前大进谗言，诬陷脱脱兄弟。前面说过，元顺帝的第一个皇后是燕铁木儿的女儿答纳失里，后来在唐其势政变中被杀。当时，元顺帝宠爱一个高丽女子，就是奇氏。奇氏的蒙古名字叫完者忽都，本来是一名侍女，因为擅长调制饮料，得到元顺帝的宠爱。元顺帝对第一个皇后答纳失里本来没什么感情，答纳失里被杀后，元顺帝就想立奇氏为皇后，但遭到权臣伯颜的坚决反对。元顺帝没有办法，于（后）至元三年（1337年）三月，立弘吉剌氏伯颜忽都为皇后。伯颜忽都是元武宗的皇后真哥的侄子孛罗帖木儿的女儿，她为元顺帝生了一个儿子，名字也叫真金。可惜的是，真金两岁就夭折了。伯颜忽都是个贤惠的女人，生活非常节俭，从不嫉妒别人。元顺帝宠爱奇氏，她显得很坦然，从不挑拨事端，整日端坐宫中。伯颜倒台后，元顺帝又将奇氏册封为皇后，实际上她是元顺帝的第三位皇后。伯颜忽都死于至正二十五年（1365年）八月，年仅42岁。伯颜忽都死后，奇氏翻其衣箱，里面竟无一件新衣。奇氏哈哈大笑说："正宫皇后，为什么穿这样的衣服啊！"

奇氏是一个十分刁钻刻薄的女人，具有强烈的报复心理。因为给元顺帝生下爱猷识理达腊，所以就更加得宠了。奇氏想早日将自己的儿子立为皇太子，她与脱脱多次商量此事，但脱脱总是说："中宫有子将置之何所？"脱脱的意思是说，眼下伯颜忽都还活着，万一她再生一个儿子，那该怎么办呢？因此，奇氏对脱脱非常怨恨。

现在，哈麻旧事重提，以脱脱当初极力阻挠立爱猷识理达腊为皇太子为由，大肆进行挑拨。这一下，重新激起了奇氏对脱脱的仇恨，她决心要惩治一下脱脱兄弟，以便出一口恶气。

这时，正赶上脱脱的弟弟也先帖木儿有病在家休息。哈麻觉得机会来了，便指使监察御史袁赛因不花反复上书，编造了也先帖木儿的若干罪状。元顺帝此时的兴趣仍然在女人堆里，根本没心思去分辨真假，也没有精力去调查是否属实。他不耐烦地下诏，收缴了也先帖木儿的御史台印，让其到都门外听旨，任命宣徽使汪家奴为御史大夫，接替也先帖木儿的职务。

脱脱率领大军于十一月到达高邮，在高邮城外与张士诚部展开激战，连战连捷，打了许多胜仗。然而，一心为国家社稷而舍生忘死的脱脱，怎么也不会想到，自己率领将士在前线作战，朝廷里的奸臣却向他举起了屠刀。

十二月，元顺帝任命哈麻为中书平章政事，进阶光禄大夫。哈麻又指使监察御史袁赛因不花等亲信，上奏弹劾脱脱说："脱脱出师三月，略无寸功，倾国家之财以为己用，半朝廷之官以为自随。又其弟也先帖木儿，庸才鄙器，玷污清台，纲纪之政不修，贪淫之心益著。"意思是说，脱脱出师三个月了，耗费了国家的那么多财物，却没有立下一点功劳；他的弟弟也先帖木儿是个庸才之人，玷污了御史台的名声，不用心整治纲纪，贪淫之心倒是越来越严重了。元顺帝本来不想处置脱脱，但哈麻指使袁赛因不花连续上奏，再加上奇氏在元顺帝面前不断吹风，昏庸的元顺帝终于下了诏书，以脱脱"劳师费财，已逾三月，坐视寇盗，恬不为意"为由，撤销他所有的官爵，安置到淮安，他的弟弟也先帖木儿安置宁夏路。元顺帝同时任命河南行省平章政事泰不花为本省左丞相，中书平章政事月阔察儿加太尉，集贤大学士雪雪为知枢密院事，三人代替脱脱统领军队。

诏书送到军中，脱脱和他身边的人都感到有些不妙。有个参议叫龚伯璲，对脱脱说："将在外，君命有所不受。且丞相出师时，当受密旨，

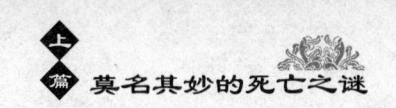

今奉密旨一意进讨可也。诏书且勿开，开则大事去矣。"

龚伯璲的话是有道理的，劝脱脱不要理会诏书。脱脱却说："天子诏我而我不从，是我与天子抗也，君臣之义何在！"于是，毅然打开了诏书。

脱脱一切都明白了，他跪倒在地，谢旨说："臣至愚，荷天子宠灵，委以军国重事，蚤夜战兢，惧弗能胜。一旦释此重负，上恩所及者深矣。"

脱脱的意思是说，他本来就不是聪明人，但深受皇上的宠爱，委以军国大事。因此，自己早晚兢兢业业，只害怕不能取胜。今天，一旦放下这么重的担子，这与皇上给我的恩惠差距太大了。

脱脱对不能报答皇上的恩惠深表遗憾，但他还是服从诏书的决定，准备去淮安了。临走前，他安抚了那些激愤不已的将士，并将自己的盔甲和战马赠送给身边的将领，让他们各率所部，听从月阔察儿、雪雪等人的指挥。

有个副将叫哈剌答，听了脱脱的话，哭着说："丞相此行，我辈必死他人之手，今日宁死丞相前。"说完，趁人不备，拔刀自刎而死。脱脱命人将哈剌答安葬，然后起身前往淮安。

脱脱一走，包围高邮的元军大乱，张士诚趁机出击，元军大败，张士诚反败为胜，军威大振。这是脱脱被剥夺军权直接带来的严重后果。

脱脱抵达淮安不久，诏书又到了，将脱脱迁往亦集乃路重新安置。亦集乃路就是今天所说的黑城，遗址位于今内蒙古自治区额济纳旗达来呼布镇东南约35公里、纳林河东岸的荒漠中。

在哈麻等人的陷害下，元顺帝将脱脱流放以后，于当月就命哈麻提调经正监、都水监、会同馆、知经筵事，很快又兼任了大司农。同时，哈麻的几个亲信也都得到了重用。至正十五年（1355年）二月，元顺帝

任命御史大夫汪家奴为中书右丞相。

但是，脱脱被罢官流放，哈麻还不放心，他一定要置脱脱于死地。于是，在至正十五年三月，他又指使监察御史袁赛因不花等人上奏元顺帝，说对脱脱兄弟的处分太轻了，请求严加惩处。元顺帝不管三七二十一，又下了一道诏书，将脱脱流放到云南大理宣慰司镇西路（治所在今云南腾冲县西），将脱脱的弟弟也先帖木儿流放到四川碉门，脱脱的长子哈剌章流放于肃州（今甘肃酒泉市），次子三宝奴流放于兰州，所有家产全部没收。

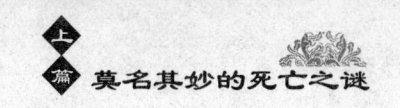

帝王之殇：元朝帝王不明死亡之谜

元朝的统一，结束了自唐末藩镇割据以来中国国内的南北对峙、五六个民族政权长期并存的分裂和战乱局面，推动了多民族统一国家的巩固和发展。在元朝历代的帝王中，不乏功绩卓著的，然而，他们中却有很多不明而亡的。帝王的突然离世，给后世留下了重重谜团。

元明宗"暴崩"之谜

当初，元文宗在登基大典上，就明白表示："谨俟大兄之至，以遂朕固让之心。"那时候，元文宗说这种话，倒有九分是真。为什么呢？上都诸王势锐，蒙古诸行省不少人根本以大都政权为叛逆，还有不少人处于观望中。元文宗心中没根，他自己又非元武宗嫡长子，只能先继帝位，

再打"大兄"牌，稳住己方的阵营和人心。

端掉上都后，杀掉倒剌沙和天顺帝小孩子，元文宗仍旧忙不迭派臣下数次往返，迎接大哥回大都"登基"。史书上虽未明说，但多种迹象表明周王和世㻋心中存疑，迟迟不肯动身。"朔漠诸王皆劝帝（周王，后来的元明宗）南还京师。"这些宗王无非是想和世㻋登帝位后，给他们大笔赏赐。多年追随他的随从也劝周王回去继帝位，这样一来，辛苦多年也有回报。

在这种情况下，和世㻋被兄弟元文宗过分的"热情"和朔漠诸王过分的期望鼓托着，只得往南面大都方向走。

行至金山，见一众宗王、大臣们相继来迎，和世㻋心中渐定，派旧臣孛罗为使臣去大都。两京人民闻听和世㻋真的要来，欢呼鼓舞，高呼"我们的皇帝真要从北方回来啊。"不仅如此，"诸王、旧臣争先迎驾，所至成聚。"此情此景，元文宗、燕帖木儿看在眼里，忧在心中。

天历二年（1329年），阴历正月，出于稳妥起见，和世㻋在和宁即帝位，由此，这位爷就"变"成元明宗。从这个小动作可以看出，他不回大都即位而是在半路的和林即位，说明他心中还是对兄弟不是十分放心。毕竟兄弟元文宗已在大都当了皇帝，同先前的元仁宗受育黎拔力八达不同，那位爷在大都是以"监国"身份一直等着哥哥元武宗的到来。而且，与元仁宗、元武宗哥俩另一个不同点在于，那哥俩是一母所生，而元明宗与元文宗两人并非一奶同胞，元明宗之母是亦乞烈氏，元文宗母是唐兀氏。

称帝之后，元明宗摆出大哥架势，派使臣对在大都的弟弟元文宗说："老弟你听政之暇，应该亲近士大夫，深习古今治乱得失，不要荒废时间。"言者可能无心，听者绝对有意，元文宗对这种教训的口吻非常不舒服。当然，心中虽然不舒服，面子上的事情一定要做。元文宗遣燕帖木儿等人率大队人马，北来向元明宗奉上皇帝的几套玉玺，以示真正让位之心。这一大招麻痹计很管用，元明宗完全松懈下来。当然，他也不傻，对燕帖木儿等人表示，"你们回去告诉大家，凡是京师朕弟所任百官，朕仍用之，不必自疑。"燕帖木儿更不傻，他反试探元明宗："陛下君临万方，国家大事所系者，中书省、枢密院、御史台而已，宜择人居之。"元明宗得意忘形，一下子忘了自己刚才所说的袭用元文宗所任百官的话，马上下诏委派父亲武宗的旧臣与随从自己多年的旧臣孛罗等人分别进入中书省、枢密院和御史台。为此，燕帖木儿已经心中有数，仍旧是不动声色而已。特别让他心中大动杀机的，是元明宗手下一帮旧臣在宴饮间时常言语冲撞，根本不拿他当回事。

元明宗在行殿大宴群臣之时，观其所言，确实是个懂得如何治理国家的明白人："太祖皇帝尝训敕臣下云：'美色、名马，人皆悦之，然方寸一有系累，即能坏名败德。'卿等居风纪之司，亦尝念及此乎？世祖初立御史台，首命塔察儿、奔帖杰儿二人协司其政。天下国家，譬犹一人之身，中书则右手也，枢密则左手也。左右手有病，治之以良医，省、院阙失，不以御史台治之可乎？凡诸王、百司，违法越礼，一听举劾。风纪重则贪墨惧，犹斧斤重则入木深，其势然也。朕有阙失，卿亦以闻，朕不尔责也。"

又隔几日，他又把燕帖木儿一帮人宣至殿前，传旨道：

"世祖皇帝立中书省、枢密院、御史台及百司庶府，共治天下，大小职掌，已有定制。世祖命廷臣集律令章程，以为万世法。成宗以来，列圣相承，罔不恪遵成宪。朕今居太祖、世祖所居之位，凡省、院、台、百司庶政，询谋佥同，摽译所奏，以告于朕。军务机密，枢密院当即以闻，毋以夙夜为间而稽留之。其他事务，果有所言，必先中书、院、台，其下百司及纮御之臣，毋得隔越陈请。宜宣谕诸司，咸俾闻知。倘违朕意，必罚无赦。"

话虽有理，但很有"一朝权在手，就把令来行"的意思。其实，这时候的元明宗还未真正抓住帝权，这些锋芒确实露得还太早。此后，他又发布一系列诏旨，任命了大批官员，从中央到行省，几乎都换上他自己认可的新人选。过分的是，他还"选用潜邸旧臣及扈从士，受制命者八十有五人，六品以下二十有六人"，特别明显地任用私人。当然，为了稳住兄弟元文宗，他下令大都省臣重铸"皇太子宝"（其实是"皇太弟宝"，从前元武宗所铸"皇太子宝"忽然找不见了），并诏谕中书省臣："凡国家钱谷、铨选诸大政事，先启皇太子（皇太弟），然后以闻。"元文宗这时也不敢"怠慢"，在燕帖木儿窜掇下从大都出发，北向而行，"迎接"大哥元明宗。

阴历八月四日，元文宗与元明宗兄弟俩在上都附近的王忽察都见面。相较双方力量对比，元明宗身边只有不到两千人的随从，而元文宗为"迎接"大哥，率三万多人的士兵。兄弟二人相见之时，肯定"甚欢"，但仅仅过了四天，只有三十岁并且身强力壮的元明宗就一夕"暴崩"。

一般史书上讲，是燕帖木儿派人毒死了元明宗，其实，肯定是元文宗、燕帖木儿二人合谋，精心算计后，才定下杀元明宗大计。而且，有的史书记载，燕帖木儿让太医院史也里牙下毒，毒死元明宗，也里牙是权奸铁木迭儿的女婿，他见元明宗为了报复当初流放自己去云南的铁木迭儿，下诏把这个权臣的儿子流放。作为权臣的女婿，肯定心中生惧，有可能受人支使下毒。但此说不可尽信，元明宗左右有人侍候，当然处处有防备之心，下毒之说值得探讨。

此次内变，说不上谁好谁坏，可称得上是皇帝家族内屡见不鲜的事情。元明宗"驾崩"之后，燕帖木儿立即把行殿内的皇帝玺绶抢出，拥奉元文宗疾驰回上都，"昼则率宿卫士以扈从，夜则躬擐甲胄绕幄殿巡

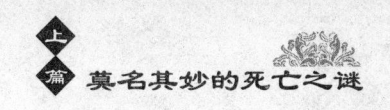

护",真是忠心耿耿。

可叹的是,"龙头"一死,元明宗的旧臣、亲随们惊恐万状,除了在跪伏灵前痛哭以外,他们最担心的还是自己脖子上的脑袋和家人性命。七天后,元文宗在上都宣布"复位"。为了"安慰"死人,追谥大哥和世㻋为"翼献景孝皇帝,庙号明宗"。

成吉思汗铁木真的死因

在蒙古军最后一次远征西夏的途中,成吉思汗病倒了。当时他的众多爱妃中,只有也遂随军在身旁,侍汤奉药,日夜不离,殷勤照看。无奈天意难回,虽然名医精心诊治,也遂尽心照料,但他的病却丝毫不见起色。成吉思汗知道,自己年迈病危,日子已经不多了。他想起身后的国事,不禁忧心忡忡。这时,妃子也遂进前说道:"天下的大汗,您高山似的金身如果倒了下来,那您身后的国家将由谁来统治?请大汗留下圣言。"也遂的这句话说到了成吉思汗的心里。长期以来,他无时不在为这件事忧虑。他共有四个儿子,他死后,按照立长不立幼的规矩,应该由长子术赤继承汗位。但他平日了解到,术赤与弟弟们历来不和,弟弟们是不会服从他的,若立他为汗,就会引起宫廷内乱。而次子察合台性情又过于暴躁,难以让人们为他忠心效劳。四子拖雷虽然具有非凡的军事指挥才能,但因为他年龄最小,也难以服众。只有三子窝阔台性情敦厚宽容,处事谨慎细心,可以继承大位。

公元1227年7月12日早晨，成吉思汗自觉身体不适，忙传大将木华黎，让他速速叫回四个儿子，木华黎说现在只有拖雷留守和林，二子察合台奉命前去攻打金国，三子窝阔台又远在西域……成吉思汗边听着反问："西域不是术赤在管理着吗？窝阔台去干什么？"木华黎见成吉思汗问起术赤，不得已，只好说出术赤已死的实情。

成吉思汗那双在四十多年的刀光剑影生涯中从没有流过泪的眼睛里滚落下来两行混浊的老泪。但他再也没有精力询问术赤的死因了，只是有气无力地说道："那就速叫拖雷前来，暂时监国，同时速速派人叫窝阔台回来继位……"停了一会儿，他又说："现正在征讨西夏，我死之后先不要发丧，以免给西夏可乘之机。"说完了这句话，成吉思汗恋恋不舍地抓住正在嘤嘤而泣的爱妃也遂的双手，慢慢地合上了双眼，停止了呼吸。在马背上南征北战、东讨西伐，厮杀了四十多年的一代天骄就这样结束了自己的生命，享年六十六岁。后被追谥庙号为元太祖。

上述的关于铁木真死亡的叙述，主要来自关于蒙古正史的记载。而在民间野史及外域人撰写的关于成吉思汗铁木真死亡的原因除了上述之外还有另外多种说法：

蒙古人撰编的《元朝秘史》里交代一个史实，成吉思汗于1226年秋天，带着夫人也遂去征讨西夏国。冬季时，在一个叫阿儿不合的地方打猎。不想他的骑的一匹红沙马却让一匹野马惊了，导致没有防备的成吉思汗坠马受伤，当夜就发起了高烧。

当时，也遂和随从的将领商议这事，有人建议回去养伤，等好了再来攻打。成吉思汗一生要强，心想如果这样回去，会给西夏人落下笑柄。成吉思汗派员去西夏国探听情况时，正好西夏一叫阿沙敢不的大臣讥笑，有本事你就来进攻。成吉思汗听说后，表示宁死不退兵，遂挺进贺兰山，将阿沙敢不灭了。但此后，成吉思汗的伤病一直未好，反而不断加重，

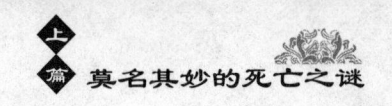

到 1227 年农历七月十二病死，死时 66 岁。

"雷击说"：出使蒙古的罗马教廷使节约翰·普兰诺·加宾尼在他的文章写道，成吉思汗可能是被雷电击中身亡的。约翰·普兰诺·加宾尼当时到达蒙古国时，发现夏天的雷电伤人事故频发，"在那里却有凶猛的雷击和闪电，致使很多人死亡。"因为这原因，蒙古人很怕雷电。所以约翰·普兰诺·加宾尼作为葡萄牙人，由教皇诺森四世派遣而来，回去后向教皇提交了题为《被我们称为鞑靼的蒙古人的历史》的出使报告。约翰·普兰诺·加宾尼就在他的书里记载，成吉思汗是遭雷击而亡。

"中箭说"：这种说法，来源于《马可·波罗游记》。马可·波罗是十三世纪意大利商人，于 1275 年到达中国。其时正是元世祖忽必烈当政时期，在元朝有过 17 年的交往。其在游记中记叙的成吉思汗的死因：在进攻西夏围攻泰津（吉州，古要塞）时，膝部不幸中了西夏兵士射来的利箭。梁生智翻译版的《马可·波罗游记》是这样记述的，"这个战胜者（指成吉思汗）在六年中相继征服了许多王国和城市，后来在围攻一个叫泰津的城堡时，膝部受了箭伤，并且因伤势过重而死去。"结果可想而知，箭伤攻心，伤势益重，一病不起。

下面这三种说法都与一个年轻漂亮的、名叫古尔伯勒津郭斡哈屯的西夏王妃有关，只是致伤的版本不同：

"中毒说"：有传说，成吉思汗是"中毒"而死，下毒者是西夏王妃古尔伯勒津郭斡哈屯。成吉思汗的军队进攻西夏中，士兵俘虏到了漂亮的西夏王妃古尔伯勒津郭斡哈屯，进献给成吉思汗。这位西夏王妃乘陪寝之机毒死成吉思汗，自知自己是活不成的，西夏王妃跳黄河自尽。

"被刺说"：这种说法是西夏王妃古尔伯勒津郭斡哈屯害死成吉思汗的另一种版本。就在陪寝首夜，这位西夏王妃行刺了放松警惕性的成吉思汗。被刺一说，源于成书于清朝康熙元年（公元 1662 年）的《蒙古

源流》。此书很珍贵，100年后，即1766年蒙古喀尔喀部亲王成衮扎布将其作为礼物，将此书手抄本进献乾隆皇帝。乾隆令人将其译为满、汉两种文本，并题书名《钦定蒙古源流》，收入《四库全书》。应该说，成吉思汗被刺一说是有很高的可信度的。

"被咬掉生殖器说"：这种说法，未见于正史，但在蒙古人民共和国有流传。这一风流事件也是因为西夏王妃古尔伯勒津郭斡哈屯，"凶手"当然就是这位美丽的女人了。据说，这位王妃被献给成吉思汗后，成吉思汗要她做他的妃子，王妃表面上同意了。但她不甘受辱，集家仇国恨于一身的王妃在陪寝当天夜里，借行房时成吉思汗正在兴头之机，将成吉思汗的阴茎给咬掉了，顿时血流如注。一个长年在外征战的66岁老人，哪经得起这样的折腾，羞恨交加，遂致病重。因为这是一件发生在大汗身上、难以启齿的特大丑事所以被瞒了下来，对外只称大汗是坠马受伤致病重。

此说荒诞不经，但细分析一下，还是有道理的。如果成吉思汗真是死于西夏王妃之手，那么行刺和下毒都是不具备条件的，陪寝时乃裸体，何处藏带凶器和毒药？即使带有凶器和毒药，作为一个被俘之人也是要搜身的。在这种情况下，两手空空的王妃最致命的暴力行为自然是"咬"了——咬男人的要害处。

成吉思汗征战的一生不知道杀戮了多少人的性命，给多少家庭带来血光之灾，但他自己也没有逃脱掉。虽然他的死因是一道永远解不开的历史之谜，但不论是正史所说的坠马出血致病，还是民间所传的被西夏王妃咬掉生殖器流血过多而亡，他的死亡一直被"鲜血"所笼罩，这难道是与他降生时手捏血块有一种因果关系？

贵由的死亡之谜

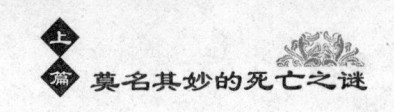

窝阔台生前与其长子贵由之间关系不很融洽，故不想让贵由继承他的汗位。而窝阔台最宠爱的是贵由的三弟阔出，有意让其继位。然而，短命的阔出却在公元1236年入侵宋朝的征途中死去，窝阔台悲痛万分，窝阔台只好把汗位继承人定为阔出的儿子失烈门。窝阔台1241死去世，不料大皇后木哥哈敦召集贵族召开"忽勒台"，但是1242年，就是窝阔台死后不久，木哥哈敦也去世了，权力就落到六皇后脱列拿哥即乃马真后的手里，乃马真氏脱列哥那袒护贵由，费尽心机才将窝阔台的遗言否定，决定等贵由回来后继汗位。此时，成吉思汗的幼弟斡赤斤欲夺汗位，便率兵开赴都城。乃马真氏立即遣使诘问他，斡赤斤只得引兵退回驻地。按照蒙古习俗，汗位的继承人还要经过忽勒台（诸王大会）选举决定。乃马真氏便召集各宗王和将领赴都城和林（今蒙古人民共和国鄂尔浑河上游哈尔和林）参加忽勒台推选新汗。当时在诸王、贵戚中，西征军统帅拔都威望最高，可是他与贵由不和，因而反对贵由出任大汗，以患病作推辞，拒不赴会，致使忽勒台不能如期举行，因此只得由乃马真氏摄政。到公元1246年秋天，拔都才派其弟别儿哥代他出席忽勒台大会。由于乃马真氏的力争，大会达成协议，推举贵由为新的大汗。乃马真皇后在摄政了五年之后，让自己的大儿子贵由当上了大汗。

贵由曾经在长子军西征中跟随拔都作战，平时好勇斗狠，与拔都一

向不合，他和拔都多次发生过口角冲突，甚至有几次在军中发生决斗。多次冲突过后，两个人在心中都埋下了很深的积怨。当时拔都的汗国是成吉思汗子孙中最大的汗国——钦察汗国，又称金帐汗国的汗王。由于从父辈那里就遗留下来的矛盾，加之两个人的个人不和，拔都对贵由继位非常反对，一直拒绝承认贵由为蒙古大汗。

关于贵由和拔都的积怨恩仇，可追述到他们一起西征的时候。拔都是成吉思汗长子术赤的次子，因为长兄撒里塔自己觉得在智慧和才能方面不如二弟，所以主动避让，凡事以拔都为先。术赤死后，拔都继承了术赤的全部领地和财产。在长子军西征中拔都是最高统帅。贵由是成吉思汗三儿子窝阔台的长子。按照亲属关系，拔都和贵由是亲叔伯兄弟。二人的交恶还要从两个人的父亲说起：成吉思汗在位时，术赤与察合台共同领兵攻打玉龙杰赤，由于思路不同，双方配合出现问题，使蒙古大军损失惨重。成吉思汗派窝阔台前去调停，二人表面和解了，但心里的疙瘩却难以解开。玉龙杰赤被攻破后，术赤的军队损失很大，在胜利后去见成吉思汗的时候他并没有去，只有窝阔台和察合台面见了成吉思汗。在汇报战况的时候，由于窝阔台和察合台平时关系甚好，二人就把蒙军损失的责任都推给了术赤。术赤损兵折将还落得这样的结局，他从此对窝阔台和察合台心生怨恨。成吉思汗在准备传汗位的时候（1227年）把术赤、察合台、窝阔台和拖雷叫到身边，成吉思汗先让术赤说话。术赤还没有说，察合台就说术赤是蔑儿乞人带来的杂种，不能算作大汗的儿子，根本没有继承大汗的资格。

术赤的母亲孛儿帖曾经被蔑儿乞人抢夺走，孛儿帖后来被成吉思汗夺回来时，带着一个刚刚出生的婴儿，成吉思汗并不介意，给这个婴儿取名为术赤（客人的意思）。成吉思汗虽然训斥了察合台，但是术赤认为窝阔台和察合台二人是共同商量好向他发难的。最后成吉思汗没有选择

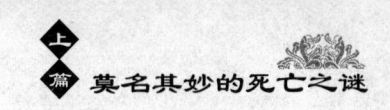

战功最大的术赤，也没有按照蒙古祖传的幼子继承父业的风俗选择拖雷，而是选择了窝阔台。由于术赤和拖雷平时关系密切，而窝阔台和察合台又关系很好，在黄金家族中就自然形成了拖雷系和窝阔台系两大派系。父辈的隔阂同样传给了儿子，尤其是拖雷之死，拔都与窝阔台系的关系更是到了水火不相容的地步。

贵由即位后，逐渐清除了乃马真后的一些势力，汗位坐稳后，贵由始终不忘的就是远在西域的钦察汗国的拔都。元定宗二年（1247）冬，蒙古大汗贵由突然"病倒了"。当新春到来时，他说："天气转暖了，叶密立内蒙古科左中旗六家子鲜卑墓群的空气合乎我的天性，那里的水也对我的病有利。"为了掩饰他西巡的真实目的，他派出亲信到处散布大汗要率大军西巡，到其原来的潜邸叶密立（今新疆额敏附近）去休养，其大将野里只吉率十几万大军先行。

唆鲁禾帖尼王妃和忽必烈兄弟得到密报，认为"他的仓促出行并非别无用意"，西巡的目的显然是要袭击其政敌，钦察汗国的可汗拔都。于是唆鲁禾帖尼王妃立即派出密使向拔都通报了这一消息。拔都接到情报后，"守着边境，武装起来，准备与他作战"。但是被他手下的谋士阻止。谋士说贵由自己送上门来，我们就以欢迎大汗为名前去迎接，再送上各种礼物，贵由是匹夫之勇，必然认为我们臣服于他，对我们不加怀疑。趁着贵由不加防备，暗中将其除掉，这样比刀兵相见除掉他要容易得多。拔都听后连连称是，即照此计布置下去。

第二年三月，贵由大军到达横相乙儿之地（今新疆青河东南），溘然长逝，一场战争避免了。这一事件，实质上是维护蒙古帝国的统一和主张几大汗国的独立两条政治路线的斗争。拔都从钦察汗国的实际和术赤系诸王的利益出发，对贵由大汗干预各汗国内政的行为不满，要求有更大的独立性甚至走上独立发展的道路。因此，他本能地反抗贵由汗加强

蒙古汗国统一的措施，故而双方之间的矛盾和冲突是不可避免的。对于贵由的突然死亡，史书上有几种不同的说法：

1248年三月下旬，贵由大军来到新疆青河县南部，只见沿途百姓和拔都的军队都打着朝觐大汗的旗号，贵由生性鲁莽，自以为拔都是真心欢迎他这个蒙古大汗的，自然放松了警惕。拔都让自己的弟弟提堪带着礼物和10名美女前去与贵由相见，说拔都和贵由都是成吉思汗的孙子，虽然平时有些争执，但是亲情还是有的。所以拔都欢迎大汗到西方来巡视。贵由以为拔都已经臣服，就与提堪当晚在帐中饮酒作乐。深夜时分，贵由烂醉如泥，抱着美女倒在帐中。美女乃是拔都安排的训练有素的刺客，趁此良机将贵由刺杀至死，然后连夜返回拔都大营。贵由就这样在不知不觉中成了死鬼。后来有谣传说拔都在贵由的食物中下毒，贵由吃了有毒的食物中毒身亡。还有的说提堪在帐中与贵由发生口角，两人拔刀将对方互相刺死，但是这两种说法都站不住脚。贵由死后拔都力挺蒙哥即位，这样拖雷的儿子蒙哥就成了蒙古大汗。而贵由被刺杀案也就成了千古悬案，后人无法知道当时的真相了。亲情在这个时候只是被利用的工具，就是因为贵由对于拔都的亲情的相信，才贸然与拔都的弟弟提堪相见，并且与他饮酒作乐，才致使自己丢掉了性命。

安德鲁修士说，他是由于服用了给予他的某些药而死去的，一般怀疑这是拔都干的。但是，另外一种说法是贵由曾经召拔都前来朝见，拔都当即举行了盛大的仪式，启程出发。然而，拔都的部下非常害怕，因此派他一个名叫思梯坎（昔班）的兄弟先行。当思梯坎到达贵由那里，并且正要向他献盏时，双方发生了争吵，他们两人互相把对方杀死了。以上两种说法，一是说贵由服用了拔都给他的"某些药而死去"，二是说贵由是与拔都之弟昔班在大帐决斗而同时毙命。《出使蒙古记》的作者还写到，当他们途经钦察汗国时，"这位思梯坎的寡妇挽留我们一整天，以便我们能够进入他们的帐篷并为她祝福,也就是说,为她祈祷。"由此可见,他们是直接从昔班的寡妇那里听到的这一说法,应该说是当时的第一手材料或重要旁证,因此具有更大的可信性。

其实,在定宗之前,太宗(窝阔台)也是与人饮酒后死在睡梦中,由于实在找不出有谋害的理由,才以饮酒过多去世勉强确定了死因。

阿里木哥在与哥哥忽必烈争夺汗王失败后,走投无路的他只好归顺了忽必烈。一年后,阿里木哥就离奇的病死。

贵由终年四十三岁,死后葬于起辇谷(一说葬在生前的封地叶密力),庙号定宗,追谥为简平皇。

蒙哥命绝钓鱼城

公元 1258 年八九月份,元宪宗蒙哥大汗下令三路大军进攻宋朝。宪宗蒙哥大汗亲自率领西路军,由陕西进攻四川;东道诸王塔察儿率领东路军,从河南进攻荆襄;兀良合台率领南路军,由云南出兵广西沿湖南北上,进攻檀州,意在与东路军会师于鄂州。蒙哥汗的西路军是三路大军的主力,麾下有大将纽邻任先锋,汗长子阿速台、亲王木哥、万户李里叉、大将哈剌不花、乞台不花、浑都海,汉军万户刘太平、史天泽、刘黑马,汪古部大将汪德臣、汪良臣、汪惟正等随军参战,率军总数约 10 万人左右。战争一开始,西路军进军相当顺利,先锋纽邻在乞台不花、刘黑马等将领的协助下,在遂宁大败南宋刘整的

军队，不久占领了四川重镇成都。纽邻令刘黑马留守成都，自己与副将乞台不花等率15000骑兵沿沱江南下，进攻叙州，活捉宋将张实。然后沿长江顺流而下，至涪江，造浮桥，驻军桥南北，阻止南宋援军。蒙哥接到捷报，立即率主力由陇州入大散关，让木哥率军由泽州入米仓关，万户孛里叉率军由渔关入沔州。当年十月，就进驻利州北山，与前锋军的利州守将汪德臣兄弟会合，准备在嘉陵江、白水的汇合处渡江。十一月，蒙哥的中路军进至大获山，宋将杨大渊率众投降。兀良合台的南路军则不断遇到南宋军民的英勇抵抗，好不容易兵抵潭州，蒙古军队攻城失利，士兵伤亡惨重，进展困难。东路军的进展更不顺利，塔察儿等诸王习惯于烧杀抢掠，将士任意掠夺，引起南宋军民的极大反感，一年多竟然没有攻下一座城市。当其进至鄂州时，受到宋军张世杰部坚决阻击，只好退兵。

郝经对于蒙哥南征拟写《东师议》提交给忽必烈，忽必烈的谋士们在开平宫中进行了议论。对南下攻宋提出了不同意见。郝经是个儒生，并无作战经验，他语出惊人，立即引起了忽必烈及众人的重视，他说，我蒙古军队以往之所以能所向无敌，一是靠蒙古铁骑披坚执锐，二是靠出奇致胜。所谓"奇"，即能出其不意，攻其不备。而这次蒙哥汗亲征四川，一来铁骑在水乡不能展其所长，二来六师雷动，实际上是舍奇而用正。郝经重点分析了蒙哥汗舍奇用正的弊病："四川一带，限以大山深谷，扼以重险荐阻，迂以危途缭径。我方乘险以用奇则难，敌方因险以用奇则易。况且双方力量悬殊，我方的战略意图明显暴露。敌方坚壁清野以待之，我无掳掠以为资，无俘获以备役。以有限之力，冒无限之险，虽有奇谋秘略，无所用之。最后完全丧失主动，兵势滞遏难前。其结果必然是再衰三竭。强弩之末，势不能穿鲁缟也。"故而他认为，征宋战争，失败在所难免。

公元 1258 年秋，蒙哥命令忽必烈代塔察儿总领东路军，进攻鄂州。十一月初，忽必烈率军从开平出发。十二月初，蒙哥攻取四川大良坪。公元 1259 年春，蒙哥进攻合州城下，西路军连下成都、龙门、剑阁、阆州、巴州、长宁、大良等大小城市 10 余座，可以说是战果辉煌。可眼看夏天就要到了，蒙军不怕寒冷，却难耐苦暑。是继续前进，还是撤师北还，是当时蒙哥西路军面临的一个关键问题。于是蒙哥在重贵山大帐里召开了一次军事会议，商讨对策。一种意见认为应该乘夏季酷热到来之前，迅速北还。至于占领的城池，则可以委派官吏治之。今后如何进军，等回到和林再从长计议。长驻军四川的汪氏将领认为不如取道关中，直临江汉。几位老将主张沿江东下，这样可以很快脱离四川险地。但蒙哥汗没有听取他们的建议，最终决定本年二月率军进攻钓鱼城，然而，对敌估计不足反被众志成城的 10 万宋朝军民阻止在钓鱼山下，战争进入胶着状态。这时由于天气已经相当炎热，蒙古军水土不服，疾疫流行，不久又出现了霍乱，人心惶惶，士气低落。六月，南宋四川制置副使吕文德，率军支援合州，打败蒙古的涪州守军，进入重庆，并增援钓鱼城。蒙哥集中两万水陆大军，由大将史天泽指挥，拦击增援钓鱼城的吕文德军。元宪宗九年（1259）七月二十一日清晨，蒙哥汗亲率蒙军主力进攻钓鱼城，为炮石所伤，不久死于军中。蒙哥命绝钓鱼城下，关于他死的地点，所有历史资料记载都在钓鱼城，但他的死法后人却有着种种猜测。

耶律铸是蒙哥入侵川蜀的大臣子弟，率领禁卫军保护蒙哥，蒙哥死时，他就在其身边，亲眼见到蒙哥死的情形。同时也是《宪宗实录》编制的总负责人，蒙哥是如何死的，他清清楚楚。耶律铸虽然不是史家，但他是深明史例、史法之人。所以对蒙哥的死先于 6 月写成"不豫"，而 7 月写"帝崩"，才不会感到突然，引起人们的疑惑；耶律铸是在有意忌

违蒙哥的死因。有史料记载，臣子编修的史料，忽必烈是必须亲自过目审核的，因此，现在留下来的元代忽必烈之前的史料，特别是涉及皇室内部的史料，忽必烈才是真正的主编。忽必烈是一个所谓汉化很深的人，应该知道写史的重要意义，因此他任命那个特殊的臣子耶律铸来"诏监修国史"。耶律铸仅仅是为了迎合忽必烈的意愿这样记载历史。忽必烈给耶律铸的任务不是修史，而是在"毁史"。难怪明人在修元史时，史料是那样的残缺破损。这也造成了元宪宗蒙哥死亡形式留下了多种猜测。

首要传说就是上文所记述的被宋军炮石所伤致死。《中国古代史·元朝史话》认为是宋军发炮石击中了蒙哥，伤势过重死于军中。此说的依据是钓鱼城的地名之一脑顶坪,该地名传说是因为蒙哥死于此而命名。

其二传说为宋军飞矢射中而死。最早见于南宋诗人刘克庄"蜀捷"一诗，《中国史纲要》和叙利亚阿部耳法刺底《世界史节本》等沿袭此说法，钓鱼城也有碑文如是说。

其三传说被水淹死。蒙哥在水战过程中，所乘坐的战船被宋军凿穿，船沉没，溺水而死，这一说法见于1307年小阿美尼亚海屯口授的东方史《海屯纪年》。问题在于，在嘉陵江的水战中，是宋军水师大败，该遗址就在现今重庆市北碚区的北温泉旁的江段。该江段水流平缓,江面最宽处不足千米最窄处才百余米。

其四传说炮风震伤而死。记载见于清代《古今图书集成·钓鱼城记》，"为炮风所震，因成疾。班师过金剑山温汤峡而殂"，当时合川县志等均有记载。

忽必命令耶律铸掩饰了元宪宗蒙哥大汗的死亡原因，给后人们可以任意猜测蒙哥汗多种死因提供了玄机，把蒙哥的死因记载得如此玄乎，对忽必烈有什么好处？大概只有当朝的人们才知道。

元成宗铁穆耳死亡谜团

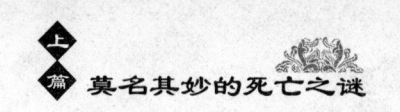

元世祖忽必烈之前的蒙古国大汗们没有明确立皇太子的做法，他们只是在临终之时才想起留下遗训，确定汗位继承人。虽如此，对遗训中明确的新汗位继承者还需通过蒙古国传统的"忽里勒台"经贵族们的推举后，方能真正成为新的大汗。这种不明确立皇储的做法是造成蒙古贵族们之间斗争和分裂的主要原因。作为开创元朝的第一位皇帝元世祖忽必烈有鉴于此，开始效尤汉法，在即位之初就明确了设立皇储的意向。至元十年正式册封真金为皇太子。然而皇太子真金却短命，在至元二十二年（1285）早逝。

皇太子真金去世，对忽必烈来说是一个很大的打击，此时的忽必烈已经是年过70岁的高龄，但他却迟迟没有再册封皇太子。这其中自然有他的为难之处。当时有资格被确定为皇位继承人的主要有4人：一是忽必烈的幼子那木罕，二是真金的长子甘麻剌，三是真金二子答麻剌八剌，四是真金三子铁穆耳。

那木罕被叛王昔里吉俘虏关押了几年，威信尽失，故不能被册封皇太子。根据汉法的皇太子继承制，"有子立子，无子方能立弟"。故而朝中汉法派大臣都倾向于从真金太子的几个儿子中选择皇位继承人。忽必烈对这三个皇孙都很喜欢，一时不能决定由谁来继位，这可能也是忽必烈迟迟不再立皇位继承人的重要原因。真金的这三个儿子，除了二子答

剌麻八剌早死外，甘麻剌和铁穆耳能力都很强。甘麻剌于先后被封为梁王和晋王，率兵镇守北边，在蒙古诸王贵族中很有影响。铁穆耳曾经随从忽必烈讨伐东北叛王乃颜，作战勇敢，立有战功。

据《元史》记载，早在忽必烈去世前，朝廷几个重臣玉昔帖木儿、伯颜、完泽、不忽木、阿鲁浑萨理、赛典赤伯颜等已经明确表示支持铁穆耳继位，并且得到真金太子妃阔阔真和忽必烈的支持。其中的完泽更是同受遗诏的托孤之臣。

在《阿鲁浑萨理传》记载，太子妃阔阔真倾向于立铁穆耳为帝，因此立即派遣伯颜（此处指赛典赤伯颜）去追铁穆耳合罕，通知他关于祖父的情况并让他返回，以便让他登临帝位才派人催促他早日回上都继位。

在返回大都途中的这段时间里，皇太妃阔阔真哈敦主持了一切重要国事，并在铁穆耳已返回大都后立马组织召开忽里勒台。大会进行了12天还没有结果。主要是真金二子甘麻剌在帝位继承上存在异议。

聪明的皇太妃阔阔真哈敦想到一个能够说服甘麻剌的办法：忽必烈合罕曾经吩咐，让那精通成吉思汗必里克的人登位，现在就让他们每人来讲他的必里克，让在场的达官贵人们看看谁更为精通必里克。因为阔阔真知道铁穆耳合罕口才好，是一个好的讲述者，能够很好地讲述了必里克，而甘麻剌则由于口吃，无力与他争辩。全体一致宣称，铁穆耳合罕精通必里克，他较漂亮地讲述了必里克，他应取得皇冠和宝座。于是铁穆耳顺利地被扶上合罕之位。皇太妃阔阔真哈敦的这一妙计最终说服甘麻剌自动让位，从另外某种意义上说，也避免了一场亲兄弟互相残杀的局面。

在这场皇位之争中，起关键作用的是诸位汉法派大臣和太子妃阔阔真，他们选择铁穆耳继位主要不是考虑他是幼子，而是考虑他"仁孝恭俭"。那场临场测验，实际上是测验二者的政治才能。从总体看，铁穆耳的政治才能优于甘麻剌，而从军事才能看，甘麻剌似乎略胜一筹。蒙古诸王之所以有不少人持有异议、"讳言"，大概主要是从这一角度考虑的。而从守成的角度考虑，当时元朝更需要一位倾向于实施儒家政治的国君，这应该是诸位汉法派大臣选择铁穆耳的主要原因。

在整个元朝，册封皇太子立储制一直没有真正确立，由此而导致了元朝后期的多次宫廷政变和军事冲突，成为元朝统治阶级内部矛盾尖锐以及元朝短命而亡的一个重要原因。

公元1294年元成宗铁穆耳继承汗位。他致力于整顿疆内局势，解决内患，并没有像历朝先皇那样，为扩充疆土而东征西讨。成宗首先封次兄答剌麻八剌的嫡长子海山为怀宁王，并委派他带重兵镇守北疆。曾下令海山和大将床兀儿等人配合，一举击败了由元太宗窝阔台之孙海都发动的长达四十多年的叛乱。同时又派大将平定了南疆各地的反叛。在朝廷内部，元成宗铁穆耳整治朝纲，罢黜贪官，拨乱反正，制定法律政令，使得元朝在成宗统治时期，国泰民安政局稳定，铁穆耳算得上是元朝一代善于守成的皇帝。

"太平无事思淫欲"，这是历朝历代的皇帝都逃离不掉的宿命。元成宗铁穆耳也不例外。他见国泰民安政局稳定，便将朝政大小事委托给宠臣右丞相哈剌哈孙和皇后伯岳吾·卜鲁罕，使得自己有充裕的时间和闲暇的心情日夜与后宫的众妃饮酒狂欢。那些后宫姬妾们见铁穆耳如此，各个喜出望外，纷纷使出浑身之能事取悦争宠于铁穆耳。

这样一来，令成宗眼花缭乱，虽然一天一换，还不能一一宠幸照顾到后宫众妃。

就这样，风流皇帝元成宗天天在后宫缠绵，却把正宫皇后伯岳吾·卜鲁罕给忘了。这伯岳吾·卜鲁罕虽然手握重权，白天懿旨天下事，但她夜里又能如何忍受得了这守活寡的日子。幸亏这时有成宗铁穆耳的同族兄

弟、被封为安西王的阿难答常在身边侍候,殷勤周到,百般体贴。这叔嫂二人不知从何时开始,眉来眼去亲昵春夜。而阿难答清楚自己的身份和地位不可与成宗铁穆耳比,他也不恋权政,所以他一心侍候伯岳吾·卜鲁罕,曲意逢迎。伯岳吾·卜鲁罕一天也离不开他。从此,成宗皇帝和伯岳吾·卜鲁罕皇后两人竟各取所需,互不相扰,相安无事。

这时发生了一件事,使伯岳吾·卜鲁罕的心头蒙上了一层阴影,不由得考虑起后事来。原来伯岳吾·卜鲁罕一直没有生养,而成宗的二皇后失怜答里却生了一个大儿子,取名为德寿,这是成宗唯一的子嗣。大德九年(公元1305年)6月被成宗立为皇太子。这德寿一落地,就成了伯岳吾·卜鲁罕的眼中钉。这次被立为皇太子,更成了她的一块心病。以后若是德寿嗣了位,那天下岂不成了失怜答里母子的天下?到那时,伯岳吾·卜鲁罕皇后还怎么能掌握今后的大权?

心生妒嫉的伯岳吾·卜鲁罕决心除掉这个隐患,但苦无良策。和阿难答商议,阿难答更是想不出办法。正在皇后伯岳吾·卜鲁罕一筹莫展之际,天公作美,德寿只当了半年的皇太子就突然病死。众人虽然都怀疑是皇后动了手脚,但却没有抓到把柄。

皇太子德寿一死,去了伯岳吾·卜鲁罕的一块心病。但她又担心成宗因为没有子嗣,而立他的胞兄答剌麻八剌的儿子为皇太子,于是她索性一不做,二不休,横下一条心,把答剌麻巴剌的两个儿子海山和爱育黎拔力八达全都赶出了京师,发往边疆驻守,让他们远离成宗铁穆耳,时间一长,让他们在成宗铁穆耳的面前消失掉。

再说成宗铁穆耳无时无刻不在后宫众后妃处尽情畅饮宣淫,极尽人间之乐,丝毫不加节制。时间一长,铁穆耳终于体力不支,被活活地累出病来。而且这种病不比寻常病症,而铁穆耳虽然有病在身,但他万事万物皆可不管不问,唯独那"酒色"二字却是一日也少不得,

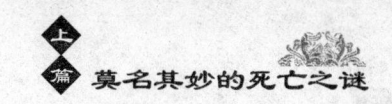

仍然是整日沉迷之中乐不思蜀。尽管宫中御医成堆也有回春妙手，也挽不回来成宗铁穆耳无度的私欲。终于，在成宗大德十一年（公元1307年）初，成宗铁穆耳崩逝于花海之中，成了一个风流鬼，死时年仅四十二岁，在位一十三年。

海都之死奇闻

早在忽必烈与其弟阿里不哥争位时，窝阔台大汗的孙子海都（窝阔台第五子合失之子）就站在阿里不哥一边与忽必烈叫板。1266年，阿里不哥战败后，被忽必烈毒死。海都领兵返回其位于叶密立河流域的封地，并广结术赤诸后王，于1268年与忽必烈再次开战。所以，忽必烈在灭南宋过程中数次以天热为名要伯颜等人驻兵，实际上最大的忧虑是害怕海都的大举入侵。特别值得一提的是，忽必烈难洗失败之耻的罢征日本，也是因为他心腹之患海都在北方觊觎帝国边境所致。

当然，忽必烈很会耍手腕。为了分化海都等西北诸王，他册封八剌为察合台汗国的大汗，想让这两位"邻居"火拼。果然，这两个蒙古王爷大打出手，开始海都遭伏大败，但他又联合术赤诸后王共击八剌，八剌反败。不得已之下，双方谁也吃不掉谁，八剌与海都又结盟为"安答"（兄弟）。这样一来，实际上察合台汗国归于海都控制下。八剌死后，察合台的一个孙子捏古伯继位为汗，他虽为海都授立，但心中不服海都这位"大叔"，忽然进攻海都。海都是沙场老帅，起兵相迎，杀掉捏古伯，

立八剌之子笃哇为察合台汗国的大汗。日后，双方联合术赤诸后王，时时侵扰大元朝的北方边境，使得老皇帝忽必烈七十九岁高龄还要御驾亲征，一直不让大元朝消停。

海都等人不仅不让忽必烈消停，这些人自己也不消停。1297年，钦察王子土土哈病死，其子床兀儿好战，率军与海都和笃哇等人打个不停，但最终被海都等人击败。乘胜凭势，笃哇又侵元境，生俘了忽必烈的女婿阔里古思，不久又杀掉了这位帝婿。

元成宗继位不久，听闻此事，又急又气，直嚷嚷要"御驾亲征"，其母后阔阔真劝他，认为海都等人距大都遥远，亲征要花一两年时间，其间恐内地生乱。克制半天，元成宗才打消了御驾亲征的念头。

否极泰来，元成宗正郁闷间，先前一直与忽必烈为敌的诸王药不忽儿等三个王爷率万余人投附大元朝，并自告奋勇要带兵去打笃哇和海都。元成宗大喜，忙派人送物，让这几个人为自己打头阵。这几人昔日与笃哇等人是同盟军，不仅熟悉地形，又深知对方行军布阵的规律，一出手就把笃哇打得大败，并生擒了他的妹夫。

海都闻讯大怒，大集诸王，包括察合台大汗笃哇在内共四十个蒙古王爷，提兵数十万杀向大元边境。海都此行，是他自己自找倒霉，反而成就了元成宗的侄子海山（元成宗早死的二哥答剌麻八剌之子）。海山大侄子年纪虽轻，却临危不乱，督五部元军予以海都联军迎头痛击，在1301年秋天于哈拉和林与塔米尔等地大败敌军。海都不敌，败走时身受重伤，笃哇也膝部中箭。退军途中，海都伤重身死。

有关海山的大胜，中外史书记载不一，多有存疑。元史中自然大肆宣扬海山这位日后皇帝的胜利。但西亚等地史书记载双方交战实际上不分胜负，最后是经谈判达成"和议"，海都还捞得不少便宜，向元军勒索了无数金银财宝兴高采烈而还。半途中得上传染病，这才一命归西。而

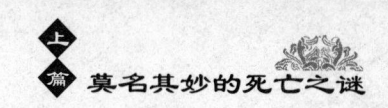

且，海都一生中打过四十一场大战，基本上场场皆胜，是忽必烈的心中噩梦。

海都一死，西北诸王的心也凉了。笃哇从海都四十个儿子中拥戴察八儿为大汗，继承窝阔台汗国的事业（笃哇之所以立察八儿，因为此人从前劝海都立笃哇，此举也是"投桃报李"）。笃哇知道自己打不过大元，就劝察八儿及诸王与元朝讲和，共同遣使表示臣服，承认铁穆耳的蒙古宗主地位。

由此，窝阔台汗国、察合台汗国以及统治波斯广大地区的伊儿汗国和统治今天俄罗斯地区的金帐汗国，均表示拥戴元成宗。这样一来，整个蒙古诸王族在形式上又重得统一，元成宗完成了他爷爷忽必烈也未能完成的任务。

不久，笃哇与察八儿二人因利益不和，兵戎相见。元成宗自然偏向笃哇，双方合兵，把察八儿打得穷蹙投降。笃哇虽未杀察八儿，但昔日的窝阔台汗国至此已全归察合台汗国域中。1306年，笃哇病死，其子宽阔继位后，一年半后也病死，汗位被察合台的一个后裔塔里忽所夺。没过多久，塔里忽被忠于笃哇的旧臣刺死，众人拥笃哇幼子怯伯为大汗。见内乱迭起，察八儿又联合海都系诸王来攻，最终反被察合台一系诸王打败。正是由于窝阔台、察合台两系诸王之间的厮杀，河中地区长年流血，不得安宁。与之相较，元成宗统治下的大元朝要相对稳定得多。

总之，其他几个蒙古汗国汗王之间狗咬狗，对大元朝皇帝最有利。如此，他可以时常以仲裁者身份出现，扬此抑彼，坐山观虎斗。

元成宗这个"共主"也没当几年。笃哇死后一年，即1307年，他也得病而死，时年四十二岁，在位十三年。

铁穆耳年幼时，是个嗜吃狂。爷爷忽必烈曾为此三次杖打这个大胖孙子，督促他节制饮食。同时，为了强迫铁穆耳减肥，忽必烈派数名御

医日夜"监视"他，只要觉得这大胖孩子吃够了，立刻击杖两声以为号，铁穆耳就不能再狂吃。节食难受之余，有个回回人很坏，他自称有神仙"甜水"能让铁穆耳肚子舒服。这位皇孙信以为真，随回回来到一个装潢精美的浴室。蒸洗完毕，回回人引他到一个金笼头前，事先置美酒于其中，铁穆耳一顿酣饮，马上来瘾。从此，他天天以酒当水，节食很有成效，却成了个不可救药的酒精上瘾者。过了好几年，忽必烈见这个皇孙日渐消瘦，才得知回回人诱引他喝酒成瘾的秘密，暗中派人劫杀了此人。但是，青年铁穆耳的酒瘾却一发不可收拾。

更加奇怪的是，铁穆耳继位后，痛自诫厉，完全戒酒，至死也没再喝一口。虽如此，他青年时代的纵饮已经淘空了他的身体，故而寿命不长。

百年风雨：大元王朝宫廷争斗秘闻

龙子凤孙大都才华横溢，貌美异常，是最为令人羡慕的高贵群体。他们有的志向清纯，人格高远，不随流俗，无论命运如何翻来覆去，依旧从容，处变不惊，后人莫不为之倾倒；有的野心勃勃，飞扬跋扈，性情卑劣，他们的所作所为，千夫所指，罄竹难书。千百年来，这些龙子凤孙的确给我们留下了许多耐人寻味的秘密。

术赤是否因色丧生

成吉思汗铁木真的长子术赤先于成吉思汗而死。而他究竟是怎么死的？虽历史资料有所记载，但其中有很多隐情。

术赤身为成吉思汗铁木真的长子，早就对成吉思汗死后的大汗之位

存有贪念，可是成吉思汗却将汗位的继承者定为窝阔台。术赤内心虽然不服，但慑于父汗的威势，不敢表示反对。

后来术赤领命征伐西域时，见西域土地广阔，物产丰富，水草茂盛，正适合游牧，而且远离可汗统治势力，心想若将西域作为自己的封地，独自称王，这里将是自由的天堂。于是术赤恳请成吉思汗将西域之地给他作封地，同时向成吉思汗保证忠心拥立三弟窝阔台为可汗。成吉思汗为避免他们弟兄争位，就应允了术赤。

术赤得了封地后，立即设帐做着长期驻守打算，在西域的萨莱之地宣示称王。这时术赤也不再为继承可汗之位而烦恼，自由自在地过着远比可汗省心得多的舒服日子。术赤为求娱乐生活，派人四处搜求美女。但西域之地地广人稀，美女非常少见。勉强搜罗来的女子，个个身高体大，剽悍异常，无法与内地汉人女子媲美。术赤看了，心中好不懊恼。这时一位很会拍马屁的部将伊立给术赤上言说，他在过去征战的时候发现附近一个叫豁秃里的部落的头人曼罗有一个女儿，生得一副国色天香的容貌。大王若见此女，定能称心。术赤一听，当即派伊立携带重礼前去求婚。

再说那豁秃里部的头人曼罗确有一女。名叫美玲，确实生得如花似玉，被曼罗视为掌上明珠。美玲已经婚配，丈夫乃是附近阿戛斯部落的头人昂特布之子，名唤格林洛儿。因为曼罗头人极爱女儿美玲，舍不得让她远嫁，所以将格林洛儿招赘在家为婿。

伊立自以为完成这个使命定能立上一功，讨得术赤的欢心，得些奖赏，所以领命后立刻来到豁秃里部，向头人曼罗说明来意。可是曼罗确以女儿美玲已经有了夫婿的理由回绝了伊立。伊立见这次使命难以完成，不但得不到赏钱，还怕术赤因此而降罪于他，于是在术赤面前添油加醋地挑拨一番，直说得术赤火冒三丈，暴跳如雷。术赤随即亲率大军，直

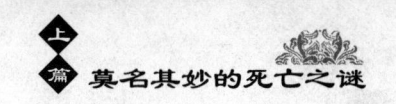

逼向豁秃里部来。曼罗哪里能够抵挡得住，只好带了几个亲随逃走。

格林洛儿闻知败报，为保身家性命，也顾不得妻子美玲了，决定只身逃跑，以图日后报仇。

而美玲见蒙古兵已近，唯恐受辱自缢而亡。等术赤找到她时，已是僵尸一具。这令术赤又痛又惜又怒，再加上这次兴兵空劳师旅，一无所获，不禁怒上加怒，竟下令将豁秃里部落的人不论老幼，全部斩尽杀绝，只剩下年轻女子掠回去充当奴隶。

再说格林洛儿逃回本部后，闻知美玲自尽全节，豁秃里部被屠杀净尽的惨况，不禁悲愤交加，决心必报此血海深仇。格林洛儿找来自己宠爱的心腹古勒台，采用暗杀方法来完成此愿。那古勒台不但勇力非凡，而且又是非常重义气的人，知道林洛儿的想法后随口应道。饯行宴毕，古勒台回到家中，把刺杀术赤的想法告诉了妻子阿托森和儿子哈布、女儿琼英。最后嘱咐妻子万一此行不能成功，好好抚养儿女，日后为我报仇。

术赤灭了豁秃里部以后，从掠来的年轻女子中挑了几个还算看得过去的好令其侍寝。他昼猎夜淫，沉溺于吃喝玩乐之中。白日出猎，众多精兵前呼后拥，别说是一个大活人，就是一只苍蝇也到不了他的身边。古勒台在随后的刺杀中自然以失败告终。古勒台早已抱定必死之心，被俘后大骂术赤残暴不仁。术赤被骂得性起，传令左右，将古勒台拉出帐外斩首。可怜一员义勇之士就这样白白送了性命。

古勒台的妻子阿托森听了丈夫的死讯，非常镇静。她把一双儿女叫到跟前，把父亲的死讯告诉了他们。兄妹二人一听，决心为父报仇。妹妹琼英毅然说道，想那术赤乃一好色之徒，我们可利用他这一点，让格林洛儿将我献给术赤。术赤不知我的身份，见面必然喜欢，不加防备。然后我和哥哥约定日期，哥哥在外面虚张声势，要刺杀术赤，将术赤身

边的护卫兵将调出帐外。那时我在帐内，趁术赤不备之时下手，取他的首级。母子三人将此计告诉了格林洛儿，格林洛儿深感古勒台一家四人忠义可嘉，于是就带着琼英，让哈布扮作随从，前往术赤帐中而来。格林洛儿假意对术赤说，阿戛斯部惧怕术赤的神威，特来进献美女一名，以保阿戛斯部落的安全。

当时术赤因为长期以来沉溺于酒色，身体被淘漉得十分虚空，卧病在床。一见琼英，年方二八，生得玲珑袅娜，比自己身边的那些女子不知强多少倍，不禁心中大喜，立时要纳琼英为妃。当夜，术赤不顾自己身患疾病，病体虚弱，命令琼英侍寝，琼英为成大事，也曲尽其意，极力逢迎，把术赤累得气喘吁吁，大汗淋漓。云雨完毕，浑身恰如散了架一般，瘫在床上。

此时正值三更天，突然前营人声鼎沸，术赤听下人报说有刺客闯大营，急忙要坐起来。但他连这点力气也没有了，只好躺在床上盼咐身边的护卫兵将连同克努、百力两员猛将统统快去捉拿刺客，帐中只剩下了琼英和术赤两个人。琼英一看，时机到了，急忙抽出旁边的利剑使出平生气力，狠狠地向术赤颈部砍去。术赤这时才知中计。但此时的他已经手无缚鸡之力，如何能抵抗得住报仇心切的琼英？还没有来得及喊出声来，首级已被琼英砍了下来。琼英见大功告成，不敢稍加停留，提了术赤的首级，急忙从帐后溜了出来，从小路直奔阿戛斯部落。

就这样，成吉思汗的长子、能征善战的西域之王术赤竟在一名美女的手中丧了命。

称雄西北王海都

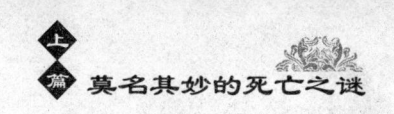

海都是元太宗窝阔台与乃马真皇后的第五子。在元宪宗蒙哥即位风波中,海都没有直接参与到争夺谋叛的活动中。于是宪宗即位后的第二年,封给海都海押立作为封地。但是海都作为窝阔台的儿子,对窝阔台家族汗位被夺走内心仍十分不满。公元1256年,蒙哥派遣石天麟出使海都,却被海都长期扣留于海押立。

蒙哥死后,拖雷家族内爆发忽必烈与阿里不哥争夺汗位的战争时,海都势力尚小,加入了支持阿里不哥的阵营中。中统年中,阿里不哥率兵讨伐阿鲁忽。窝阔台汗国大斡耳朵撤出叶迷立—火孛地区,汗国内部亲阿里不哥的势力占了上风,海都成为窝阔台汗国之主。阿里不哥失败后,海都利用忽必烈倾全力灭宋,无力西顾之际,拒不参加诸王朝会,继续与忽必烈为敌,他逐渐把窝阔台系宗王的力量聚集在自己周围。

海都采取与钦察汗国结盟的方针,集中力量对付阿鲁忽。这样,在阿里不哥之乱刚结束时,在忽阐河以东草原就出现了以察合台汗国为一方,以钦察汗国和窝阔台汗国为另一方相争的局面。

阿鲁忽死后不久,海都借此机会夺取了察合台汗国大斡耳朵驻地亦列河流域阿力麻里一带及整个忽阐河以东塔剌思河、垂河流域,势力开始强盛。公元1268年,他开始与察合台兀鲁思汗八剌在忽阐河中游展开激烈争夺。八剌设置伏兵,击败了海都。消息传到钦察汗蒙哥帖木儿处

后，他立即派出其叔别儿哥察儿率5万骑卒增援海都，使海都得以收集溃军，举兵再战，终于获胜。八剌被迫向西退入阿姆河以北地区。为挽救败局，阻击海都和别儿哥察儿的追击，八剌在撒麻耳干和不花剌两城大肆搜括，筹集军资。海都为保存阿姆河以北地区免遭战祸，建议八剌和谈，为八剌所接受。1269年春，海都、八剌和代表钦察汗蒙哥帖木儿的别儿哥察儿聚集在塔剌思地方结成安答，商议决定共同反对占据蒙古国东西两端的拖雷家族。塔剌思大会还决定察合台汗国可以越过阿姆河南侵，向伊利汗国掠夺土地人口，海都则提供兵员支持。公元1270年八剌发动入侵伊利汗国之战，海都耍起小聪明，派出宗王察八惕和钦察率军支援，但暗地里授意他们看准机会撤军。西征军攻入呼罗珊后，察八惕和钦察抓紧时机先后撤军，使得八剌孤军深入，最后八剌也里城被阿八哈打败。

八剌战败后，察合台、窝阔台两汗国之间的力量对比发生了变化，双方名义上还互称安答，但实际上八剌的军队给养一切仰赖海都，海都也如主子对待附庸一样，对八剌下达指令，为他划定驻冬区域。海都的实际势力增强很多。公元1271八剌因心悸发作死去。八剌死后，此时察合台汗国也迅速衰落，察合台后裔诸宗王向海都表示臣服。海都利用这个时机，变察合台汗国为附庸，择定撒班之子聂古伯立为汗。实际上海都这时已经称霸蒙古国的西域大部分地方。

随着海都在西域争霸，海都迅速加强了自己的实力。海都以为重新夺取窝阔台系的捍卫时机成熟了，在公元1268大举率兵出征忽必烈，海都从阿力麻里东进至按台山，进攻依附于玉龙答失的纳邻部民。却受到那木罕的迎击。海都兵败后向西溃逃二千余里回到他的老家。忽必烈随后派遣昔班出使海都，诱使海都同意罢兵置驿，但丞相安童打乱计划，私自对窝阔台后裔宗王禾忽发动突袭，尽获其辎重，这一突袭迫使禾忽

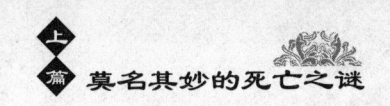

举兵叛乱，切断河西通达西域的道路。

驻守在阿力麻里的元军中的以昔里吉为首的一些诸王，因丞相安童分配给养不均，发动叛乱，关押了忽必烈之子那木罕和丞相安童，昔里吉诸王把安童送赴海都处，企图想与海都结盟。但海都自有打算，按兵不动，准备坐收渔翁之利。同一年忽必烈再次派遣昔班出使海都，想召纳海都入朝。海都却不领这个情。此时忽必烈正忙于攻打宋国，没有足够的力量用兵于西北，不得已再次派出铁连出使海都。铁连归来后给忽必烈提出了对付海都的建议：元朝承认海都在扩张过程中获得的权益，不主动对海都采取重大军事行动，而在西北地区取守势的基本国策。铁连的这一建议被忽必烈采纳，而海都也拿出了表示和平的诚意，主动放回被扣押的皇子那木罕和丞相安童。

禾忽叛乱以后，海都已把天山以南诸绿洲视为自己的势力范围，与元朝展开了反复争夺。忽必烈灭宋朝之后，开始腾出手来对付西北叛王，海都是重点清剿的对象之一。忽必烈首先做得就是设关卡于沿天山南麓的道路，切断海都军队的给养运送。忽必烈的这些措施未能阻止海都对斡端一带频繁袭扰。海都在西北地区的势力日益增长，而忽必烈又难以在今塔里木盆地西南缘绿洲地区维持一支大军防其入侵，这是忽必烈从斡端撤出的主要原因。

公元 1287 年东部诸宗王叛乱，这次随着势力的进一步加强，海都彻底改变坐观漠北形势变化的契机。乃颜起兵叛乱，海都允以 10 万骑兵相助，海都命大将暗伯率兵跨越按台山，进犯叶里干脑儿。攻占吉里吉思和漠北大片土地，迫近和林。北安王那木罕下令弃城。

海都向漠北扩张之时，他的势力是在极盛时期。在南方，海都之子撒班统辖的 5 万大军镇守今阿富汗之地，与印度相望。在北方，海都选派自己儿子不颜察儿和沙驻守在伯颜与元朝所控制地区之间。

大德三年即公元1299年，元成宗铁穆尔命海山出镇漠北。第二年，元成宗铁穆儿率军突袭海都。双方于帖坚古山一带发生激战。帖坚古山会战是元朝对海都、都哇进行的一场决定性大战。成宗铁穆尔出动了几乎所有驻在漠北的精锐部队，然而仍是不能击败海都。成宗铁穆尔大军从帖坚古山战场撤退时，海都还尾随而来，惊慌失措的成宗铁穆尔大军无奈弃守和林。

此战过后，海都于也儿的石河（今客尔齐斯河）上游之地泰寒泊因病死去。这就是元王朝时期称雄西域的海都，尽管他到死时元朝君王们仍不能歼灭他，但他还是躲不过生死的铁律。

妥欢贴睦尔的后宫生活

元惠宗妥欢贴睦尔之所以作了元朝的末代皇帝，亲手把元朝帝国送给朱明王朝。他走到这一地步，固然有着各种客观的原因，但从他的本性及他身边的那些不怀好意、私欲熏天的几个臣子们的蛊惑有着很大的关系。譬如那个哈麻天天出些歪点子，投其所好把元惠宗妥欢贴睦尔往女人堆里推。还有一个，就是宦官朴不花，他比那个哈麻更甚。哈麻只是好玩弄一些鸡鸣狗盗的事，哄骗元惠宗妥欢贴睦尔。而朴不花却不然，他把妥欢贴睦尔推到淫乐窝还不算，又操纵了大元皇室的政治生活，这是妥欢贴睦尔临死也想不到的悲剧情节。作为一朝天子，有些时候，有些事情也是身不由己。假如跟前有几个好人时常劝阻着，倡导他走好道，

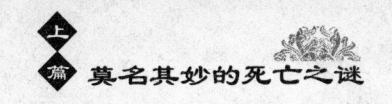

不至于让一个很有作为的国君走上末路。

这个朴不花是个高丽人，也就是妥欢贴睦尔第二皇后高丽人奇氏的老乡。从一些历史资料里，能够读出朴不花和奇氏的关系密切，情深意长，青梅竹马。奇氏本是高丽人进贡元都的宫女，专管给皇帝倒茶水。她聪明美丽，待奉妥欢贴睦尔非常得体，博得了他的欢心。皇后伯牙吾氏死后，妥欢贴睦尔将其立为第二皇后，住兴圣宫，位居弘吉剌氏皇后之后。后来，奇氏生了皇太子爱猷识理达腊，于是身价倍增。朴不花趁机以阉人的身份进入宫廷，成了奇氏的待奉。

由于奇氏入宫，才硬把这对鸳鸯给拆散了。朴不花为了再见到她，才把心一横当了太监进入宫中。由于奇氏的鼎立推荐，朴不花很快就当上荣禄大夫，资政院使，专门管理起了皇后的私人财产。这样，朴不花成了奇氏的心腹，实现了多年的梦想，解除了长期的感情折磨。

在元惠宗妥欢贴睦尔受哈麻的蛊惑，成天沉浸在女人们的淫乐中不理国事的日子里，奇氏就设法巩固发展自己的势力范围。于是立自己的儿子爱猷识理达腊为皇太子，甚至想进一步让元惠宗妥欢贴睦尔把皇位让给皇太子。朴不花和奇皇后为此在第一皇后及大臣们面前不停地游说。皇后左右为难，不知如何处理此事时，左丞相太平以沉默抗争表示不同意。不久左丞相太平就丢了他的纱帽翅。搠思监和朴不花在此事上一拍即合，搠思监是元代有名的奸臣，《元史》认为，"元之亡，搠思监之罪居多。"搠思监和朴不花相互勾结，同恶相济。当时天下大乱，四方警报全部被朴不花扣留，妥欢贴睦尔竟然一无所知。由于他俩气焰熏灼，心狠手辣，内外大臣大都趋附于他们。

御史大夫老的沙是妥欢贴睦尔的老臣，说话颇有分量，他会同监察御史也先贴木儿，孟也先不花等人力劾朴不花奸邪。但由于奇氏是朴不花的靠山，御史们不但没有扳倒朴不花，反而都纷纷被撤职查办了。

治书侍御史陈祖仁却不甘心，上书皇太子，条陈朴不花罪状：阻塞政情、认为太子势力过大架空皇帝，等等。并表示，如果不除掉这个奸臣，宁可饿死于家，誓不与其同朝。于是愤而辞官回家。然而，太子看了奏表后，并未当回事，朴不花不仅没有被罢官，反而又更加得意忘形起来。

御史李国凤看在眼里恨在心上，于是再一次上书皇太子，弹劾朴不花骄恣无上，招权纳贿等。说天下之人无一不知朴不花奸邪，只有皇太子和皇上蒙在鼓里。元惠宗妥欢贴睦尔一听这话，不仅没处理朴不花，反而又把李国凤削官夺爵了。

孛罗贴木儿看到朝中大臣很多都因为弹劾朴不花而被革职查办，实在看不下去，便派遣秃坚贴木儿向京城大举进军，声言要"清君侧"。大军行至清河，妥欢贴睦尔害怕了，于是派出国师达达和秃坚贴木儿谈判。秃坚贴木儿的条件是必须让皇上交出搠思监和朴不花，否则决不退兵。元惠宗妥欢贴睦尔无奈，只好把朴不花、搠思监绑送给秃坚贴木儿。随后这两个旷世奸臣死在孛罗贴木儿的刀下，为民除了大害。

据《庚申外史》记载，元末两大豪强孛罗贴木儿和察罕贴木儿的争斗，就是朴不花挑起来的。察罕贴木儿，畏吾儿人，祖上随蒙古军入河南，遂居家颍州沈丘。他在家结集武力，与红巾军对抗，由于战功卓著，屡屡被元廷升迁、封爵。1360年，妥欢贴睦尔命令孛罗贴木儿镇守石岭关以北，察罕贴木儿镇守石岭关以南。但二人互不服气，经常争夺地盘。为使自己的争夺有理，均向朴不花行贿，好让他在皇上面前为自己说话。南边的贿赂多，他就对南边的使者说："皇上有密旨，让察罕贴木儿吞并北边。"北边贿赂多，他就对北边的使者说："皇上有密旨，让孛罗贴木儿吞并南边。"因此，多年中兵祸绵绵不绝，百姓生灵涂炭。

一个宦官朴不花竟搅得元室乌烟瘴气，皇帝、皇后、太子，到了夫

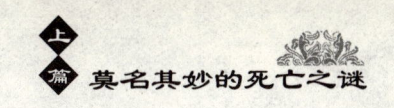

妇、父子异心，政出多门的地步，这样的王朝不灭还待何时！

1368年，这个叱咤风云的王朝在内忧外患下终于走到了历史的尽头。妥欢贴睦尔这个好色国君不得不跑到了远离京都的边陲小城。

本来元惠宗妥欢贴睦尔认输也就罢了，可朱元璋偏偏安排了最有战斗力的官兵一追到底，非置元惠宗妥欢贴睦尔于死地不可。再说元惠宗妥欢贴睦尔这个人也不长记性，在达里诺尔湖这么个好地方驻扎下来以后，他觉得朱元璋奈何不了自己，于是又玩将起来，并且比在京城时玩得更甚。有人通风报信，朱元璋气不打一处来，旋即再派大军挺进克什克腾，东南西三面将应昌路团团包围，一个百余年的草原古城危在旦夕。这下元惠宗妥欢贴睦尔可不知该如何是好。再组织反攻已不可能，在百般无奈的情况下，一命呜呼。

这就是元惠宗妥欢贴睦尔的后宫生活，即丢了元王朝江山，同时也丢了自己的小命。

皇太子真金与反叛无常的昔里吉

真金是元世祖忽必烈第二子，其母亲为昭睿顺圣皇后。因为真金出生时正逢一名高僧云游漠北，便为他取了这个汉名。

元世祖忽必烈由于长期驻守漠南，仰慕中原文化，崇尚汉法。并且忽必烈是靠中原的汉人地主支持一步步走向帝位的。特别是忽必烈统一蒙古国，建立元朝后，一改蒙古可汗通过"忽里勒台"大会推举汗位的

做法，学习汉族册封皇储的方式确立汗位的继承人。所以对于真金的出生忽必烈给予了很大厚望。忽必烈先后选派姚枢、窦默、王恂等著名的儒家学士作为真金的老师，教授真金儒家经典、三纲五常先哲格言、历代治乱等儒家思想。努力把真金培养成继承自己推行汉法治国的继承人。

中统三年，即公元1261年十二月，忽必烈下诏封真金为燕王，领中书省事。中统四年即公元1263年五月，初立枢密院，又以真金守中书令，兼判枢密院事，同时敕令两府大臣，凡有咨禀，必令王恂与闻。又诏王恂对真金起居饮食，慎为调护，非所宜接之人，勿令得侍左右。王恂遵旨悉心辅侍。同年八月，忽必烈又命燕王真金署敕。六天后，刘秉忠、王鹗、张文谦、商挺等众谋士又向忽必烈建言："燕王既署相衔，宜于省中列置幕位，每月一再至，判署朝政。"为的是逐步将真金推上政治舞台。元统十年三月十三日，真金被正式册立为皇太子，忽必烈派遣重臣伯颜持节授玉册金宝。真金是一个很正气的孩子，真金小心翼翼地按忽必烈所期望的安排成长着。真金对汉文化的接触以及在儒家思想的熏陶下，逐渐在朝中与那些汉人大臣们形成了主张推行汉法的改革派。然而这势必涉及和损害原来蒙古国皇室宗亲的利益，于是真金就处在皇室中这两股势力的冲突漩涡中心。

真金被正式册立为皇太子时，中书平章政事阿合马以理财有道得到世祖重用。阿合马擅权专政。以真金为首的汉法派同以阿合马为首的理财权臣派之间的斗争日趋激烈，真金被册立为皇太子，在客观上加强了汉法派的力量。阿合马屡毁汉法，为了搞垮教习人才的国子监，逼得国子祭酒许衡无法执教，只好请求回乡。真金甚重儒臣，关怀备至。举一个例子说，元统十七年六月，许衡因病请求回乡。真金一方面在忽必烈面前请求让许衡之子师可任怀孟路总管以养其老，另一方面又遣东宫官前往许衡处晓谕说："公毋以道不行为忧也，公安则道行有时矣，其善

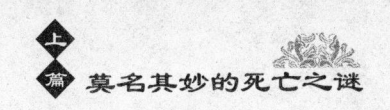

药自爱。""道行有时"之语表明了他对实行汉法的决心和信心。

汉人儒士们的这些言论和主张，与专以"理财"为务的阿合马等人的所作所为是全然不同的，其中有些言论，如亲贤、革弊、去邪、崇儒等，实际上就是针对阿合马等人而发的。真金赞同这些主张，对阿合马的所作所为极为不满。真金厌恶阿合马至极，以致有一天用弓击其头，并划破他的脸。朝见时，世祖问他脸上何以如此，他不敢明对，诡言为马踢伤。适真金在侧，当即责他羞言系被太子所打，并当着世祖的面，拳殴阿合马多时。尽管如此，真金反对阿合马的历次斗争均未能成功。

元统十九年三月十八日，发生了益都千户王著与高和尚等人合谋诱杀阿合马的事件。阿合马犯有欺君之罪，将商人们为元世祖买来的巨大宝石据为己有；加以真金及诸汉官之进言，并改命对阿合马及其同党严加惩处。

元统二十一年十一月，世祖又起用卢世荣"理财"，命其任右丞。卢世荣自谓"其法当赋倍增而民不扰"。力主推行汉法的真金对卢世荣的言行大不以为然，并持坚决反对态度。卢世荣为右丞才四个多月，即遭监察御史陈天祥等人弹劾，中书右丞相安童、翰林学士赵孟传等也都反对他的措施。忽必烈于至元二十二年十一月，诛卢世荣。应当说，这是真金及其汉法派的又一次胜利。

至元二十二年春，阿合马余党答即古阿散等人，找到了一个搞垮皇太子真金的机会。在此以前，南台御史曾封章上言要求忽必烈禅位于皇太子。真金深知忽必烈不会禅位，听说这件事很是害怕，怕忽必烈怀疑自己是"禅让"的谋后主持者。尽管真金要求御史台截流不奏。但此事还是被答即古阿散等知道，遂向忽必烈前奏此事，不出所料，忽必烈听到居然有人要他提前让位给太子，大发雷霆。虽说忽必烈只是大发雷霆并未对皇太子真金做出过甚的指责。虽然如此，真金竟因此而忧惧成疾，

于至元十二月死,年仅四十三岁。

昔里吉是元宪宗蒙哥的第四个儿子,其母亲是蒙哥王妃巴牙兀真氏。在忽必烈与阿里不哥争夺汗位之战中,昔里吉支持阿里不哥。至元四年即公元1263秋,因阿里不哥大势衰败,昔里吉与诸王玉龙答失、阿速台等投降忽必烈,获忽必烈赦免。这是昔里吉第一次反叛。公元1264年,昔里吉被忽必烈封为河间王。忽必烈与阿里不哥争汗之战结束后,各宗王均表示臣服,只有海都与察合台汗国展开激烈征战。至元五年,海都叛乱。于是忽必烈派北安王那木罕,率领大军前往西北,昔里吉随军征战。那木罕本人和其兄弟阔阔出所统辖的忽必烈家族的属民组成中军,蒙哥和阿里不哥的子侄辈诸王等部民组成右翼集团。一举击败海都的叛乱部队。使其逃至亦列河流域,立帐于阿力麻里。

至元十三年即公元1276年秋,因安童分配给养存在不公平,造成那木罕部下的脱脱木儿率部叛逃,脱脱木儿以阿里不哥失败后所受耻辱为辞,煽动昔里吉叛变忽必烈,并许诺事成后帝位归于昔里吉。昔里吉听了脱脱木儿的忽悠起兵发动叛乱,这是昔里吉第二次叛乱。

至元十四年,昔里吉、脱脱木儿、药木忽儿、撒里蛮等集结部众,分道东进,扬言海都、蒙哥帖木儿与之联兵而来。东部弘吉剌部折儿瓦台起兵响应,并劫掠先朝武帐。昔里吉、脱脱木儿、药木忽儿等率其主力越杭海山后继续东进,于和林北渡斡耳寒河,抵土兀剌河流域,欲与弘吉剌叛军相会。忽必烈调集大军很快擒获了弘吉剌部叛首折儿瓦台。以伯答儿、土土哈为首的忽必烈军于土兀剌河畔打败了药木忽儿和脱脱木儿后,与伯颜统帅的大军相会于斡耳寒河畔。元军渡河,击败脱脱木儿等,原先被叛军擒获的宗王牙忽都从斡耳寒河前线返归。由于驻守陕西的安西王忙哥剌部奉调漠北平叛,后方空虚,于是同年冬,驻守陕西行省的贵由之孙南平王秃鲁起兵响应昔里吉,但很快被平定。

屡次失败使昔里吉集团内部诸王之间互相猜忌和怨恨，最终爆发内讧。脱脱木儿在吉里吉思之战中失败，辎重遭元军刘国杰部洗劫之后，曾向昔里吉求援，未能如愿。见昔里吉实力削弱，脱脱木儿便同叛王集团中的撒里蛮结为同盟，共同反对昔里吉，他们相约事成之后帝位归于撒里蛮。这是昔里吉第一次被别人反叛。脱脱木儿们的行踪被昔里吉的部将亦迪不花侦知。昔里吉征集宗王诸将的军队迫近脱脱木儿和撒里蛮等，但未能使他们屈服。昔里吉不得已宣布退位，于是诸王们如约奉撒里蛮为帝，遣使布告于术赤兀鲁思和海都处，并派军追讨泄密的亦迪不花，迫其自杀。拥立撒里蛮的行为虽然得到阿里不哥幼子明里帖木儿的支持，但并没有得到叛王集团的一致认可，阿里不哥之长子药木忽儿为反对集团的重要成员之一。脱脱木儿企图以武力迫使药木忽儿服从，反被药木忽儿击败擒获。药木忽儿与昔里吉议决，杀死脱脱木儿。

脱脱木儿被杀后，撒里蛮自知实力弱于昔里吉，自愿去帝号，被昔里吉剥夺兵权和属民。撒里蛮的部下纷纷往投元军。昔里吉把撒里蛮送往术赤系宗王火你赤处，路过忽阐河下游撒里蛮辖区时，为撒里蛮部下所救。撒里蛮有意投降忽必烈，这是昔里吉第二次遭到反叛。撒里蛮袭击了昔里吉的辎重，向忽必烈军报告。昔里吉闻讯召见药木忽儿共同对付撒里蛮。但诸军阵前纷纷倒戈，昔里吉和药木忽儿双双被擒。在押送往元廷的途中，因遇叛王集团同党斡赤斤后裔宗王，药木忽儿逃脱。撒里蛮受到忽必烈的礼遇，而昔里吉则被放逐到南方。

可怜的昔里吉几次反叛和几次被反叛，把自己折腾得人鬼不分了，落得如此下场。但俗话说得好，可怜人必有可恨之处。昔里吉的可恨就是做人不诚实，妄自菲薄。对人不忠，必无忠己之人。

铁木格斡赤斤与别里古台秘闻

铁木格斡赤斤是成吉思汗铁木真的胞母幼弟，他比成吉思汗小六岁。铁木格为当日常见的蒙古男子人名，斡赤斤是蒙古人对幼小儿子的统称，意谓"守灶火之子"。关于铁木真的这个最小的弟弟，在史书资料中的记载少之又少。大概就因为他经常以幼弟身份据守老营，再加上他性情懒散，在成吉思汗铁木真早期的军事活动中难得见到他的行踪。但是铁木格斡赤斤毕竟是铁木真的幼弟，有这样的哥哥和不寻常的历史平台，不管铁木格斡赤斤的性情如何懒惰，都会在历史上留下痕迹。所以当今的人们在翻阅蒙元历史资料时，依稀能够找到关于铁木格斡赤斤的点点滴滴。

公元1204年，铁木真得到乃蛮太阳罕部将要进攻他们的消息，随即在帖麦该川地方召集忽里台大会商讨对策。其中有人主张等待秋来马肥时再出兵。一项沉默寡言的铁木格斡赤斤不知哪来的劲头，他竭力反对以"骟马正瘦"为推辞贻误战机。铁木真异母弟别里古台也力主乘乃蛮不备主动出击。铁木真最后决意及时进兵。在这次与太阳罕部进行的纳忽昆山决战中，斡赤斤受命负责统带供铁木真阵前替换骑乘的从马。按蒙古旧制传统，只有充分信得过的"心腹"才可担当这一职务。可见铁木格斡赤斤被铁木真宠信之深。

公元1206年，铁木真统一蒙古，被拥立称成吉思汗。按千户—百户

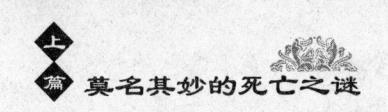

体制编组起来的全蒙古百姓，连同他们的牧地，按当时蒙古社会的制度，被分配给成吉思汗兄弟、子弟等。作为幼子的铁木格斡赤斤与他的母亲诃额伦一起，分得一万户游牧民。诃额伦死后，铁木格斡赤斤实际上总共分得八千户。

成吉思汗建国初期，蒙力克父子受命统率着一个千户的本部族人众。帖卜腾格理却不满足，继续收罗其他千户的游牧民。就连铁木格斡赤斤的部民也被收罗。铁木格斡赤斤要求收回走失的部民，结果经受一番侮辱。事后，铁木格斡赤斤到成吉思汗面前哭诉。在蒙力克父子奉命来见成吉思汗时，斡赤斤和经他事先布置的三个力士，在成吉思汗铁木真的授意下，当场打死阔阔出。从此，蒙力克父子嚣张气势被消减。铁木格斡赤斤由此也巩固了自己在铁木真诸弟中最受兄长宠爱的地位。

1213年秋季，成吉思汗统兵南下攻金。蒙古分兵三路，大举扫荡中原各州县。铁木格斡赤斤与合撒儿一起领左军，大破蓟州、滦州、平州及辽西一些城镇。这次战役以后，蒙古巩固了对长城以外沙漠地带的占领。与此同时，成吉思汗诸弟的份地，则全都调整到蒙古高原的东半部。铁木格斡赤斤的份地"位于蒙古遥远的东北角，即今大兴安岭西麓、海拉尔河以南到哈拉哈河流域的大片地区。

蒙古和高丽初期的关系，是在成吉思汗西征期间开始发展起来的。当时留守漠北的铁木格斡赤斤，因为自己的份地靠近东北，对于向高丽发展势力表现出较大的兴趣。在这一时期，他几次三番颁发"皇太弟国书"到高丽招谕，或"趣其贡献"，或"察其纳款之实"。稍后几代的斡赤斤后王也往往持有相同的倾向。

成吉思汗铁木真晚年，对斡赤斤的信任程度似乎有所减退。但成吉思汗死后，铁木格斡赤斤仍然与拖雷、察合台一起，主持了窝阔台登上汗位的典礼。

公元 1236 年，窝阔台可汗消灭金国后，把金国的土地和庶民分赐诸王勋臣。铁木格斡赤斤分得益都路及平、滦二州作为自己在华北的份地。上述地区居民总户数凡六万二千一百五十六户。他的份民，在东西道诸王中，仅次于窝阔台自己的儿子贵由和成吉思汗幼子拖雷名下的户数。

公元 1241 年，窝阔台可汗死后。贵由及蒙哥先奉召从西征途中东返，但还在途中。皇后脱列哥那临朝称制，朝政混乱。一向无远大理想的铁木格斡赤斤却率大军从自己的兀鲁思趋向汗庭，欲乘人心浮动之际夺取汗位。可是没用的斡赤斤临事迟疑，听说贵由已经带兵返回至叶密立，于是铁木格斡赤斤很快撤回自己的份地。公元 1246 年贵由即位称汗，委任蒙哥与术赤之子斡儿答审理这一起未遂的铁木格斡赤斤篡位事件，把正在参加忽里台大会的斡赤斤审讯后处死。

别里古台是成吉思汗铁木真同父异母之弟。他们的父亲也速该死后，遭受蒙古部强宗泰赤乌氏欺凌，部众被夺，家境艰难，铁木真兄弟们以钓鱼捕鸟维持生计。一日，别里古台与同母兄别克帖儿夺铁木真、合撒儿所钓之鱼，铁木真、合撒儿恼怒，射杀别克帖儿，但对别里古台手下留情。此后别里古台一直追随长兄铁木真共渡难关，重振家业。别里古台天性纯厚，且躯干魁伟，勇力绝人，与合撒儿同为铁木真最得力的弟弟和伴当，蒙古创业史上常将他们三人并提，铁木真称帝后曾说："有别里古台之力，哈撒儿之射，此朕之所以取天下也。"

当铁木真兄弟长大后，泰赤乌首领塔儿忽台率护卫军来袭，其他兄弟与母亲逃进山林，独有别里古台折树木扎寨拒敌，保护寡母幼弟。甚至在铁木真前往弘吉剌部迎娶孛儿帖夫人时，他随从护卫。随从铁木真至克烈部拜见王罕，缔结父子之谊。

当蔑儿乞人来侵，抢走孛儿帖和别里古台生母时，别里古台随铁木真到王罕处求援，并奉铁木真命令游说札只剌部首领札木合共同起兵攻

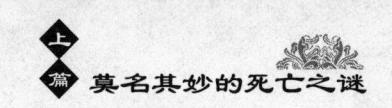

打蔑儿乞。在王罕、札木合的协助下，铁本真兄弟率部进至不兀剌川蔑儿乞部首领脱脱驻地，击溃敌人。

铁木真的力量逐渐壮大，建立起以乞颜氏贵族为核心的新"兀鲁思"，共推铁木真为兀鲁思之主。随即组成直属于铁木真的护卫军，别里古台担任"掌驭马"的职位。不久，札木合率部三万来攻，铁木真集诸部兵分十三翼以迎战，别里古台就在铁木真直属的一翼作战。

此后，在与札木合为首的诸部联盟作战中，别里古台都立有战功。公元1202年，灭塔塔儿后，铁木真召集亲族会议，决定为父祖复仇，将所掳塔塔儿男子尽行屠杀，妇幼各分为奴婢。别里古台酒后失言，不慎泄露了此计划，于是塔塔儿人拼死反抗，使蒙古人遭受很大伤亡。铁木真因此事严厉责怪别里古台，甚至不让他参与亲族机密会议，命他担任札鲁忽赤之职。

铁木真统一蒙古各部落建立大蒙古国，成吉思汗按照蒙古分家产的惯例给诸弟、诸子分封土地和份民。别里古台只分得1500户，只是成吉思汗直属的左翼千户那颜之一，属于管领一千户军民的官员之列，并不像和合撒儿、按赤台、斡赤斤一样分得了份民和份地。诚然，别里古台并不是也速该正妻所生，和成吉思汗同母弟合撒儿等人的地位有些差别。历史资料记载中在其后的推戴窝阔台即位、蒙哥即位召开的忽里勒台大会中，别里古台都是以东道诸王一家之主的身份参加，与合撒儿等三家具有同等地位。

别里古台子女甚多。历史记载较多的其中有三位。也速不花，公元1248年参加拔都召集的阿剌脱忽剌兀大聚会推戴蒙哥为"大汗"。也速不花的儿子爪都，在祖父别里古台死后继承为兀鲁思之主。也温不花，曾跟随太宗攻金，公元1232年奉命与按赤台、塔思率万余骑与拖雷军会合，参加了三峰山之战，歼灭金军。公1235年，跟随皇太子出征宋朝。

公元1248年，张德辉向忽必烈陈言"兵无纪律，纵使残暴"之害，建议"更遣族人之贤如也温不花者使掌兵权"，可见他治军较严，汉人也将他视为贤者。

元成宗继位之谜

忽必烈死时，其太子真金九年前已经病死。依理，皇位应由真金的儿子来坐。真金有三子，分别是甘麻剌、答剌麻八剌以及铁穆耳。可以先排除一个答剌麻八剌，这个人在圣元二十九年已经病死。当然，蒙古人喜幼子，忽必烈嫡子中最幼者那木罕本来很有机会，但这个王子很倒霉，先前他拥兵北去与北边诸宗王打仗时，被手下人捆起当成礼物出卖了，因此地位自然陡落。真金太子死后，他的"进取心"又太盛，引起父皇猜忌，自然完全丧失了当皇储的机会。

真金太子的长子甘麻剌作为嫡长孙，自然是皇位最佳的继承人——这种观点只是汉儒的观点。甘麻剌与铁穆耳皆由真金太子妃伯蓝也怯赤（又名阔阔真）所生，自小由忽必烈皇后察必抚养长大，封晋王，长期在漠北任方面主帅。忽必烈在真金太子死后，并没有特意立"皇太孙"，可他专门为甘麻剌专立设置"内史府"，似乎是倾向把这位孙子当接班人来培养。但是，真金太子妃阔阔真对长子并没多少感情，她更喜欢幼子铁穆耳。铁穆耳文才武略都不错，曾统军平灭北部诸王乞丹的叛乱。忽必烈死前一年，他"受皇太子宝，抚军于北边"。史书上这种记载，非常可

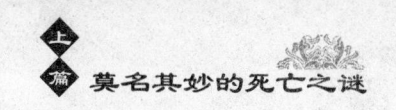

疑。忽必烈生前并没有刻意讲明要立哪个孙子为帝，总体上讲更可能倾向于嫡长孙甘麻剌。所以，他似乎不大可能把"皇太子宝"这样有象征性的印玺交给铁穆耳。

元朝皇位继承如此周折，确实与蒙古人立储制度的不完善有关。蒙古"黄金家族"个个如龙似虎，每位大汗（皇帝）死，即使真有遗旨，也不完全以之为凭，还往往要经过"忽里勒台"这种奴隶制"民主"过程才能生效。由于缺乏"制度"，皇族以及关键大臣在新君推立过程中所起的作用就尤显重要。此外，忽必烈正后南必的态度也很关键。忽必烈原来的皇后察必死后，又以南必为皇后。特别是老皇帝晚年，南必颇预政事。但这个女人似乎政治手腕并不高明，人也不是多么有心计，整本《元史》中，她的传记只有短短五十九个字：

南必皇后，弘吉剌氏，纳陈孙仙童之女也。至元二十年，纳为皇后，继守正宫。时世祖春秋高，颇预政，相臣常不得见帝，辄因后奏事焉。有子一人，名铁蔑赤。

忽必烈病危时，只有不忽木、伯颜与月鲁那颜三个人侍疾，这样一来，南必在老皇帝死后摄政的可能性就降低到零，因为她无法捏造忽必烈的临终遗旨。丞相完泽也对自己无法受顾命很不高兴，他曾对伯颜和月鲁那颜报怨："我年纪和职位均在不忽木之上，国家面临如此大事而不得预闻，真让人郁闷！"伯颜一句话把完泽噎回去："假如丞相您识虑与不忽木相当，又何至于把我辈劳累成这个样子！"完泽向"准太后"阔阔真告状，阔阔真大怒，召三人前来质问，因为她本人同婆婆南必一样，心里根本不清楚也不知道要死的老公公立自己哪个儿子当皇帝。御史大夫月鲁那颜理直气壮："臣受顾命，太后但观臣等为之。臣若误国，即日伏诛。宗社大事，非宫中所当预知也。"话说得有理有据，阔阔真"然其言，遂定大策"。这一大策，当然就是立铁穆耳为帝。为此，不忽木、

伯颜、月鲁那颜实际上与阔阔真不谋而合。丞相完泽虽因不受顾命而气恼，但他本人是真金太子的老部下，只要真金的儿子为帝，无论立哪个，他肯定百分百支持。所以，立储之事，完全是几个大臣和准太后阔阔真一手导演的，"太皇太后"南必反倒没什么事儿了。

　　说起这位阔阔真，她所以能成为真金太子妃，还有一出类似传奇戏曲的故事。忽必烈壮年时外出打猎，途中口渴，发现路旁有一个蒙古包，便与从人下马，进去讨马奶酒喝。帐房内，只有一妙曼女子在整理驼茸。见忽必烈等人入帐，这姑娘不慌不忙，不卑不亢地说："我家有马奶酒，但我父母兄弟却不在家，我一女子不能擅自把东西给你们。"忽必烈听此话深觉有理，转身欲去。姑娘又道："我一人在家，你们自来自去，好像不太妥当，不如稍等一会儿，我父母就回来。"果然，话音甫落，姑娘的父母回家，看见贵人到来，马上端上马奶酒招待忽必烈一行人。豪饮狂吃一顿，一行人离开。忽必烈在马上叹道："如果能娶这样的女子为媳妇，该多好呀！"日后，太子真金到了结婚年龄，不少贵臣荐女，忽必烈皆摇头不允。一位老臣当日与忽必烈打猎，知道皇上意中所属，私下一番"调查"后，上报说那姑娘仍未嫁人。"世祖（忽必烈）大喜，纳为太子妃。"这位姑娘正是阔阔真。入宫后，阔阔真深得忽必烈夫妇欢心，孝顺尽心，连察必皇后上厕所用的厕纸，阔阔真都会事先每张以面揉搓，"令柔软以进"，小事积成山，老皇帝夫妇不停称道她是"贤德媳妇"。此外，真金太子病重时，忽必烈来太子宫探视，见床上有用金丝密织的卧褥床具。忽必烈恼怒，斥责太子说："我一直以为你本性俭素，怎能用这种奢侈之物！"真金太子重病加惶恐，一时不能辩白。阔阔真忙跪下，大包大揽："平时太子从不敢用如此贵重之物。现在他病重，怕湿气侵体，才用上这种东西。"为使公公消气，阔阔真命宫人立即撤换掉那床大金褥子。凡此种种，皆说明"这个女人不寻常"。

忽必烈崩逝消息发布后，蒙古诸王皆集聚上都，就等着开大会确立新皇帝人选了。万事俱备，"宣传"方面还有一点不到位：没有传国玉玺。于是，阔阔真又导演了最关键的一幕：她指派御史中丞崔彧献玉玺。据崔彧自己讲，这块玉玺得自"太师国王"木华黎的一个曾孙世德的老婆处。拿到玉玺后，崔彧自己还假装不识字，遍示群臣，大伙传看，汉臣们立刻大叫："'受命于天，既寿永合'，这是传国玉玺啊！"于是，崔彧立刻上交阔阔真。阔阔真又当着众大臣们的面，亲自授与铁穆耳，以示天意人望所归。史书记载中虚透这样一种消息：木华黎的曾孙之一世德是个放荡公子，死时家徒四壁，其妻变卖家里东西时，正好把这块宝玺卖给了崔彧。世上哪有如此巧事，思忖一下，凡是稍有点智商的人都会想到，这不过是崔御史在阔阔真的指挥下与世德老婆演的一出双簧：崔彧得官，世德老婆得钱，铁穆耳得帝位，皆大欢喜。

铁穆耳高兴了，但是，他大哥甘麻剌甘心吗？对此，《元史》中记载矛盾：《玉昔帖木儿传》中，记载甘麻剌听从玉昔帖木儿劝告，表示说自己愿意对弟弟"北面事之"；但是，《伯颜传》中，却讲"诸王有违言，伯颜握剑立殿陛，陈祖宗宝训，宣扬顾命，述所以立皇太子（铁穆耳）意，辞色俱厉"，可见"诸王"中最有资格表示异议的，肯定是甘麻剌莫属。上有母后，下有重臣，弟弟已经坐在宝座上，甘麻剌也只有"干瞪眼"了。那位手握宝剑吓唬诸王的伯颜不是别人，正是忽必烈时代灭宋的主帅伯颜。

此外，据《多桑蒙古史》记载，诸王大会时，阔阔真见大儿子甘麻剌与小儿子铁穆耳争位，就当即表示："先可汗（忽必烈）遗命，后人能熟知成吉思汗遗训者，即以大位与之。你二人可各言所知，然后由与会诸王定夺。"铁穆耳善辞令，"历数其曾祖遗训，语言详晰。"甘麻剌是个结巴，自然在这种"大型辩论会"上露拙，于是与会诸王一致推戴

铁穆耳为帝。这种说法，虽有"参考"价值，但可信性不高，因为阔阔真并未摄政过，她不可能在诸王大会上当"主持"。如果主持，也应该由忽必烈正后南必牵头。

"（元）成宗承天下混壹之后，垂拱而治，可谓善于守成者矣。"从史臣的评价看，元成宗铁穆耳，确是一个无大过失又无大功德的守成之主。他统治期间，最大的"坏事"是对"八百媳妇"国用兵，最大的"好事"是因海都死亡而导致北部诸王的乱平。二者相抵，功过相当。

下篇

离奇叵测的王室奇案

元朝因统治腐败、宰相专权和内乱频发以及民族矛盾过深,导致了大规模的农民起义。这期间出现了反叛,出现了刺杀,王室中充斥着勾心斗角,已然无法正常生活。离奇的死亡,不可思议的叛乱,让这个朝代出现了数不清的谜案。

梦回大元 看奇案

风云官场：王侯将相奇闻疑案

> 他们不靠命运、不待时势、不惧困难、不畏艰险，坚信人定胜天。他们宅心仁厚，以拯救天下苍生为己任；他们惠泽万民，以建立太平盛世为目标。他们气宇轩昂，"妖魔鬼怪"见之退避；他们胆量超人，泰山崩于前而不变色。英雄豪杰慷慨悲歌，留下了可歌可泣的千古传奇。正是因为他们想凡人不敢想之事，做凡人不敢做之事，所以必然留下许许多多大众匪夷所思的奇闻谜案。

扎木合的七十口锅究竟煮的什么东西

公元1179年铁木真与健壮美丽的少女孛儿帖喜结良缘。就在两人的新婚之夜，一个厄运正悄悄地来到他们的身边。那天早晨，天还没有大亮，蔑儿乞人率领三百人找到铁木真一家报仇来了。这件事说来话长，因为当年铁木真的父亲也速该抢过来的媳妇诃额伦，本是蔑儿乞人首领脱黑脱阿的弟弟也客赤列都的未婚妻。他们这次来袭铁木真家，就是来报早年的抢妻之仇。铁木真家遭到这次突如其来的袭击，使得铁木真家人措手不及而仓皇逃脱。但是因人多马匹少，全家人都逃走了，只剩下新婚媳妇孛儿帖没有马匹而未能及时逃走，被蔑儿乞人抢走，许配给也客赤列都的弟弟赤勒格儿结婚。孛儿帖无力反抗，只好听天由命，等待铁木真前来搭救。

怎样才能从三姓蔑儿乞人手中夺回被抢走的新婚妻子孛儿帖，成了铁木真伤脑筋的问题。铁木真知道，三姓蔑儿乞人是一个强大的部落联盟，要从他们手中抢回孛儿帖，不能只凭少数人的力量，必须有一支强大的军队。如何才能组织起这样的一支军队呢？这也成为铁木真从患难中崛起的契机。铁木真无法靠本氏族成员来编制军队，因为他的同族成员已抛弃了他。铁木真这时想到了他的义父王罕和安答扎木合。铁木真想凭借这两个人的力量，夺回自己的妻子孛儿帖，铁木真想了好多办法，说服王罕和扎木合联合起来攻打三姓蔑儿乞人，夺回自己的妻子。扎木合还帮助铁木真将也速该的百姓收集了10000人，铁木真从此有了自己的百姓和军队。王罕、扎木合和铁木真聚集了四万人的军队，以压倒性的优势向蔑儿乞人发起了进攻，蔑儿乞人大败而逃。铁木真夺回了失去了9个月之久的孛儿帖，并尽诛围困他的三百个蔑儿乞人。

铁木真在义父王罕和安答扎木合的帮助下，不仅从三姓蔑儿乞人夺回被抢走的新婚妻子孛儿帖，铁木真还趁此机会建立了自己的军队。此战之后，由于各种原因，成吉思汗与扎木合分道扬镳。

铁木真离开扎木合后单独设营，大批的部落首领纷纷来投靠铁木真。因为铁木真的威望和他卓越的才能以及优待部属的宽大胸怀，加上其他各酋长和人民对本部首领长期压迫的不满，有越来越多的人前来投奔，在铁木真身旁逐渐聚集了大批的百姓。由于铁木真待他们极好，被蒙古乞颜氏的贵族

们共推为汗，铁木真也由一个受尽苦难的孤儿变成了蒙古部落的可汗。

随着铁木真的势力一天天壮大，以及铁木真被蒙古族人拥立为汗，曾经全心全意地帮助过铁木真的安答扎木合这时却有点小心眼儿了，他开始妒嫉起铁木真来了。也正在这时发生了一个意外事件，使铁木真和扎木合这两个曾经的安答最终决裂，反目成仇。

扎木合的弟弟给察儿抢走了铁木真部下拙赤答儿马刺的马群。拙赤答儿马刺不甘被欺负，一人骑马追去，一箭射中了给察儿，并砍断了他的腰脊，夺回了自己的马群。因为此事，扎木合与成吉思汗结了怨。

另一方面，扎木合看到铁木真的势力一天天壮大，担心将对自己造成威胁，于是便想趁着铁木真还没有完全壮大把他消灭掉。扎木合联合其他部族军组成十三翼部队约3万人，越过阿剌兀惕土儿合兀的岭攻打铁木真，两军大战于答兰版朱思之野。这就是历史上的"十三翼"之战。这次战役当然是以铁木真的失败而结束，毕竟此时的铁木真势力仍无法与扎木合相比。成吉思汗不太可能战胜扎木合。扎木合势力强大，在草原上享誉已久，而铁木真当汗不久，根脚不稳，仓促间集合起来的军队也无法与扎木合精心挑选的3万精锐骑兵相抗衡。而且扎木合是当时草原上除了成吉思汗之外的第一人才，并不是一个脓包，所以成吉思汗战胜扎木合的胜算实在很小。铁木真无奈率领自己的残兵败将躲进了深山。扎木合这次大获全胜，并俘虏了七十多名从前属于扎木合、而后投靠到铁木真麾下的酋长和族人。扎木合一方面为了庆祝这一役的胜利，另一方面也是惩罚那些叛变他的人，同时也是为了"杀鸡给猴看"，警告其他的族人或酋长。扎木合下令在营地支起七十口大锅，把这些俘虏来的酋长和族人扒光衣服放在大锅内煮。然而扎木合的这一做法起到了相反的作用，本来一直对他忠心耿耿的族人和酋长看到扎木合如此的残忍，就纷纷带着家人逃进山里去投靠铁木真了。于是这次的"十三翼"之战，

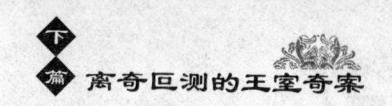

虽然铁木真在战场上失败却更壮大了自己的势力。

关于这次战争，众史书记载各不相同，且相互矛盾。对于此役谁胜谁负？札木合煮了人还是狼等事交待大不相同。《圣武亲征录》中记载此战说："军成，大战于答兰版朱思之野。札木合败走。彼军初越二山，半途为七十二灶，烹狼为食。"而爱史集中却说，成吉思汗大胜札木合后，"下令在火上架起70个锅，在锅里将被他抓住的作乱的敌人煮了。"

再说这七十口锅，到底煮的什么东西的问题。首先解析《蒙古秘史》之"具釜七十，以煮赤那思之王子每"。"赤那思"蒙语意为"狼"，"赤那思之王子"也即"狼子"，大概一页写史书的人没了解清楚而直译过来的吧。到底札木合煮了谁呢？《蒙古秘史》认为，"赤那思"即"努古思"，是泰赤乌部的一个氏族，因背叛札木合投靠了成吉思汗，遭到札木合的嫉恨。所以当成吉思汗被札木合打败后，被俘的努古思王子们才受到了如此残酷的惩罚。因为《秘史》中还记载有札木合"斫断捏兀歹察合安（赤那思的首领）的头，马尾上拖着走了。"

由以上种种辨析可以看出，《蒙古秘史》的记述应是最接近历史真相的，是打了胜仗的札木合用七十口锅煮了背叛他的努古思部的贵族首领们。

权臣燕帖木儿的荒淫无度

在元朝一代的权臣之中，燕帖木儿可以算作是第一人了。他在平定上都之乱、拥立文宗即位中累建大功；在文宗对明宗施展阴谋手段当中，

屡出奇谋，致成大事；在征讨全国各地的反叛中，迭立殊勋。可以说，文宗能当上皇帝，坐稳江山，全赖燕帖木儿一人之力。文宗非常清楚这一点，所以对燕帖木儿另眼相看，恩宠有加，使他成了元代的第一权臣，一身兼任多种要职。先后被封为太平王、加开府仪同三司、上柱国、太师、录军国重事。又被任命为中书右丞相、监修国史、知枢密院事、提调燕王宫相府事、大都督、领龙翔亲军都指挥使司事。凡是号令、刑名、选法、钱粮、选作，一切中书政务，悉听总裁。诸王、公主、驸马、近侍人员、大小诸衙门官员人等，须服从燕帖木儿的安排，否则以罪论处。而且还追封了他的三世祖先。即使这样，文宗还认为不足以酬答他的大功，又于至顺元年（公元1330年）二月，命礼部尚书马祖常制文刻石，立于北郊，以昭示他的丰功伟绩。在至顺二年（公元1331年）四月，竟然为燕帖木儿在红桥南建造了一座生祠，为他树碑立传。

这时的燕帖木儿，真是身处一人之下，万人之上，手握大权，权倾朝野。又蒙受文宗的巨额赏赐，生活上渐渐放纵起来，靡费无度，吃一顿酒席竟需杀掉十三匹马，而且还极度迷恋酒色，在上都之乱刚刚平定、怀王即位，召燕帖木儿商议北迎周王大计的时候，就曾关切地向他说道："如今上都之乱已平，天下大局已定，朕与卿亦可稍图欢乐。闻卿家中只有一妇，何不再置数人？宗室中不乏貌美者，卿可自行选择，朕即诏遣。"燕帖木儿一听文宗如此施恩，慌忙离座，伏地谢恩道："陛下之恩，天高地厚，没齿难忘。然陛下尚未册立正宫，臣安敢竟尚宗女？"

文宗笑着令他平身，未再深说。燕帖木儿自以为推辞掉了，没想到第二天，文宗竟直接派人用四辆小车送来了四位公主。燕帖木儿大吃一惊。但公主既来，断无辞归之理，于是就先行君臣之礼，后行夫妇之礼。行过礼之后，举目看那四位公主，一个个生得闭月羞花，沉鱼落雁，不禁心花怒放。当晚即五人同被而寝，其乐无穷。一直乐到第二天天大亮，还恋床不起。上朝谢恩罢，就急急忙忙回府，同四位公主重温昨夜之梦。之后，把酒言欢。看不厌的花容月貌，听不尽的笙歌美曲，直把燕帖木儿喜得身飘飘然，心陶陶然，不知今夕何夕。五人正在忘情畅饮之间，燕帖木儿忽然眼前一亮，四位公主带来的侍女当中，一个淡妆素服、容貌尤妍的半老徐娘映入眼帘。这人年虽半老，但风姿不减，而且那满脸哀婉之情更是摄人魂魄。燕帖木儿不由得看呆了。但当着四位公主的面，不敢有过分之举，只是将那人暗记在心。歌歇酒罢，燕帖木儿托言公事在身，要回书房料理，请四位公主先回房歇息。燕帖木儿一退回书房，尚未坐定，即令人去带那女子前来。

没过多长时间，那女子在人引领下来到面前。燕帖木儿忍不住轻声问道："你是何处人氏？"那女子抬起头来，环顾一下左右，又把头低了下去，没有回答。燕帖木儿会意，挥挥手让左右侍从一概退下。那女子这才柔声细语地禀道："妾本不欲言明身份，恐增羞愧。然既蒙见问，不得不告。妾先前亦为朝廷命妇，谁想后遇事变，夫亡身辱，充没宫掖，今随公主前来……"话未说完，禁不住呜呜咽咽起来。两行多情伤心泪潸然流在香腮之上，其情其景足以令闻者为之一掬同情之泪。燕帖木儿声也软了，脸也笑了："你不必悲伤，可从容说来，我自有成全你之法。"那女子才一开口，不禁使燕帖木儿大吃了一惊。原来她乃是前徽政院使时列门的继妻。燕帖木儿见她流落到这个地步，感慨系之。见那女子仍哀哀不止，说道："你青春年少，夫亡身辱，岂不可怜！然今日到我家，也是你不幸之中的大幸，你放心，我绝不会辱没你的。"那女子忙娇声谢恩道："日后全仗王爷庇护了。"

这时的燕帖木儿早已经把持不住了，他一把将那女子的娇躯揽了过来，置于怀内，便开始温存了起来。大约一个时辰以后，才云收雨散，订了后约，与其分手。那女子为了身后有靠，也顾不得许多，赖此天生

资本，又侍奉起太平王来了。

如此过了多日，就在燕帖木儿与文宗易子而子之后，太平王妃忽然辞世。文宗闻信，亲往吊唁，又遣宗女数人下嫁燕帖木儿，就连宫中一个正蒙恩宠的高丽女子，文宗也割爱相赏。这一下，可忙坏了燕帖木儿。家中贮了众多美女，仅文宗所赐宗女，前后就达四十余人。燕帖木儿不愧为足智多谋，竟想出一个奇招，赖有强壮之躯，牛马精神，神力无比，制作一床硕大无朋的锦被，与众多美女同卧被下，夜夜普降雨露，众美人承露均匀……

但是有一件事，众美人都不解其意。就是王妃去世后，太平王正室虚位，燕帖木儿却绝口不提再立新妃之事。众美人还只道是宗女众多，势均力敌，燕帖木儿不能择定，岂不知他早已意有所属，只是时机未到。原来上都之乱平定以后，燕帖木儿奉诏前往上都迁置泰定帝的后妃。燕帖木儿本是怒气冲冲而往，等到见了泰定帝的一后二妃，疑为蓬岛仙子，口中的话语已全没了平日那种威严赫赫的气势："后妃不必惊慌，奸相倒刺沙擅权为乱，并非后妃之过，故圣命并未见责。只因后妃再居宫中，甚为不便，暂时迁居东安州，一路之上，一切日用饮食，尽皆照常。后妃只可放心前去。"皇后巴巴罕哭道："今日迁居，明日赐死，这不明明是事分两步么？即如此，不如就死在宫内。"此时的燕帖木儿心中早有了日后的安排，闻知此言，忙不迭地宽慰道："皇后万万不可萌生如此念头，有我燕帖木儿在，保后妃日后幸福长久。后妃今日尽可放心前往，一切琐碎之事，尽有我派人料理。且有强将护送，万无一失。若有差池，告我便是。"

泰定帝的后妃们听了这一番话，方才转忧为喜，连忙拜谢下去。燕帖木儿迫不及待地伸手扶起，乘势一一握住那纤纤玉手，双眼几乎就鼓出来掉在后妃三人身上。

当晚，燕帖木儿就梦见自己宽床广被，左后右妃，与三人轮番云雨，一夜未停，醒后若有所失，怅然良久。遂匆匆赶到宫中，亲手帮助后妃打点，反复叮嘱将士加意护送，小心侍候。眼看着三人登车，互道珍重，最令燕帖木儿忍受不了的是车轮转动以后，后妃三人那回头含泪的一瞥，恰如梨花带雨。燕帖木儿忽然醒悟道，泰定帝生前能受用这三个人，真不枉人生一世，虽死亦值了。

外国籍宦官朴不花

宦官也就是所谓的太监，它是中国封建制度的崎型产物，太监一般都是贫苦出身，为了生存，不惜割掉生殖器，入得皇宫去侍奉皇室成员。作为太监，不仅要饱尝生理及心理的双重摧残，而且还要承受社会舆论的巨大压力，他们是封建社会最底层的可怜人。但在历史上，也出现过几位"幸运"的太监，像魏忠贤、李莲英等，他们因得到了皇帝的宠爱而权贵无比，这些都是大家耳熟能伴的了，可是，你知道中国历史上还曾有过外国籍的太监吗？

的确有，这位外国籍的太监叫朴不花，高丽人，又名王不花，生于元朝文宗时代。少年时期的朴不花与同乡奇氏女青梅竹马、两小无猜，乡邻都称他们是天生的一对，双方父母亦默许了这一现实，并准备长大后让二人结为伉俪。不料事出变故，当元顺帝大选天下美女之时，天生丽质的奇氏女被选入宫中，成了宫中的煮茶宫女。朴不花与奇氏女这对

小恋人被迫拆散，天各一方。朴不花悲痛欲绝，为了能与奇氏女朝夕相见，他毅然自阉入宫当了宦官，以便能够每日相伴奇氏左右。

奇氏女由于天生丽质，受到了顺帝的宠幸。顺帝又感于奇氏为人聪慧，对其百般奉迎，便忘了宫中后妃，常常让她侍寝。至元四年（公元1333年）奇氏为顺帝生了第一个儿子，皇子虽非后妃所生，乃是顺帝长子，由是顺帝对奇氏宠爱日深。母以子贵，奇氏感念朴不花对其一往情深，便让朴不花专侍于己，顺帝自然允诺，朴不花成了奇氏的近侍宦官。不久，奇氏被封为第二皇后，居兴圣西宫锦衣玉食自不待言，但她没有忘了自己的情人朴不花，她把朴不花调到自己的兴圣宫，并迁升为荣禄大夫，加资正院使。资政院是元朝专门管理全国财政的部门，是个能捞银子的肥缺。奇皇后将如此实惠的事交给了朴不花，朴不花当然不能不捞，朴不花逐渐蓄存了万贯家资，并且分给了奇皇后很多。朴不花贪污动作很小心，很巧妙，朝廷并未察觉，加上朴不花把贪占的财物经常送给朝中的权贵及皇亲国戚们，使得宫内宫外都说朴不花人好心好，赞扬声不绝于耳。

朴不花倚傍皇后奇氏，在宫中有了权势和地位之后，便开始寻找参与外廷事情的机会。至正十八年（公元1358年），京师大闹瘟疫，时河南、河北、山东郡县男女老少，全部到京师避难逃灾。当此大灾之年，朴不花为争取朝野对他的赞誉，收买民心，向顺帝请命救济灾民。他要出钱买一墓地，埋葬灾民的尸体，顺帝许之并赐银七千锭。皇后奇氏亦带头赏赐财物，东宫皇后、皇太子、太子妃也赏赐了财物。朴不花在宫内已久，略有积蓄，他拿出玉带、金带各一条，银二锭，米三十四斛、麦六斛、青貂、银鼠裘各一袭作为行善费用。在京城外南北两处，各掘一个大深坑，分别作为埋葬男女尸体之地。凡是送来一具尸体的人，赏给一定数额的钱，一时间送尸者接踵而至。掩埋之时，请来僧人做道场。

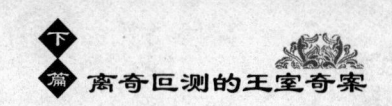

到至正二十年（公元1360年）四月，朴不花前后埋葬灾民尸体二十万，用银二万七千九十余锭、米五百六十余石。又于大悲寺修水陆大会三昼夜，凡居民有病者给予免费药物，无钱下丧者给棺木一口。

皇后奇氏借此时机，在顺帝面前颂扬朴不花所做之事美善，顺帝便传旨命翰林学士张翁作文章记载朴不花所做之事，刻于碑上，名曰"善惠之碑"。朴不花由此名声大震，一时享誉大都内外，一跃成为宫中受人尊敬的宦官。朴不花取得了顺帝的信任、骗取宫廷内外臣僚的恭敬后，开始干预朝政。

朴不花权势日隆之时，正当太平在朝中任左丞相。太平本是汉人，姓贺，后来赐蒙古姓氏。面对当时的政治局势，太平采取了许多有力措施，试图扭转日益腐败的统治，但是他的行为触犯了蒙古权贵的利益。而且，顺帝久居深宫，军国大事多委太子决断。许多政事，太平处理起来很不顺利。皇后奇氏预谋让顺帝禅位给太子，计划由朴不花到太平府中做说客，请太平帮助太子基登。当朴不花将皇后奇氏之意转告给太平宰相时，太平没有当即做出答复。朴不花只好回复奇氏，商议之后，又生一计，请太平入宫，设宴款待，由奇氏当面要求他支持内禅之事。与此同时，奇氏、太子、朴不花都为内禅之事积极准备。太子欲除掉顺帝周围肆意淫乐的幸臣，唆使监察御史弹劾其头目秃鲁帖木儿。谁知这位监察御史的本章还没进奏，就被迁转他职了，奇氏、太子、朴不花三人怀疑太平泄密，决意解除太平的相权。太子设计除掉了太平的两位助手中书左垂成遵和参政赵中，迫使太平自动辞出相位。

太平罢相后，右丞相溯思监执掌朝廷大权。为保全地位和身家性命，他便转而投靠皇后奇氏和太子。为了取得奇氏和太子的信任，他首先勾结朴不花，正中一心想干预政事的朴不花下怀。他与溯思监把持朝政、蒙蔽视听、结党营私，形成了盘根错节的政治集团，内外官吏都趋附于

他们的势力。朴不花又与宣政院使脱欢同恶相济，把朝廷诏令事宜控制在手中。为进一步巩固自己权势，朴不花与溯思监合谋。不遗余力地打击蒙古权贵世族，诬谤顺帝的舅父老的沙、蛮子及十八功臣子弟有谋反之罪，大肆杀戮王孙子弟。此时的朴不花已经是权熏朝野的人物了，不管是官吏任免，还是国策的拟定，都任凭朴不花来决定，朴不花在朝中不遗余力地清除异己分子。

也正是因为顺帝放任朴不花、搠思监这些人贪赃枉法，朝野内外开始动荡不安，而国内的军阀势力也趁机起兵造反。军阀们为了扩大势力，纷纷参与了宫廷权力的争斗，一时之间，天下大乱。太子早就想登基称帝了，见国家局势动荡，便想趁机逼迫父皇禅位，而朴不花、搠思监、奇洛二皇后完全赞同，几人开始了阴谋颠覆的活动。就在他们依计划在剪除朝中反对派的官员时，元顺帝发现了他们的阴谋。而且几人在朝中无法无天的行为也引起了一片弹劾之声，顺帝下旨把朴不花、搠思监押入了大牢。素日与他们有仇的孛罗帖木儿趁太子出京的机会，斩杀了这两个乱国的奸臣。

军阀混乱的局面尚未理顺，南方的朱元璋已呈势不可挡之势，直接威胁着大元帝国的命运。元顺帝见国厦将倾，不由地潜然泪下，万分懊悔的对太子道："你们母子误了我的天下，我大元的江山毁在了你们母子手中！"

速不台为何被称为"四狗"之首

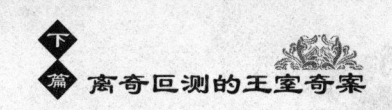

速不台是蒙古兀良哈部人。其远祖已与敦必乃相结纳,至铁木真时已有五世,其先世世系为。速不台以质子身份效力于铁木真,先为百户长。他勇猛善战,在铁木真统一蒙古高原各部的战争中已作为"朵儿边·那孩思"(四狗)之一而闻名漠北草原。在1208年大蒙古国建立时,他已是成吉思汗所封的95个千户长之一。1211至1215年间,他是伐金战将,1212年攻桓州,率先登城获捷,成吉思汗命赐金帛一车。1216年或1217年,成吉思汗派他出征追击逃窜于畏兀儿以西的蔑儿乞残部。进军时,速不台令先行裨将阿里出带婴儿行进,夜宿后留下婴儿,就像是携家而逃的人。蔑儿乞部见后信以为真,不加防备。速不台大军进攻垂河(今楚河),将蔑儿乞部击灭。

自公元1219年起,速不台随成吉思汗西征。1220年春,蒙古大军进攻撒麻耳干,摩诃末弃城而逃,速不台与哲别等奉命追击。在渡过阿姆河追到你沙不儿(今伊朗东北境的尼沙普尔)以后,速不台与哲别一度分道,率军攻掠亦思法来因、答木罕、西模娘、列夷等城。他与哲别在呼罗珊各地猛追穷赶,迫使摩诃末遁入宽田吉思海(今里海)的小岛,不久病死。在横扫呼罗珊各地后,速不台又随同哲别进军伊剌克阿只迷(或称波斯伊剌克)、阿哲尔拜占(今译阿塞拜疆)、谷儿只(今格鲁吉亚)、阿兰(即阿速)和钦察,大败钦察与斡罗思联军,攻打不里阿耳等

地，屡战屡胜。对于速不台的西征战功，成吉思汗表彰说："速不台枕干血战，为我家宣劳，朕甚嘉之。"并赐予宝珠和银罍。1226年，速不台随从成吉思汗出征西夏，攻下撒里畏兀儿的斤、寺门等部以及德顺、戎、兰、会、洮、河诸州。第二年，他闻知成吉思汗死讯，遂还师。

公元1229年，窝阔台即汗位，以秃灭干公主下嫁速不台。不久，窝阔台决定南向伐金，速不台又是军中主将之一。公元1230年，他参与攻潼关之役失利，窝阔台加以责备，但拖雷称"兵家胜负不常，请令立功自效"。从公元1231年春天起，他就在拖雷麾下效力，作为大军的右翼，先攻克陕西宝鸡，入大散关，而后绕道南宋境内的凤州、洋州兴元、金州、房州，然后渡汉水向北，兵锋直指汴京。由拖雷、速不台等完成了右翼的战略迂回运动后，公元1232年正月，窝阔台率中军在白坡渡过黄河，东向攻下郑州，两军对汴京形成钳形攻势。驻守潼关的完颜合达统率金主力军南下堵截拖雷，未能得逞，又奉金帝之命转向东北援汴。当蒙古军队进至钧州（今河南禹县）西北的三峰山时，金兵围之数匝，适逢风雪大作，蒙古军队进击大胜，金军三十五万精锐部队几乎全军覆没。关于如何对付合达大军，拖雷曾向速不台问以方略，速不台说："城居之人不耐劳苦，数挑以劳之，战乃可胜也。"三峰山战役的胜利正是这个军事方略实施的结果。

在三峰山战役以后，金军已无力抵御，蒙古军队很快攻占河南多数地方。三月，窝阔台与拖雷北返，命速不台率军三万，进围汴京，经略河南。速不台率兵围攻汴京，要求金方投降。金帝完颜守绪送曹王讹可为质，并派使者议和，但不久金方将士杀死蒙古使者，和谈破裂。汴京一片混乱，十二月时，金帝逃离京城，在1233年春节期间先渡黄河向北，后又折回河南，从长恒进至归德（今河南商丘县）。

没过多长时间，金汴京西面元帅崔立就宣布投降，速不台在四月达

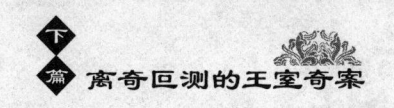

青城，接受崔立献送的金后妃、宗室和宝器。速不台杀金荆王、益王等全部宗室近臣，遣人送金后妃与宝器给窝阔台，而后在四月二十日进入汴京。速不台下令听任城内居民北渡黄河以就食存活。后金帝从归德逃奔蔡州（今河南汝南），1234年正月，蒙古军与宋军相配合攻破蔡州，金帝自缢而死，金朝灭亡。蔡州之役，速不台虽未亲临前线，但也是在他的统率下获胜的。

1235年，窝阔台命诸王拔都、贵由、蒙哥等西征，因速不台识兵机，有胆略，选为先锋。钦察部大臣八赤蛮胆勇盖世，听到速不台率军前来，逃到宽田吉思海中去了。1236至1237年冬天，蒙古军诸王驻于哈班河谷，派速不台先进军不里阿耳和阿兰，不久诸王也纷纷出兵。约在1237年年底，蒙古军队出现在靠近不里阿耳的斡罗思边境。拔都等率领的蒙古军队一度为斡罗思部主也烈班所败，围攻秃里思哥城也未能得逞，后由速不台督战，即掳获也烈班，激战三日攻下秃里思哥城。蒙古诸军进而尽取斡罗思人的梁赞公国、弗拉基米尔公国和基辅公国以及阿兰、钦察、不儿塔、莫尔多瓦诸部。

1241年，蒙古军队越哈咂里山（今喀尔巴阡山），攻马扎儿部（今匈牙利）。速不台为先锋，与诸王拔都、呼里兀、昔班、哈丹五道分进。速不台出奇计，将马扎儿军队诱至淳宁河（今匈牙利东部的索约河）。速不台在下游水深，企图结筏潜渡，绕出敌后。诸王在上游水浅，又有桥，遂先乘马涉河作战，但因一些军队争桥，受到敌人攻击。渡河后，诸王因敌人尚众，主张止步。速不台说："你们想回就自己回去，我不到秃纳河马茶城（今多河布达佩斯）是不回去的。"这样，速不台进军至马茶城，诸王也来了，于是拔城而还。事后拔都责备速不台迟渡淳宁河，速不台申明事由，使拔都明了原委。后来拔都论及征马扎儿部事，就说："当时所获都是速不台的功劳。"

1242年，窝阔台死讯传到西征前线后，速不台返回蒙古。1246年，他参加贵由汗登基大典后，即回驻秃剌河（今蒙古土拉河）自己的营地，直至1248年去世。入元后，他被追封河南王，谥忠定。《史书》对其评论称："公深沉有谋略，善于用兵，勇敢无前，临大事有断。"

蒙元第一贤臣耶律楚材

一个非蒙古族人能得到蒙古大汗的重用，并且影响着全帝国制度和立法的建立与制定，这在200多年的超级帝国统治中也只有耶律楚材一人可以担当。耶律楚材是契丹皇族的后裔，辽朝东丹王耶律突欲的八世孙。耶律突欲是契丹皇族中最早接受汉文化的人之一，他治理东丹，一概采用汉法。他对中原文化十分推崇，有很深厚的汉学功底，契丹贵族内部动乱时他逃到中原度过了其后半生。

他的后代有一段时间也是在中原生活的，后来才辗转回到辽并成为金朝的贵族。汉学的影响一直在这个家族延续下去。自耶律楚材的祖父起他们家世代为金朝的达官贵族，常居燕京。当时燕京是北方封建社会的经济文化中心，这里有深厚的汉文化基础。这使得耶律氏世代受到汉文化熏陶，形成了读书知礼的家风。

耶律楚材出生时，他父亲感到金的大势已去，取《左传》中"虽楚之才，晋实用之"之典，给他取名耶律楚材。他从小博览群书，天文、地理、历法、数学、医学，三教九流，无不精通，特别是儒家思想对他

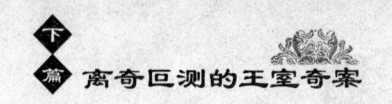

的影响更是浸入血脉。

耶律楚材自己曾说:"以吾夫子之道治天下,以吾佛之教治一心,天下之能事毕矣。"这使得他的思想另有一番特色:他虽崇尚汉文化,却没有汉族士大夫狭隘的民族情绪和偏见。在他看来,没有什么华夷之分和华夷之防,他的政治理想是华夷一统,共享太平。并且是在儒学指导下的华夷一统。

公元1215年成吉思汗攻下中都(今北京市),听说耶律楚材很有才能,就下令召见他,让他在自己身边办事,耶律楚材以长胡子出名,史称他"美髯宏声",成吉思汗叫他"吾图撒合里"。"吾图撒合里"就是蒙古语长胡子的意思。

在成吉思汗的西征中,耶律楚材特别受到他的宠爱,因为耶律楚材会星象占卜,预言常常应验,所以成吉思汗对他更加器重。成吉思汗去世以后,窝阔台即位当了大汗。他更加重用耶律楚材,使耶律楚材在改变蒙古帝国的统治方式和剥削方式上发挥了更大的作用。换句话说,就是耶律楚材把帝国向着他理想中的儒家方式来引导。

蒙古帝国在入主中原之时虽然有贵贱尊卑之分,但是从来没有像中原地区封建王朝那样有严格的君臣之别。这种状况也是被身受礼教君臣思想教育的耶律楚材打破的。窝阔台被选为大汗之后,在选举大会上,耶律楚材对察合台说:"你虽然是大汗的哥哥,但是从地位上讲,你是臣子,应当对大汗行跪拜礼。你带头下跪了,就没有人敢不拜。"于是,察合台就率领黄金家族和各级长官向大汗窝阔台下拜。从此,蒙古国有了尊汗的下拜礼。

耶律楚材为了保持汉文化并使蒙古上层接受汉文化,利用蒙古贵族的实用主义思想,名为因俗而治之,主要从保护和任用儒才、传播儒家礼教的方面入手。蒙古征服了中原地区后出现了一个问题:该如何治理

这个文化先进的地区？耶律楚材上奏说："天下虽得之马上，不可以马上治。"他深知要统治中原非用中原的制度不可，而熟知汉法统治之道的是汉儒士。于是他在得势之时大力保护汉儒士并引荐他们进入仕途。这其实就是元朝汉化的开始，只是元朝的汉化较清王朝迟滞了许多。

耶律楚材在自身做人方面更是堪称千古的楷模。成吉思汗攻打西夏时，将领们纷纷抢夺金玉财宝，他却收集、保存了许多文集和大量的药材。后来军中疫病流行，这些药材救活了好几万人的性命。公元1227年，他奉命到燕京整顿秩序。当时京畿之内，许多权势人家的子弟，一到黄昏便驾着牛车出来结伙抢劫，行凶杀人。耶律楚材不畏强暴，不为利害所动，秉公而断，公开斩首了16名罪犯，为社会除了大害。

他病死后，有人诬陷他藏有私囊，检查以后，发现除了琴棋书画金石遗文之外，别无所有，足见他的清廉。耶律楚材还是一位有名的学者，他追述随军生活的《西游录》，记载了我国新疆和中亚、西亚的见闻，是研究历史地理的重要著作。他的诗文集《湛然居士集》流传至今。

综上所述，耶律楚材的出现可以说是蒙古帝国乃至后来的大元王朝的一件幸事，他把蒙古人的统治从野蛮引向了正轨。蒙古铁骑虽然在军事上所向披靡，但其胜利后的统治则充分暴露了其落后性。于是在中原地区出现了"胡化"与"汉化"的冲突，耶律楚材以其智慧与能力引导统治者看到了汉文明的优越，使蒙古国本身没有的礼仪、赋税制度建立起来，使蒙古落后的分封制和部落联盟的管理制逐渐消失，使蒙古幼稚的法制得以发展成长。在蒙古国向元朝过渡的创业中功不可没。

但这其中的遗憾也令耶律楚材惋惜不已，他在有生之年提出的许多建议和构想都没有得到有力的贯彻和实施，受到了贵族和商人的阻挠和破坏。这与当时的社会情况及民族性是分不开的，统治者有心敛财兴武、无心安抚百姓，百姓在兵荒马乱中也无心生产而疲于奔命。

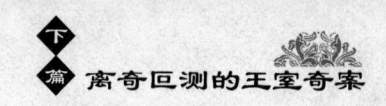

但是耶律楚材的倡导确实起到了承上启下的功用。在后来忽必烈的建朝大业中，在蒙古进一步的汉化中，基本上沿袭了他走过的道路，并发扬光大。即使是在元朝灭亡之后，退回蒙古草原的那些贵族们在建立新政权的时候仍然不自觉地遵循了汉制中的若干原则。虽然蒙古的汉化很浅，但"非耶律楚材，忽必烈之创业功勋可谓难矣；非忽必烈，耶律楚材之壮志亦难酬矣。"耶律楚材不愧为"治天下匠"，为大元帝国的发展做出了重要贡献。

被遗忘的"苏武"郝经

雁啼月落扬子城，东风送潮江有声。乾坤汹汹欲浮动，窗户凛凛阴寒生……起来看雨天星稀，疑有万壑霜松鸣。又如暴雷郁未发，喑呜水底号鲲鲸……虚庭徙倚夜向晨，重门击柝无人行。三年江边不见江，听此感激尤伤情。

这首《江声行》，乃元朝汉人郝经出使南宋被拘时，在真州（今江苏仪征）的囚所感慨而发的诗作。

郝经，字伯常，泽州陵川（今山西陵川）人，"家世业儒"，乃金朝大文豪元好问的弟子。金亡后，郝经一家迁于顺天府，"家贫，昼则负薪米为养，暮则读书"。后来，蒙古汉将张柔、贾辅知其名，请他到家里教子弟读书，"二家藏书万卷，（郝）经博览无不通"。这一来，真正的"教学相长"，他不仅教出了张弘范这样的"人才"，自己的儒业也有长足

进步。蒙哥汗时代，忽必烈在金莲川以宗王身份开府，延请郝经当幕僚，"条上数十事，（忽必烈）大悦，遂留王府"。

后来，他跟从忽必烈攻鄂州。蒙哥汗在钓鱼城下受伤身死，忽必烈犹豫不决，正是郝经的一席话，坚定了他北返争夺汗位的决心：

"国家（指蒙古）自平金（国）以来，惟务进取，不遵养时晦，劳师费财，卒无成功，三十年矣。蒙哥汗立，政当安静以图宁谧，忽无故大举，进而不退，畀王东师，则不当亦进也而遽进。以为有命，不敢自逸，至于汝南，既闻凶讣，即当遣使，遍告诸帅，各以次退，修好于宋，归定大事，不当复进也而遽进。以有师期，会于江滨，遣使喻宋，息兵安民，振旅而归，不当复进也而又进。既不宜渡淮，又岂宜渡江？既不宜妄进，又岂宜攻城？若以机不可失，敌不可纵，亦既渡江，不能中止，便当乘虚取鄂，分兵四出，直造临安，疾雷不及掩耳，则宋亦可图。如其不可，知难而退，不失为金兀术也。师不当进而进，江不当渡而渡，城不当攻而攻，当速退而不退，当速进而不进，役成迁延，盘桓江渚，情见势屈，举天下兵力不能取一城，则我竭彼盈，又何俟乎？且诸军疾疫已十四五，又延引月日，冬春之交，疫必大作，恐欲还不能。

"彼既上流无虞，吕文德已并兵拒守，知我国疵（指蒙哥汗暴崩之事），斗气自倍。两淮之兵尽集白鹭，江西之兵尽集隆兴，岭广之兵尽集长沙，闽、越沿海巨舶大舰以次而至，伺隙而进。如遇截于江、黄津渡，邀遮于大城关口，塞汉东之石门，限鄂、复之湖泺，则我将安归？无已则突入江、浙，捣其心腹。闻临安、海门已具龙舟，则已徒往；还抵金山，并命求出，岂无韩世忠之俦？且鄂与汉阳分据大别，中挟巨浸，号为活城，肉薄骨并而拔之，则彼委破壁孤城而去，溯流而上，则入洞庭，保荆、襄，顺流而下，则精兵健橹突过浒、黄，未易遏也，则亦徒费人命，我安所得哉！区区一城，胜之不武，不胜则大损威望，复何俟乎！

"宋人方惧大敌，自救之师虽则毕集，未暇谋我。第吾国内空虚，塔察国王与李行省肱髀相依，在于背胁；西域诸胡窥觇关陇，隔绝旭烈大王；病民诸奸各持两端，观望所立，莫不觊觎神器，染指垂涎。一有狡焉，或启戎心，先人举事，腹背受敌，大事去矣。且阿里不哥已行赦令，令脱里赤为断事官、行尚书省，据燕都，按图籍，号令诸道，行皇帝事矣。虽大王（指忽必烈）素有人望，且握重兵，独不见金世宗、海陵（完颜亮）之事乎！若彼果决，称受遗诏，便正位号，下诏中原，行赦江上，欲归得乎？"

最后，郝经为忽必烈出主意：

"先命劲兵把截江面，与宋议和，许割淮南、汉上、梓夔两路，定疆界岁币。置辎重，以轻骑归，渡淮乘驿，直造燕都，则从天而下，彼之奸谋僭志，冰释瓦解。遣一军逆蒙哥汗灵舆，收皇帝玺。遣使召旭烈、阿里不哥、摩哥及诸王驸马，会丧和林。差官于汴京、京兆、成都、西凉、东平、西京、北京，抚慰安辑，召真金太子镇燕都，示以形势。则大宝有归，而社稷安矣。"

忽必烈依计，一步一个脚印，果然以鱼化龙，由一个蒙古宗王变成了"元世祖"。郝经立马受重用，得授翰林侍读学士，佩金虎符，充"国信使"，带大批从人出使南宋，"告即位，且定和议"。

临行，郝经一腔忠心，"奏便宜十六事，皆立政大要"。

结果，郝经行至宋境，贾似道怕自己在鄂州私下与忽必烈议和纳贡之事被宋帝知晓，命李庭芝派人把郝经软禁在真州。这一囚，不是一两年，也不是三五年，而是整整的十六年。其间，元廷也不知道他到底是死是活。如果换了别人，可能早就郁闷而死，郝经大儒出身，善于处变，常常给从行者讲课授经，"从者皆通于学"。而他本人，也以节操自诩："心苦天为碎，辞穷海欲干。起来看北斗，何日见长安。"以长安拟"大

都"，郝经日夜思归元京。

据《元史》载：

（郝）经还（大都）之岁，汴中民射雁金明池，得系帛，书诗云："霜落风高恣所如，归期回首是春初。上林天子援弓缴，穷海累臣有帛书。"后题曰："中统十五年九月一日放雁，获者勿杀，国信大使郝经书于真州忠勇军营新馆。"

也就是说，郝经被拘几年后，在1274年从宋人供食的活大雁中挑出一只健壮能飞的，系蜡书于雁足，放飞大雁。"中统十五年"实为"圣元五年"，郝经被拘于宋，不知元朝改元的事，所以他依此推之为"中统十五年"，据此，可以想见这个"传奇"故事倒八分有真。

贾似道败后，至元十二年，郝经才被宋人放归。倒霉的是，他在归途中染病，回到大都即一病不起。濒死之际，老郝仍不忘作诗效忠：

百战归来力不任，消磨神骏老骎骎。

垂头自惜千金骨，伏枥仍存万里心。

岁月淹留官路杳，风尘荏苒塞垣深。

短歌声断银壶缺，常记当年烈士吟。

（《老马》）

他以马喻己，不服老，很想再为大元朝干上几十年。可惜，几十天过后，这位元朝的"苏武"便一命归西，年仅五十三岁，一辈子没过上几天好日子。

如此死心踏地服务蒙元的一个儒生，死后虽被谥"忠武"，仍不免遭人遗忘。

如果说郝经被今天的年遗忘是"悲剧"，元朝还有一伙汉人是更大的

"悲剧"。蒙古灭金后，大汗窝阔台曾派月里麻思为正使，率七十多人的使团出使南宋。行至江南，即被宋军扣留。这伙人比郝经一伙人还冤，从1241年起，一直被秘密扣押了三十六年之久。其间，正使月里麻思因病而死。其属下有位汉人名叫赵成，出发时是个毛头小伙子，与其父一起作为月里麻思随人的身份使宋。正使死，父亲死，赵成直到元军平灭南宋后才被"救出"，元军将士自己都糊涂：宋军关押的这个"蒙古使臣"是什么人，啥时啥人派他来干啥的？确实，三十六年过去，物是人非，赵成一行不仅被宋人"遗忘"，也被"祖国人民"给遗忘了。

勾心斗角："理财"权臣阿合马被刺之谜

阿合马是元世祖忽必烈初期的"理财"权臣，也是一个大奸臣。他一方面为忽必烈聚财敛物，一方面植党专权，把持朝政达二十余年，终于激起了天怒人怨，最后被人谋杀。在这个案件的背后，又存在怎样的玄机？这个案件有哪些疑点呢？

敛财高手阿合马

忽必烈自从夺取了大汗宝座以后，战争一直没有停止过。他先是打败了他的弟弟阿里不哥，接着又镇压了汉将李璮的叛乱，不久又发动了灭亡南宋的战争。在这同时，西北的藩王发动叛乱，他又得长年累月派兵去平定。南宋灭亡之后，南方各族人民不断发动起义，反抗元朝的统治，忽必烈也得派兵去镇压。忽必烈是一个好大喜功的人，为了显示他的威力，他还发动了对亚洲各国的侵略战争。这样一来，元朝每年的军费开支很大，常常入不敷出，财政显得非常紧张。怎么办呢？忽必烈迫切需要一批会理财的大臣来替他解决这一问题。

前面说过，蒙古把国人分为四等，即蒙古人、色目人、汉人、南人。蒙古人的地位最高，但蒙古人只会领兵打仗，对于理财却一窍不通。汉人中虽然有本事的人很多，但自从李璮叛乱发生之后，忽必烈对汉人就不怎么信任了，再加上汉人中有本事的人多是儒家，主张"仁治"，对于理财不感兴趣，甚至有些反对。而对于南人，他们都是刚被蒙古人征服的，忽必烈对他们就更不信任了。

从这些方面考虑，忽必烈就把目光盯在了色目人身上，也正是在这个时候，一个色目人进入了忽必烈的视野，这个人就是擅长搜刮民脂民膏的"理财"专家阿合马。

阿合马是花剌子模的一个商人，出生年代不详。当蒙古军征服花剌子模之后，他曾经在忽必烈的岳父按嗔那颜手下做过事。按嗔那颜的女儿察必嫁给忽必烈当了皇后，阿合马作为侍从进入皇宫，结识了忽必烈。

因为他是商人出身，非常善于经商，又日夜在皇后周围，所以摸透了忽必烈的心思，就主动向忽必烈献计献策。中统三年（1262年），他精心拟定了一份增加国库收入的计划献给忽必烈，忽必烈看了以后非常高兴，任命他领中书左右部，兼诸路都转运使，使他掌握了国家的财政大权。

阿合马接管了财政大权以后，接连干了两件很漂亮的事：一件是在钧州（今河南省禹州市）、徐州（今江苏徐州）兴办了冶铁业；另一件是在太原（今山西太原）禁止私盐，增加盐税。

当时，钧州、徐州一带的冶铁业比较发达，但都属于民营性质。阿合马认为，如果将这些冶铁户由朝廷统一管理，实行冶铁业垄断，则有

利可图。他请求忽必烈将冶铁业由朝廷统一掌管，并发给冶铁户"宣牌"（相当于现在的生产许可证），得到忽必烈的同意。同时，他奏请忽必烈说："礼部尚书马月合乃可当此任。"于是，忽必烈让马月合乃以礼部尚书兼领冶铁户之事，掌管经营事务。

这样，由阿合马掌握的冶铁户，每年输铁1037000斤，然后由朝廷专门制作成农具，大约可铸成20余万件。阿合马再差人将这些农具以高价卖掉，每年可得粟4万石。忽必烈对此非常高兴，夸奖阿合马聪明能干。中统四年（1263年），忽必烈为了褒奖阿合马，借升开平府为上都之机，以阿合马知开平府，照样领中书左右部。

阿合马实行的冶铁垄断政策，主要目的是为朝廷敛财，制造的铁农具质量很差，但价钱很高，所以老百姓都不愿意买，官府便强行分配。百姓叫苦连天。

阿合马敛财初见成效，变得更加胆大。为了满足忽必烈求财心切的愿望，他又建议忽必烈整顿盐税，以增加朝廷收入。当时，食盐已实行官府专卖，但一些大盐商则通过贿赂手段与官吏勾结，把持行市，勒索百姓，许多大盐商因此成为暴发户。面对官府和大盐商的盘剥，盐户为了生存，只得煮私盐贩卖，致使许多官盐无法出售。当时，以太原府（今山西太原）一带的老百姓煮卖私盐最为严重，大大影响了当地官盐的销售量。

阿合马对于官府的损失痛心疾首，他对忽必烈说："太原民煮小盐，越境贩卖，民贪其价廉，竞相购买，以至于解州（今山西解县）官盐无法出售，朝廷盐课收入大减，岁入课银才七千五百两。请自今岁始，岁增其地课银五千两，无论僧道军匠等户，均出其赋。"

忽必烈一听阿合马的汇报，见平白可以增加5000两白花花的银子，于是马上批准，并满心欢喜地对阿合马说："自汝理财赋以来，朝中日

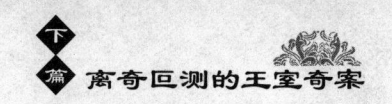

积月渐，逐步丰矣，此汝之功也。"

元世祖至元元年（1264年）八月，忽必烈罢去中书左右部，将其职能并入中书省，阿合马则被破格提拔为中书省平章政事，列副宰相之位，进阶荣禄大夫。至元三年（1266年），忽必烈设立"制国用使司"，专门管理全国的财税，任命阿合马以中书省平章政事的身份兼制国用使司使。为了进一步讨得忽必烈的信任，阿合马假意规劝忽必烈说："国家费用日趋浩繁，宜量节经用。"这等于他向忽必烈表白，自己不仅善于敛财，而且还善于理财，是一心为国家着想的贤臣。

从至元四年（1267年）以后，忽必烈一方面要出兵对付西北的藩王叛乱，一方面要对南宋用兵，加上每年对诸王功臣进行赏赐，所以造成财政开支急剧增加。阿合马为了迎合忽必烈视财如命的心理，就向忽必烈建议继续实行"买扑"。

阿合马的这一政策，无疑加重了老百姓的负担，但忽必烈对这一税收办法却非常赏识。他高兴地对阿合马说："汝总理财赋，朕无后顾之忧矣！"

"买扑"不仅是阿合马残酷剥削老百姓的一种手段，就连原来以收税渔利的官吏也受到了损害，常常因为完不成定额而受到责罚。有的官吏为了完成任务，居然制定了丧葬税，就是死了人也得上税，真是荒唐到了极点。

至元七年（1270年）正月，忽必烈罢制国用使司，立尚书省，以阿合马平章尚书省事。忽必烈对阿合马更加信任，以至于达到言听计从的

地步。从此以后，阿合马不仅为朝廷敛财，也逐渐开始为非作歹了。

奸臣专权秘闻

按照元朝的官制，阿合马所在的尚书省与前朝有所不同，它不是总理政务的机构，而是继中书左右部、制国用使司之后设立的又一个管理财赋的专门机构。按说，尚书省是无权干涉国家政务的，可阿合马欲望太大，他嫌这个尚书省平章政事不过瘾，就逐渐把手伸向朝中政事了。

当时，中书省右丞相为安童，他是木华黎的四世孙。至元二年（1265年）秋八月，忽必烈任命安童为光禄大夫、中书右丞相，年仅18岁。至元三年（1266年），忽必烈给安童请了个汉族儒士许衡当老师，让他学习汉法。安童在许衡的熏陶下，成为忠诚的汉法捍卫者，是当时汉族儒士在朝中的靠山。

安童自从担任中书省右丞相之后，反对任用色目人，对阿合马更是深恶痛绝。他在议事时，必请汉族儒士参加。为此，他专门上奏忽必烈说："内外官须用老成人，宜令儒臣姚枢等入省议事。"

忽必烈说："此辈虽闲，犹当优养，其令入省议事则不可。"这实际上是忽必烈逐渐疏远汉族儒士的征兆。

早在忽必烈打算设立尚书省时，阿合马就伙同朝中的色目人官员预谋将拥护汉法的安童排挤出朝廷，但没有得逞。过了不久，他又指使自己的心腹奏请忽必烈，将中书省和尚书省合二为一，以安童为三公，阿合马为丞相。阿合马的目的非常明显，就是想剥夺安童的实权，给他一个虚名而已。但此举遭到朝中汉儒官员的强烈反对，他的阴谋又一次失败了。

阿合马见这样不行，就干脆把中书省撇到了一边，凡事与忽必烈直接联系。开始安童一忍再忍，但时间一长，他终于忍不住了，就上奏忽必烈道："尚书省、枢密院、御史台宜各司其职，依常制奏事，其大者依臣等议定之后奏闻。今阿合马与尚书省一切与闻，凡事不经中书省，似违前旨。"安童的意思是说，尚书省、枢密院、御史台应该各司其职，遇到大事，应当经中书省议定之后再向皇帝上报。而阿合马凡事不经过中书省，这是违反制度的。

忽必烈听了安童的汇报，生气地说："你说得太对了。朕这样信任阿合马，他怎么敢这样办呢？他不与你商量事情是不对的，应该按你说的去办。"

安童又对忽必烈说："阿合马任用的官员，左丞许衡认为很多人都不称职，但任命书已经下达，又不好更改，所以应该先试用一段时间，把不称职的官员统统罢掉。"忽必烈虽然当时答应了安童的请求，但过后却没有采取什么行动，使得阿合马更加张狂了。

初立尚书省的时候，忽必烈规定：凡是选拔各级官员，由吏部拟定人选，送尚书省，由尚书省报经中书省同意后才能执行。但是，阿合马为了提拔自己的私党成员，根本不经过吏部，也不经过中书省，而是想提拔谁就提拔谁。安童将这种情况向忽必烈作了汇报，忽必烈也觉得阿合马做得有些过分，就让安童跟阿合马交涉。阿合马狂妄地说："事无大小，皆委之臣，所用之人，臣宜自择。"

面对得意忘形的阿合马，安童为顾全大局只得退让。他上奏忽必烈说："自今以后，唯重刑及升迁上路总管，始属之臣，余事并付阿合

马。"忽必烈竟然莫名其妙地同意了安童的奏请。有忽必烈作靠山，阿合马更加嚣张，朝中官员敢怒而不敢言。

当时任京师宿卫的秦长卿虽然官职不高，但对阿合马专权用事极为不满，便上书忽必烈说："臣虽然愚昧无知，但已经看出了阿合马是个奸人，他一旦为政，必然滥杀无辜。现在，他已经是一个很危险的人物了，情况就像秦时的赵高。趁他现在对国家还没有造成危害，请赶快将他诛杀，以绝后患。"

秦长卿的奏折上至中书省，阿合马想治他的罪，经中书省官员的大力解救，阿合马未能如愿。但从此以后，他对秦长卿怀恨在心，伺机报复。

由于阿合马不能直接参与中书省事，他便上奏朝廷，让秦长卿出任兴和（今河北张北县）、宣德（今河北宣化）同知冶铁事，成为自己的手下。不久，他利用自己手中的权力，诬陷秦长卿贪污公款，逮其下狱，没收其家产。接着，阿合马又派遣狱吏将秦长卿杀死在狱中。

与秦长卿一同遭到陷害的还有刘仲泽、亦麻都丁。二人曾经与阿合马有过节，阿合马乘机报复，罗织罪名，最终将二人杀掉了。

阿合马主持尚书省时，位居中书左丞廉希宪之下。廉希宪因为以前反对过阿合马的建议而得罪了阿合马，阿合马就一心想报复，但他对廉希宪既憎恨又害怕，一点办法也没有。阿合马见硬的不行，就来软的。他极力想拉拢廉希宪，但对方根本不吃这一套，阿合马的阴谋又没有得逞。

元世祖至元八年（1271年），忽必烈在汉族儒士的谋划下，建国号"大元"，一个大一统的元朝建立了。第二年，忽必烈宣布将阿合马主持的尚书省并入中书省，以阿合马为中书省平章政事。阿合马成了元朝的副宰相，位极人臣。

波斯史料对阿合马的生平和个性的描述与汉文史料截然不同。拉施都丁写道："阿合马光荣地履行宰相职责约二十五年。"他称赞阿合马促进了中国与穆斯林世界之间的贸易，并且还可能保护了在中国境内的穆斯林。穆斯林史料没有记载汉文史料中对阿合马的那些指责，比如裙带关系、剥削以及投机行为等。然而，如果从另外的角度去看这些问题，那么汉人所指控的似乎并不能算是十分严重的问题。安排亲戚和志趣相投的同僚进入政府是完全可以理解的。为了排除阻力并推行其政策，阿合马需要把自己的支持者安插到重要的位置上。组织这样一个小集团，当然受到了传统中国思想家的谴责。但是阿合马认为，如果在官僚系统中没有同情者，他就不可能成功，而这些同情者大多是穆斯林。他也许确实剥削了汉人，正如中国史学家所声称的那样，他曾征收重税，提高政府垄断基本商品的价格。但是，他在元廷的地位取决于他能否满足蒙古人几乎是贪得无厌的财政需求。他若想进一步往上爬升，并获得奖励，就不得不想方设法弄更多的钱。假如要为他辩解的话，那么可以这么说，他只不过是急需大量财政收入的蒙古朝廷的一个代理人而已，而他还是一个一心一意而且高效率的代理人。

当然，这并不是说他对个人的晋升和物质奖励没有兴趣。实际上，他曾不遗余力、想方设法地增强自己的实力，提高自己的地位。早在1262年，他就接受了中书省的任命，两年后，他成了该机构的一位副丞相。儒士们害怕阿合马借机一路高升，于是成功地游说忽必烈，把一个重要人物安置在中书省。此人就是忽必烈的儿子真金，他被任命为中书令，直接管辖中书省。其目的显然是要防范阿合马把这个机构作为自己的权力基地。1271年，阿合马再次试图扩展他的权限，而他则如愿以偿地当上了平章尚书省事。可是针对设立这个机构的反对声浪很大，因此，该机构在设立两年之后便被撤销了。中书省重新得到恢复，并成为最重

要的行政部门。毫无疑问，阿合马曾试图利用职权来增加自己的财富。许多汉人肯定也试图用同样的方法自肥，为什么一定要把阿合马单挑出来加以谴责呢？

阿合马横征暴敛之谜

至元十一年（1274年），忽必烈任命伯颜和史天泽率20万大军伐宋。第二年初，伯颜率大军顺江东下，接连攻城略地、捷报频传。随着元军的节节胜利，忽必烈便命令阿合马、姚枢、徒单公履、张文谦、陈汉归、杨诚等人商议在江南施行钞法，以及药材和食盐贸易之事。

所谓钞法，就是元朝的货币政策。当时南宋通行的货币主要是交子和会子，伯颜在攻打南宋的过程中，为了社会安定，曾宣布不改变南宋的货币。现在忽必烈要改变伯颜对江南百姓的承诺，许多汉族儒士不以为然。

姚枢说："江南百姓以交子、会子习以为常，今突然不行，必使小民有所失，招致怨愤，不利于人心稳定。"

徒单公履说："伯颜已张榜宣谕江南，不更换交子、会子，现在突然要改变，失信于民，不大妥当。"

张文谦的看法跟二人一样，但陈汉归和杨诚则同意忽必烈的政策，用中统钞更换交子、会子。阿合马将几个人的意见一一奏报忽必烈，忽必烈说："姚枢、徒单公履、张文谦不识时机，你的意见如何？"

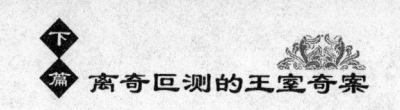

善于逢迎的阿合马赶紧说:"马上更换。"

忽必烈高兴地说:"今议已定,就按你的意见去办。"

南宋灭亡以后,元朝便以中统钞更换了江南地区的交子、会子,统一了全国货币,这对促进经济发展极为有利。但在阿合马看来,统一全国货币,那是他聚敛钱财的好手段。在至元十年(1273年)以前,中统钞的发行额每年不过10万锭,灭南宋以后数量有所增加,但阿合马却乘机滥发钞币,将其变为牟取暴利的手段。自至元十三年(1276年)起,阿合马印发的中统钞由10万锭猛增到190万锭,使中统钞贬值五倍以上。这样做的恶果自然是通货膨胀,百姓受害,严重阻碍了经济的发展。

至于药材和食盐的贸易,姚枢、徒单公履主张让百姓从便贩卖,不加干预,但阿合马不同意。他对忽必烈说:"食盐与药材贸易事宜,姚枢、徒单公履皆言听百姓从便贩卖,臣则以为此事让小民为之,恐造成天下混乱。应禁止私人私自贸易,一概由官府统辖。"

忽必烈对阿合马的建议十分欣赏,说道:"好,就按你的意见办。"

这样一来,官府将质次价高的食盐和药材卖给百姓,从中渔利,残酷地搜刮百姓的钱财。

至元十二年(1275年),阿合马又怂恿忽必烈恢复了剥削人民的诸路转运司,并派阿合马的亲信担任了诸路转运司使。百姓的负担进一步加重了,许多人被逼到了破产的边缘。

阿合马的敛财手段花样百出,引起了朝中儒士的强烈不满,但忽必烈不以为然,反而更加信任阿合马,那些大臣的上奏也就等于白费口舌了。

南宋灭亡之后,忽必烈建立江南行省,处理江南地区事务。这时,阿合马又想出一个新招,名为"理算"。所谓"理算",又叫"打勘"、"拘刷",目的是为了检查和清理官、司钱财的漏洞,相当于现在的审计。

但阿合马却以此为名,对各级官吏进行额外的勒索,逼使他们任意搜刮百姓的脂膏。与此同时,阿合马还将"理算"作为残害异己的秘密武器,随时报复那些反对他的人。

江南行省平章政事阿里伯、右丞燕帖木儿曾与阿合马有隙,阿合马便开始对江南行省进行"理算",要将江南行省自成立以来所经手的一切事宜"理算"一遍。阿合马派自己的两个亲信前往江南行省,在"理算"的同时,更有意搜集阿里伯、燕帖木儿的所谓"罪状"。结果,他们查出两个人擅自更换官员八百余人,便将其作为罪状上奏忽必烈。

在阿合马的谗言迷惑下,阿里伯、燕帖木儿被忽必烈下令处斩,蒙受了不白之冤。像此类事情,阿合马干起来驾轻就熟,就跟吃饭睡觉一样容易。

阿合马在为朝廷搜刮钱财的同时,还依靠自己的地位和职权,在各地强占民田,据为己有。同时,他还利用权力经商,获取四方之利,在家中设置总库,美其名曰"和市",相当于元朝的第二国库。

阿合马在敛财的同时,还酷爱女色。见别人的妻妾有几分姿色,便夺为己有。他甚至厚颜无耻地说,只要别人献上妻女,便可以获得高官。于是,一些不知羞耻的小人就将自己的妻女作为"礼物"送给阿合马,以换取高官厚禄。阿合马通过各种手段,拥有妻妾四百余人,生活荒淫到了极点。

阿合马拈花惹草可谓无孔不入,他与剧作家关汉卿还有一段纠葛。

关汉卿是元代伟大的杂剧作家。他在大都组织了一个书会,叫"玉京书会",成员有王实甫、王和卿、杨星之等著名剧作家,他们经常在一起讨论戏剧,然后进行公演。在他们的戏剧班子中有一个叫珠帘秀的女演员,不但表演出众,而且人长得非常漂亮,吸引了许多达官显贵都来看她唱戏。

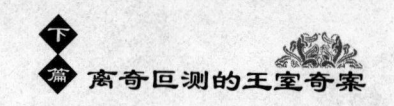

阿合马也来到书会听戏。其实他来听戏是假，真正的目的是想一睹珠帘秀的芳容。

这天晚上，阿合马来到玉京书会，演出的剧目是《击鼓骂曹》。阿合马是花剌子模人，根本不懂汉戏，就装模作样地坐在那儿看戏，这时，台上有个人横眉竖目，一直瞪着阿合马，指手画脚骂个不停。阿合马虽然讨厌此人，但因为是唱戏，也不便发作，只是耐心地等待。过了好长时间，那个演员退回去了，接着从后台转出一个人来。阿合马一看，眼睛都直了，因为出来的这个人正是珠帘秀。阿合马见珠帘秀果然如仙女一般，他的眼睛一眨不眨地盯着珠帘秀，直到珠帘秀退回后场，他才回过神来。

第二天，阿合马便派人到玉京书会，点名要珠帘秀去唱堂会。关汉卿等人心里明白，哪里是什么唱堂会，分明是想趁机霸占珠帘秀。珠帘秀素知阿合马的恶名，知道自己此去肯定是羊入虎口，但她没有办法，只是伤心地哭泣。关汉卿忽然灵机一动，计上心来。他与王实甫一商量，就去找忽必烈的远房叔父塔克烈。塔克烈平时非常喜欢看戏，尤其喜欢看珠帘秀的戏。听了关汉卿和王实甫的诉说，他立刻火冒三丈，答应出面解决此事。有塔克烈出面，阿合马想霸占珠帘秀的阴谋才没有得逞。

阿合马没有得到珠帘秀，心里非常恼怒，对关汉卿恨之入骨。不久，他就设计陷害关汉卿，逼死了关汉卿的未婚妻赵小兰。关汉卿不能在大都立足，只得到已经灭亡的南宋都城临安去了。在临安，他创作了著名的剧本《窦娥冤》。

阿合马与太子真金的斗争

阿合马成为忽必烈身边的大红人，横行霸道，打击异己，自然引起许多朝臣的不满。再加上他横征暴敛，激起了民愤，人人都想杀他而后快。最要命的是，阿合马的所作所为引起一个重要人物的憎恨，这个人就是忽必烈的嫡子——太子真金。

真金小时候就跟着忽必烈的藩府儒士姚枢、窦默等人学习《孝经》等儒学著作，这些汉族儒士整日给他灌输儒学真谛，开导他区别善恶，培养他的参政能力。在这些汉族儒士的熏陶下，真金终于摆脱了草原游牧贵族重武轻文的陋习，成为一个忠实的汉法派支持者。

中统四年（1263年），21岁的真金担任了中书令并判枢密院事。到了元世祖至元十年（1273年）二月，忽必烈册立真金为皇太子，这时他已经31岁了。真金自幼随汉族儒士学习，长大后更加尊崇儒术，深受汉族儒士的拥戴。忽必烈重用阿合马，使朝中的汉法派力量受到压制和打击，真金当了皇太子，客观上扭转了这种不平衡的力量对比，对元朝的政治格局产生了重大影响。

对于父亲忽必烈对阿合马的袒护，真金深为不满。为了改变这种状况，真金竭力主张"节用"、"爱民"，与忽必烈唱反调，同时对阿合马也更加憎恨。

有一天，真金碰见阿合马，便抽出所带之弓怒击阿合马头部，划破了阿合马的脸。阿合马惹不起这位皇太子，只得乖乖地忍受了。朝见忽必烈时，忽必烈见阿合马脸上有伤痕，就问道："汝面部何故破矣？"

阿合马惧怕真金，不敢说实话，便撒谎说："臣骑马不慎，被其踢伤。"

在一旁的真金看着阿合马狼狈不堪的样子，便问："阿合马，吾以弓击汝头，划汝脸，为何不实言告诉陛下，反而要撒谎呢？"

阿合马羞愧难当，低头不语。忽必烈问道："太子之言当真？"

阿合马仍然不敢承认，说："陛下，实乃臣骑马不慎所致，与太子无关。"

真金大怒，呵斥道："好啊，你敢说我是马！"说罢，上前对阿合马拳打脚踢，打得阿合马连连躲避。幸亏忽必烈制止，真金才罢手。

阿合马挨了打，却对真金谢罪道："臣并无骂太子之意，实出无心。"

真金说："阿合马，汝可知欺君之罪？"

阿合马乖乖地说："臣知。"

真金说："汝为何不实言相告面破之事？"

阿合马无言以对，面红耳赤地站在那里，等候忽必烈发话。

真金对忽必烈说："陛下，阿合马乃奸臣，不知节用、爱民，只顾重敛搜刮民脂民膏，此等下作之人当废黜之，不应留其在朝廷。"

忽必烈对太子的话十分不满，但毕竟是自己的儿子，所以他没有表露出来，只是说："朝中用度日增，阿合马敛财有术，于朝廷有功，不可随意废黜之。"

这件事之后，阿合马虽然在忽必烈的袒护下依然掌握重权，但他对太子真金甚为惧怕，总是躲着太子，就跟老鼠见了猫一样。

至元十年（1273年），也就是真金被封为皇太子的这一年，阿合马

利用自己手中的权力，让儿子忽辛担任了大都路总管兼大兴府（今北京市）尹，父子专权，控制朝政。右丞相安童焦虑不安，不得不又一次上奏忽必烈说："阿合马之子忽辛自任大都路总管以来，任用非人，使路治混乱，臣请以能者代之。"但是，忽必烈没有采纳安童的意见。

安童无奈，只得直接弹劾阿合马。他说："阿合马挟宰相权，却为商贾之事，以罗致天下大利，中饱私囊，使天下之民深受毒害，但苦于无处诉说，臣请治其罪。"

忽必烈当面问阿合马："这些事真是你做的吗？"

阿合马装作委屈的样子，说："谁说的这话，臣要与他当面对质。"忽必烈也就不再追问了。

过了几天，安童又对忽必烈说："阿合马私党周详为阿合马经营木材，从中渔利，其罪状昭然若揭，何用对质？陛下可问天下之人。"

忽必烈说："如果真是这样，就应该罢了他的官职。"

但是，真正执行的时候，忽必烈并没有罢免阿合马，只是对他的几个亲信私党进行了惩罚，阿合马依然逍遥法外。

不久，在阿合马的授意下，他的一些党羽竟然上奏忽必烈，要求任命阿合马的儿子忽辛为同签枢密院事，掌握兵权。汉族儒士许衡清正廉洁，历来对阿合马嗤之以鼻，他当即上奏忽必烈说："国家事权，兵、民、财而已。今阿合马身居中书省，手握财权，又以其子忽辛典兵事，臣不知天下是陛下之天下，还是阿合马之天下？臣以为万万不可以阿合马之子忽辛为同签枢密院事。"

忽必烈觉得有道理，于是没有让忽辛担任同签枢密院事。

为此，阿合马对许衡怀恨在心，先是奏请忽必烈让许衡担任了中书左丞，后来又以许衡年迈，将许衡挤出了朝廷。

许衡这个人前面提到过，他是元代杰出的政治家、教育家、天文学

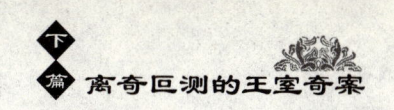

家、思想家、哲学家，在诸多方面有颇深的造诣和卓越的建树，是元代一位百科全书式的通儒和学术大师。

真金对阿合马迫害儒臣的做法痛心疾首，便千方百计加以保护。许衡被挤出朝廷时已经是年老多病，真金便奏请忽必烈让许衡之子许师可为怀孟路（今河南沁阳）总管，使许师可有足够的能力来保证父亲许衡晚年的生活所需。

尽管有太子真金出面保护儒臣及拥护汉法的大臣，但阿合马由于有忽必烈在背后撑腰做主，所以他依旧肆无忌惮，打击异己。

对于弹劾他的安童，阿合马采用各种恶劣的手段，终于在至元十二年（1275年）七月将安童排挤出朝廷，让他以中书省枢密院事的身份，随太子真金到边关镇守，一待就是十年之久，直到阿合马死后两年，即至元二十一年（1284年）三月才跟随太子真金返回朝中。

太子真金为了与阿合马对抗，极力重用汉族儒士，使一批年轻的儒士逐渐成长起来，成为一股强大的力量。这样，太子真金与阿合马的矛盾，实际上已经演变成"汉法"和"回法"之间的矛盾，也就是两大集团之间的矛盾。这两大集团势不两立，到了水火不容的地步。

至元十三年（1276年），忽必烈的藩邸老臣张文谦担任了御史中丞。阿合马对张文谦十分忌讳，害怕张文谦任御史中丞期间揭露自己的种种罪行，于是上奏忽必烈，要求撤销各道按察司以绝其言路来源，使御史台变成睁眼瞎。张文谦对阿合马的险恶用心一目了然，上奏忽必烈，坚决主张不能撤销各道按察司。忽必烈经过慎重考虑，同意了张文谦的建议，使阿合马的阴谋没有得逞。

这样一来，阿合马对张文谦恨之入骨，他对忽必烈说："张文谦乃当今大儒，陛下应当命其为大学士，以尽其能。"于是，忽必烈便任命张文谦为昭文馆大学士，领太史院，总理编修《大明历》。张文谦在阿合

马的排挤下，失去了大权，再也没有机会参与朝政。

至元十五年（1278年），西京（今河南开封）地区发生了饥荒，忽必烈下诏开仓赈济，发运粟米一万余石。为了防止饥荒再次发生，忽必烈命令阿合马广积储粮，以备调用。阿合马为了进一步控制财权，借此从中谋利，就上奏忽必烈说："自今而后，御史台不经中书省不得擅自召仓库官吏，更不得追究钱谷之数。"就是说，御史台不能随便召见管理仓库的官吏，更不能随便检查仓库的钱粮。言下之意就是，我阿合马想怎样干就怎样干，你们谁也不要干涉。

当时，江淮行省左丞崔斌对阿合马的霸道行为十分不满。崔斌也是忽必烈的藩邸老臣，为人机敏多智，善于骑射，尤其是擅长文学，精通政术，是个文武双全的人才，深得忽必烈信任。崔斌曾跟随忽必烈巡游察罕脑儿（今河北沽源县北），忽必烈问他："江南各省如何抚治？"

崔斌回答说："治天下之道在于得人，得人则天下大治。今所用多非其人，皆因阿合马奸蠹所致，当革其弊。"

礼部尚书谢昌元也奏道："江淮之地，事关重大，今所用之人却无一人通于文墨者，宜命儒臣为之。"

于是，忽必烈任命崔斌为江淮行省左丞。崔斌一到任，便革去阿合马的亲党，对于那些蠹国害民的贪官污吏都狠狠地予以打击，并将江淮一带的弊病上奏忽必烈，指出之所以存在这么多问题，都是阿合马造成的。

忽必烈对崔斌的奏言十分重视，命御史大夫相威，枢密副使孛罗前往处理，使阿合马的一批亲党受到了惩处。但是，忽必烈却没有触动阿合马，并对淮西宣慰使昂吉儿夸奖阿合马说："夫宰相者，明天道，察地理，尽人事，兼此三者，乃为称职。阿里海牙、麦术丁等人，亦未可为相，回回人中，阿合马才堪为宰相。"可见，阿合马在忽必烈心中的位

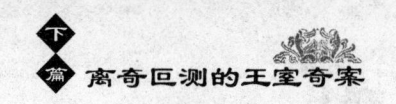

置是非常重要的。

阿合马对崔斌怀恨在心，恨不得食其肉，剥其皮。他利用自己身居中书省之便，将崔斌的奏折一律扣下，不让忽必烈看到。后来，崔斌被阿合马诬陷并杀害了。

当崔斌被阿合马杀害之时，太子真金正在东宫吃饭，得知这一消息，立即把吃饭的用具扔在地上，派使者前往制止。但为时已晚，使者到达时，崔斌的人头已经落地。

为了遏制阿合马的嚣张气焰，至元十四年（1277年），礼部尚书谢昌元建议忽必烈依照汉法设置门下省，掌握政事审核。太子真金非常赞同这一做法，忽必烈也表示同意，并计划让廉希宪担任门下省侍中。

廉希宪是元代著名的政治家和军事家，当年为忽必烈夺取汗位立下了汗马功劳，官至中书右丞和中书平章政事，先后在中央、京兆、山东、江陵等地任职，为忽必烈巩固政权做出了突出贡献。

阿合马是绝不会让朝中政权落在汉族儒士手中的，他极力向忽必烈进言，阻止忽必烈设立门下省，更不同意廉希宪为门下省侍中。忽必烈听信了阿合马的谗言，让廉希宪复入中书省任职，阿合马的阴谋得以实现。廉希宪对阿合马愤恨至极，托病不去上班。太子真金派自己的心腹借探病之机，向廉希宪请教治天下之道。廉希宪说："君临天下，欲使天下大治，首要者在于用人。用君子则政通人和，天下必然大治；用小人则政纲紊乱，天下必然大乱。今阿合马手握权柄，专恣贪杀，此人不除，恐日久成疴，不可救药矣。殿下宜开圣意，早日除之，使天下大安。"

于是，太子真金决心要除掉阿合马，以绝后患。

阿合马被刺之谜

阿合马自从掌握国家的财政大权之后,支持汉法的蒙古贵族和一些汉族官僚、儒士便同阿合马集团展开了持久的斗争。在这20年的时间里,阿合马倚仗忽必烈的信任,屡屡得手,使对手屡遭打击。但是,他的横征暴敛搞得民不聊生,致使天下怨愤,人人都想杀他。特别是崔斌被杀后,阿合马与汉法派之间的斗争已到了十分尖锐的程度。

阿合马专权日久,也知道自己树敌太多,所以平日十分小心和警惕,出入常有卫士随从,就连睡觉的地方也十分隐秘,并经常更换寝处,别人很难摸准他的行踪。

当时,山东益都驻军中有个叫王著的千户(下级军官),是一个爱打抱不平的侠义好汉。他听说太子真金与阿合马矛盾深刻,天下人都想杀掉阿合马,就决心要除掉这个奸人。他发誓说:"此生不杀阿合马,誓不为人!"他秘密铸造了一个大铜槌,准备要刺杀阿合马。

王著为什么不敢公开铸造铜槌呢?原来,早在至元十二年(1275年),阿合马就曾上奏忽必烈,要求禁止民间私铸铜器,全由朝廷专铸专卖。因此官府对于民间私藏兵器查得非常紧,王著铸造的铜槌既是铜器,又是武器,自然在官府的查禁之列。对于这一点,王著心里非常清楚,所以他要秘密铸造铜槌,以免被人发现。

打算刺杀阿合马的还有一个人,人称高和尚。此人自称有秘术,能撒豆成兵。当初元朝官兵信以为真，将其收编军中，让他助军作战。这件事在《元史·忽必烈传》中是这样说的："二月（指至元十七年，即1280年），张易言'高和尚有秘术，能役鬼为兵，遥制敌人。'命和礼霍孙将兵与高和尚同赴北边。"也就是说，高和尚是张易推荐到军中的，由和礼霍孙带着他到北方作战。张易担任枢密副使，握有兵权，至于他和高和尚是什么关系，史书没有记载，所以不得而知。不久，高和尚的"秘术"败露，面对杀头的危险，他诈死逃出军中，隐遁踪迹。元朝官兵以为他真的死了，也就不再追查。后来，高和尚认识了王著，二人志同道合，相见恨晚，从此整日商量如何除掉阿合马。

至元十九年（1282年）三月，忽必烈巡游上都，太子真金也一同前往，阿合马奉命留守大都。王著和高和尚见时机已到，便决定假借太子真金刺杀阿合马。

王著和高和尚纠集了八十多个志同道合的人，于三月十六日夜潜入京城大都，并先派两个西蕃僧人到中书省说："太子和国师马上要回京做佛事，请先置办好斋戒用品。"

守卫皇宫的中议大夫、工部侍郎高觿觉得可疑，便让经常出入太子真金东宫的人前来辨认，但都说不认识这两个人。高觿便用西番话询问这两个西蕃僧："皇太子和国师今至何处？"两个西蕃僧人面露惶恐之色。高觿以为二人听不懂西番话，就用汉话再次询问，二人脸色更变，不能回答。高觿便将二僧拘押审问，虽然经过百般拷打，但这两个西蕃僧却始终没有说出事情的真相。

高觿害怕发生意外，便与尚书忙兀儿、张九思集合卫士及官兵，进入战备状态，以防不测。

到了三月十七日中午，王著见派去的两个西蕃僧没有回来，知道事情有变，就又派人假传太子命令，要求枢密副使张易当夜派兵到太子真

金的东宫周围进行警戒。张易以为太子真金将返回大都，便与指挥使颜义领兵前往东宫。

这个张易对阿合马专权早就不满，他也主张实行汉法，反对任用色目人横征暴敛。王著对此早有所闻，便派人告诉张易说："今夜当杀阿合马!"张易先是一惊，继而表示赞同。这天夜里，张易在前往东宫的路上，碰见了严加防范的高觿。高觿问道："张枢密带兵欲何为?"

张易含含糊糊地说："入夜后汝当自知。"

高觿不住地追问，张易没有办法，只得将嘴贴在高觿耳边说："皇太子返大都欲诛杀阿合马矣。"

高觿听了，没有听明白，但也没有再追问。

王著还是不放心，于是冒着生命危险，亲自去见阿合马，佯称太子真金马上就到，令中书省官员到宫前迎接。阿合马不敢怠慢，立即派右司郎中脱欢察儿等人骑着快马，由王著带路，前去迎接所谓的太子。脱欢察儿北行十余里，与高和尚率领的勇士相遇。一个假扮真金太子的人骑在马上，责备脱欢察儿等人无礼，下令将他们全部杀死。然后，王著、高和尚率人马进入健德门（健德门大致位于今天的北京北土城西路和八达岭高速公路相接处），直奔皇宫而去。

这天深夜二鼓时分，负责守卫皇宫的高觿忽然听到宫外人马嘈杂，急忙与工部尚书张九思到西宫门查看。就见一队人马举着火把，已到宫门前。一个人高喊开门，说太子已经回来了。

高觿觉得可疑，对张九思说："往日太子殿下返宫，必先遣完泽、赛羊二人为先，请先见此二人，然后再开宫门。"张九思点头答应。

高觿站在宫门之上，大声喊："请完泽、赛羊二人出来答话!"

他喊完之后，见门外没有任何动静，也不见完泽、赛羊二人出列，便更加怀疑起来。高觿接着道："皇太子殿下往日未尝经此门回宫，今

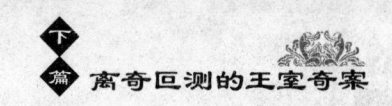

何故至此也?"

王著、高和尚见从西门不能入宫，只得率领人马直奔南门。高觿见状，与张九思急奔南门而去。王著、高和尚等众人以闪电般的速度从南门进入皇宫，直奔东宫。在宫门前，假太子在马上高喊，让阿合马和中书省官员出来见面。阿合马等官员出来之后，假太子责备了阿合马几句，阿合马刚要谢罪，站在一旁的王著立即从袖子中抽出铜槌，狠狠地击在阿合马脑袋上，阿合马当场死于非命。然后，假太子又传左丞郝祯来到跟前，王著也乘机将其杀死。

这时，高觿、张九思率兵赶来，见阿合马已死，心中大惧，怕忽必烈怪罪，高觿便大呼："这是贼人作乱，哪里是真皇太子？"随即指挥禁军围杀王著的人马。在混战中，假太子当场被杀死，一同前来的八十多人大部分被逮捕，高和尚趁乱逃走，王著则挺身而出，甘愿一死。

事态平息之后，中丞也先帖木儿和高觿驰奏在察罕脑儿的忽必烈。忽必烈得知消息，异常震怒。到达上都之后，忽必烈立即命枢密副使孛罗、司徒和礼霍孙、参政阿里等人日夜兼程赶回大都，讨伐所谓的叛乱者。不久，高和尚在大都的高粱河一带被捕，同王著一起被杀。临死前，王著大呼道："我王著为天下人除害，异日必有为我树碑立传者！"

忽必烈得知枢密副使张易暗中帮助王著作乱，便命令将其处以极刑，并要传首四方。张九思对太子真金说："张易应变不慎才有此事，其死无憾，请免其传首之罪。"真金向忽必烈求情，忽必烈这才答应了，但他仍然觉得阿合马死得冤枉，就下令厚葬阿合马。

忽必烈对阿合马的死耿耿于怀，要彻底追查这件事。太子真金为了保护汉法派官员，便不失时机地揭露阿合马的种种罪行。忽必烈听后大怒，下令将阿合马刨棺戮尸，然后抛尸城门之外，任野兽食之。

接着，忽必烈命枢密副使孛罗追查阿合马的罪行。孛罗将阿合马的

罪状一一查清之后，奏报忽必烈，请籍没其家，治其子侄之罪，忽必烈表示赞同。在抄家时，竟搜出两张人皮，阿合马的惨无人道可见一斑。忽必烈知道后，慨然叹道："王著杀之，诚是也！"

忽必烈自以为是个旷古圣君，想不到竟被一个小小的阿合马欺骗了这么多年，心中愧恨难当，于是陆续将阿合马的第三子阿散、第四子忻都、长子忽辛、次子抹速忽、侄子宰奴丁先后处死，并没收阿合马及其亲属的财产。同时，阿合马的714个私党被分别治罪，置簿籍名，永不录用。

敛财高手阿合马专权二十多年，最终落得个可悲的下场。

关于刺杀阿合马事件，有一个最大的疑点，就是作为一个小小的军官王著，为什么敢谋杀忽必烈身边的大红人？王著背后是否有人撑腰做主？或者说另有主谋？这个问题史书上没有明确记载。其实真正指使其刺杀阿合马的不是别人，正是太子真金。也就是说，这个事件背后的主谋是太子真金，而不是别人。理由如下：

第一，真金与阿合马势不两立，这在前面已有详述。

第二，真金有除掉阿合马的动机。前面已经说过，廉希宪托病在家的时候，太子真金派使者去廉希宪家中，求问治理天下之道。廉希宪明确表示，让真金趁早除掉阿合马，以安天下。所以，真金下定决心要除掉阿合马。

第三，要除掉阿合马，太子真金不能亲自动手，必须由他人来实施这一计划。因为真金心里很清楚，阿合马是忽必烈的宠臣，如果自己亲自动手杀掉阿合马，势必影响他与忽必烈之间的父子关系，闹不好还会失掉皇太子这一特殊身份，甚至会丢掉自己的性命。所以，太子真金万万不敢直截了当地杀掉父亲的宠臣，只能由他人来完成这一任务。还有，太子真金为什么选择自己不在京城的时候实施刺杀行动？他就是想向忽

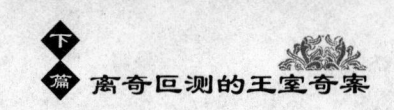

必烈说明一个问题,刺杀阿合马是别人所为,与自己无关。这实际上也是真金想极力维护他与忽必烈父子关系的目的所在。

第四,真金派往廉希宪家中的那个使者,很可能就是这一事件的联络人。真金通过这个使者,将自己的意图告诉王著,让王著实施刺杀行动,这才是整个事件的真相。

第五,王著作为一个下级军官,他为什么不在自己的工作岗位,而要跑到京城呢?要知道,军官擅离职守是要问罪的。王著是益都的千户,他跑到京城干什么?很显然,王著是肩负使命来到京城的,让他这样做的人肯定是个大人物,这个大人物就是太子真金。有了太子真金的允许,王著才可以有足够的时间联络高和尚等人,继而进行密谋,一步一步实施刺杀行动。

第六,真金随忽必烈北上巡游,王著怎么会知道?唯一能解释通的是,真金派人将忽必烈离开大都的消息告诉了王著,并让他趁这个机会刺杀阿合马。

第七,枢密副使张易手握兵权,却坐视不管,任由王著他们行动,这又是为什么?唯一能解释通的是,张易事先已知道了刺杀阿合马的计划,甚至得到了太子真金的默许,所以他才按兵不动,使得王著他们的刺杀行动顺利实现。

综上所述,阿合马刺杀案的具体实施者是王著和高和尚,但真正的主谋应该是太子真金。阿合马被谋杀,是汉法派和回回派之间斗争的必然结果。不是你死,就是我亡,这就是政治斗争的残酷性所在。

南坡事变：胆大妄为弑君之谜

南坡弑君案，指的是元英宗硕德八剌在南坡被杀的大案。元英宗是元朝的第九位皇帝，也是一个比较英明的皇帝。南坡是位于上都西南30里的一个地方，元英宗为什么在这个地方被杀？是哪些人胆大妄为，敢杀害皇帝？这件大案的背后又隐藏着怎样的玄机呢？

元英宗弄巧成拙谜案

元英宗硕德八剌的父亲是元仁宗爱育黎拔力八达，母亲是元仁宗的皇后弘吉剌，他的奶奶就是元仁宗的母亲答吉太后。

硕德八剌出生于大德七年（1303年）二月，出生地点是洛阳附近的怀州（今河南沁阳）。硕德八剌为什么会出生在怀州，而不是出生在皇宫

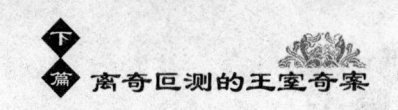

呢？前面已经说过，铁穆耳的皇后卜鲁罕为了打击海山和爱育黎拔力八达的势力，将爱育黎拔力八达和他的母亲答吉贬到怀州居住，硕德八剌就是在这个时候出生的。

前面说过，元武宗海山当了皇帝以后，封自己的弟弟爱育黎拔力八达为"皇太子"，二人约定，海山之后，由爱育黎拔力八达继承皇位；爱育黎拔力八达之后，由海山的儿子继承皇位，也就是兄终弟及，叔侄相传，两家轮流坐庄。正是海山兄弟的这个约定，为以后元朝皇位的争夺埋下了祸根，也为元英宗在南坡被杀埋下了祸根，导致了元朝的政局动荡不安和短命。

元仁宗爱育黎拔力八达死后，按照原先的约定，皇位应该传给元武宗海山的儿子。元武宗海山有两个儿子，长子叫和世㻋（là），次子叫图贴睦尔，皇位理应传给长子和世㻋。但是，元仁宗爱育黎拔力八达也有两个儿子，长子就是硕德八剌，次子叫兀都思不花，他们两个的年纪比海山的两个儿子都小。元仁宗就想毁掉原先的约定，立自己的儿子硕德八剌为太子。兀都思不花被封为安王，元仁宗死后，作为政治斗争的牺牲品，兀都思不花先是被降为顺阳王，而后又被杀死。这样，元仁宗就只剩下长子硕德八剌了。

其实，在元武宗海山在世的时候，尚书省（元武宗海山于至大三年设置尚书省）左丞相三宝奴就劝元武宗海山立自己的长子和世㻋为太子，但海山与弟弟爱育黎拔力八达已有约定，就是"兄终弟及"，他不好反悔。三宝奴十分着急，于是将正在柳林（位于今北京通州区南）打猎的尚书省右丞相康里脱脱叫回来商量此事。康里脱脱对三宝奴说："国家大计，不可不慎。曩（从前的意思）者太弟躬定大事，功在宗社，位居东宫，已有定命，自是兄弟叔侄世世相承，孰敢紊其序者！我辈臣子，于国宪章纵不能有所匡赞，何可隳（huī，毁坏的意思）其成。"意思是

说，元武宗已经把自己的弟弟封为皇太子，我们做臣子的怎么能改变皇上的决定呢。三宝奴说："今日兄已授弟，后日叔当授侄，能保之乎？"就是说，虽然元武宗把皇位继承权给了他弟弟爱育黎拔力八达，但谁能保证在爱育黎拔力八达之后，能把皇位传给海山的儿子呢？康里脱脱说："我看这是不可改变的事情，如果皇上失掉信用，那就让老天爷来监督他吧。"三宝奴对康里脱脱的话虽不以为然，但并没有说服康里脱脱。

可见，右丞相康里脱脱是反对立和世㻋为太子的，他的理由非常充分，所以海山打消了立和世㻋为皇太子的念头，仍然以弟弟爱育黎拔力八达为"皇太子"。

元武宗海山倒是恪守信用，让自己的弟弟成为皇位的接班人。但他万万没有想到的是，在他死后，弟弟元仁宗爱育黎拔力八达却不守信用，想把自己的儿子硕德八剌立为皇太子。但是，爱育黎拔力八达也怕自己背上"失信"的骂名，又怕海山的两个儿子不答应，所以迟迟下不了决心。

想把硕德八剌立为皇太子的还有一个重要人物，这就是元仁宗爱育黎拔力八达的母亲答吉太后。答吉太后是一个权力欲很强的女人，按说，和世㻋、图贴睦尔、硕德八剌都是她的孙子，但她心里非常明白，和世㻋已经年长有为，不肯任人摆布，而硕德八剌才13岁，还是一个少年，所以更容易控制。出于私心，答吉太后也同意将硕德八剌立为皇太子，但他们都找不到合适的机会和正当的理由，并不敢明目张胆地提出这个问题。

答吉太后有一个老相好叫铁木迭儿，是元朝历史上臭名昭著的奸臣。他身历元世祖、元成宗、元武宗、元仁宗、元英宗五朝，是个老奸巨猾的家伙。元武宗在位期间，他因擅离职守被弹劾，但由于答吉的袒护，并没有受到处分。元武宗死后，答吉趁元仁宗尚未执政之机，提拔铁木

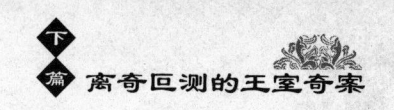

迭儿为中书右丞相。元仁宗是个孝子，对于母亲的做法也无可奈何，只是任命了忽必烈的旧臣完泽和自己的老师李孟为中书平章政事。

铁木迭儿与答吉太后的关系确实非同一般，这里再说一件事来证明二人的关系。上都有一个富人叫张弼，因与邻人争夺土地，怒而杀人，结果被判处死刑，准备秋后问斩。张弼有一个远房叔父，曾经在铁木迭儿手下做过事，于是带了很多钱到大都给铁木迭儿行贿。铁木迭儿收了贿赂，当即给上都留守贺伯颜写了一封信，让贺伯颜放人。贺伯颜迫于铁木迭儿的权势，不得不将杀人犯张弼放出了监狱。

这件事激怒了朝中的官员，中书平章政事萧拜住、御史中丞杨朵儿只，以及上都留守贺伯颜等人联名弹劾铁木迭儿。元仁宗早就想整治铁木迭儿了，但一直没有机会，现在朝中这么多官员弹劾这个奸臣，而且罪证确凿，于是立即下达了逮捕铁木迭儿的诏令。铁木迭儿吓坏了，赶紧跑到答吉太后的兴圣宫躲了起来，司法部门无法逮捕铁木迭儿归案。元仁宗觉得这一定是母亲答吉太后从中作梗，有意庇护铁木迭儿，如果硬去抓人，肯定会伤害母子之间的感情。所以，元仁宗只是免去了铁木迭儿右丞相的职务，并没有追究他的刑事责任。

铁木迭儿在家待了不到一年，答吉太后就让铁木迭儿做了太子太师。"中外闻之，莫不惊骇"。御史中丞赵世延等四十余人先后上书，列举了铁木迭儿的数十件罪事，并明确表态，说铁木迭儿不适合做东宫太子之师。但是，这件事同样由于答吉太后的缘故，司法部门始终不能明正其罪。

于是，善于察言观色的铁木迭儿知道，在立皇储的问题上，答吉太后和元仁宗的想法是一致的，所以这个奸臣就主动提议，立元仁宗的儿子硕德八剌为皇位继承人。元仁宗心里虽然高兴，但还是不放心。如果立自己的儿子为皇太子，那和世王束怎么办？铁木迭儿给元仁宗出了个主意，就是将和世王束封王，然后让他到藩地去，这样就可以高枕无忧

了。元仁宗觉得这个办法可行，于延祐二年（1315年）十一月将和世㻋封为周王，让其出镇云南。第二年三月，元仁宗又设立了周王常侍府，设常侍7名，中尉4名，并命令陕西、四川各派一名官员，护送和世㻋到云南上任。

延祐三年（1316年）十一月，和世㻋一行走到陕西延安。随行的常侍中有一个人叫教化，原来是翰林侍讲学士。他对和世㻋说："这天下本来是武皇（指元武宗海山）的天下，这次让您出镇云南，应该不是皇上（指元仁宗）的意思，肯定是周围的人挑拨离间，才造成这样的结果。所以，您应该把事情的真相告诉陕西行省的官员，让他们向朝廷说明，以杜绝类似事件的再次发生。"和世㻋觉得有道理，就派教化去交涉此事。

陕西行省左丞相叫阿思罕，原来是太师，被铁木迭儿夺其位，出任陕西行省左丞相，因此对铁木迭儿恨之入骨。经过教化一说，阿思罕对和世㻋十分同情，表示要说服陕西省的平章政事塔察尔，共同拥戴和世㻋。塔察尔表面上答应了教化的请求，暗地里却火速派人到京城告密。元仁宗接到和世㻋要发动兵变的消息，立即给塔察尔下了一道密诏，让他逮捕和世㻋及其亲信。

塔察尔与陕西行台御史大夫脱里伯等人率领关中人马，分别进入潼关、河中府，并且在河中将教化、阿思罕杀死。和世㻋得到情报，慌忙向西逃跑。到了和林之后，和世㻋一行又越过金山（今阿尔泰山）继续向北。诸王察阿台听说和世㻋到来，急忙率部相迎。从此，和世㻋在那里居住下来，作为自己的政治避难所。

元仁宗是个不喜欢打仗的皇帝，他也觉得有点对不住和世㻋，见和世㻋跑到了北方，也就不再追究了。

和世㻋逃到北方之后不久，元仁宗于延祐三年（1316年）十二

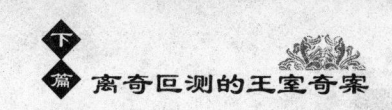

月，正式将硕德八剌立为了皇太子，成为合法的皇位继承人。

铁木迭儿因为在立皇太子的事上立了大功，元仁宗和答吉太后马上又恢复了他中书省右丞相的职务。

延祐七年（1320年）正月，元仁宗驾崩，三月，皇太子硕德八剌即皇帝位，史称元英宗。

元英宗硕德八剌当皇帝这一年才18岁，但却是一个有主见的皇帝，不愿意受人摆布。他的奶奶答吉现在已经是太皇太后了，她想利用这个机会调几个亲信到中央来，但却遭到了元英宗的婉拒。铁木迭儿有一个亲信在中书省做事，犯罪当处以杖刑，铁木迭儿赶紧向答吉求情，答吉就亲自出面，向自己的孙子元英宗讲情。答吉本以为这样一件小事，元英宗肯定会答应的，没想到她碰了一个软钉子。元英宗说："刑法是祖宗定下的，不能擅改，该打就得打。"

通过这几件事，答吉和铁木迭儿对年轻的元英宗不得不刮目相看了。尤其是答吉，原来她同意立这个小孙子为皇位继承人，是觉得这个小孙子容易控制，没想到自己弄巧成拙，事情与想象的完全相反，她心里真是有些后悔了。

元英宗的斗争

元英宗当了皇帝，朝中实际上形成了两大势力，一派就是以元英宗为首的皇帝势力，一派就是以答吉太皇太后为首的后党势力。相比之下，

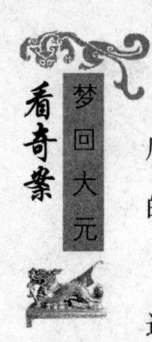

后党势力较强，而刚刚登基的元英宗势力较弱。实际上，从元仁宗驾崩的那天起，两派势力之间就展开了针锋相对的斗争。

元仁宗刚死的时候，答吉趁元英宗还没有即位，就让太子太师铁木迭儿第三次出任右丞相。二月，答吉又提拔自己的亲信赫驴为中书平章政事，而将原来的平章政事赤斤铁木儿、御史大夫脱欢降为集贤大学士。被贬为四川行省平章政事的赵世延弹劾过铁木迭儿，铁木迭儿对赵世延怀恨在心，马上请求将赵世延逮捕入京问罪，但遭到元英宗的拒绝。接着，答吉对朝廷官员进行大换血，将陕西行省平章政事赵世荣提拔为中书平章政事，江西行省右丞木八剌为中书右丞，参知政事张思明为中书左丞，将原来的中书左丞换住降为岭北行省右丞。

大才子李孟是元仁宗的老师，官任中书平章政事。李孟与铁木迭儿不合，铁木迭儿倚仗答吉的权势，取消了李孟所受秦国公的封号。接着，答吉与铁木迭儿相互勾结，将中书平章政事兀伯都剌降为甘肃行省平章政事，中书平章政事阿里海牙降为湖广行省平章政事。不仅如此，铁木迭儿还借答吉之命，将弹劾过自己的御史中丞杨朵儿只、中书平章政事萧拜住杀死，并籍没其家产。

徽政院使失列门也是答吉的亲信，他借答吉之命，要求元英宗大批更换朝官，遭到元英宗的严词拒绝。元英宗说："现在哪里是封新官的时候？先帝的旧臣，不宜轻易变动。等我即位之后，自然会同宗室亲王、元老大臣商量此事。到时候，有才能的贤臣都可以得到任用，奸邪者都要被罢免。"司农卿完者不花公报私仇，在元英宗面前说左丞相阿散的坏话，元英宗当面予以驳斥，并将完者不花贬为湖南宣慰使。

三月，元英宗正式即皇帝位后，尊答吉太后为太皇太后。答吉马上将铁木迭儿进为开府仪同三司、上柱国、太师。没几天，答吉与铁木迭儿又将李孟降为集贤侍讲学士，并削去了以前所有的官职。李孟忧愤成

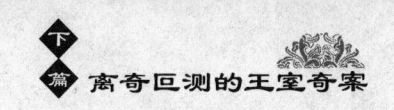

疾，于次年病逝。同时，答吉还下令全国，不准随便议论铁木迭儿。

面对答吉和铁木迭儿的目中无人，年轻的英宗皇帝也采取了相应的措施，抵制后党势力的膨胀。在他即位的第二个月，他就将太常礼仪院使拜住提拔为中书平章政事。拜住是成吉思汗时的名将木华黎的后代，忽必烈时的名相安童的孙子。此人文武全才，在朝臣中威信很高，从此成为英宗皇帝的左膀右臂。同时，英宗皇帝还赏赐了京城的宿卫军，以加强自己的武装力量。

两种势力的斗争仍然在进行。五月，铁木迭儿以上都留守贺伯颜"坐便服迎诏"之罪，就是穿着便服接受皇帝的诏书，将贺伯颜处死。其实，铁木迭儿明显是在报复贺伯颜，因为贺伯颜曾与萧拜住、杨朵儿只等人弹劾过铁木迭儿，这件事在前面已经提过。铁木迭儿害死以上几人，既报了私仇，又削弱了英宗皇帝的势力，达到了一箭双雕的目的。

面对铁木迭儿的嚣张气焰，元英宗针锋相对，毫不退让。就在铁木迭儿杀死贺伯颜没几天，元英宗就以强硬的态度，将左丞相阿散降为岭北行省平章政事，提拔自己的心腹拜住为中书左丞相。同时，将乃剌忽、塔失海牙一并提拔为中书平章政事，将只儿哈郎提拔为中书参知政事。这样，以元英宗为首，形成了一批拥戴皇帝的重臣。

阿散被降为岭北行省平章政事之后，对元英宗怀恨在心，伺机谋反。他勾结中书平章政事赫驴、御史大夫脱忒哈、徽政使失列门等人，阴谋发动政变，想杀掉元英宗。元英宗得到消息后，知道幕后的指使者不是别人，正是自己的奶奶答吉太皇太后，于是赶紧与拜住商量对策。拜住说："这伙人阴谋结党，危及社稷，必须先发制人，将其一网打尽，以正祖宗法度。"元英宗采纳了拜住的意见，采取果断措施，下令将赫驴、失列门、脱忒哈等人一律诛杀。

经过这次较量，元英宗虽然没有除掉铁木迭儿，但沉重打击了以答

吉为首的后党势力，巩固了自己的统治地位。在杀掉这些逆臣之后，元英宗提拔知枢密院事铁木儿脱为中书平章政事，提拔江西行省左丞相脱脱为御史大夫，提拔铁木儿不花为知枢密院事。

这年八月，铁木迭儿仍然没有忘记弹劾过他的赵世延，一心要置赵世延于死地。他在元英宗面前诬陷赵世延对皇帝不敬，要求杀掉赵世延，并追究四川行省的其他官员。元英宗坚决不答应杀掉赵世延，并对身边的人说："铁木迭儿一定要置赵世延于死地，我早就知道此人是个忠良之人，所以他们多次要求杀掉赵世延，我都没有答应。"左右的人听了，都连呼"万岁"。

铁木迭儿与答吉屡屡被元英宗挫败，这才真正领略到这个年轻皇帝的厉害。拜住被提拔为中书左丞相之后，铁木迭儿明显被晾在了一边，受到了冷落。他干脆称病窝在家里，连朝也不上了。在家里，他不断听到拜住被封赏的消息，心里又气又恨，不久就真的气出了大病。至治二年（1322年）八月，铁木迭儿终于病死在家中。

在铁木迭儿得病的同时，答吉也被自己的孙子元英宗气病了。面对这个不听话的孙子，答吉又气又后悔，渐渐得了重病，终于在至治二年九月一命呜呼了。铁木迭儿和答吉先后死去，但后党势力并没有被完全铲除。元英宗在这场持久的较量中取得了暂时胜利，但是，元英宗并没有保住自己的皇位，甚至连性命也没有保住，一场更大的悲剧终于发生了……

南坡事变之谜

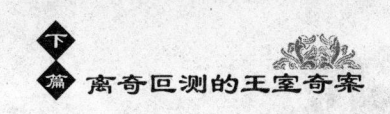

元英宗在与后党势力斗争的同时，锐意改革，兴利除弊，损害了蒙古贵族的切身利益，也引起了诸王贵族的仇恨。

对诸王贵族大加赏赐，是元朝政府的一个传统习惯，似乎形成了一种惯例。比如前面说过的元成宗铁穆耳，就是靠赏赐来笼络诸王贵族，维持自己的统治。铁穆耳之后的几个皇帝，虽然不像铁穆耳那样滥赏滥赐，但数量仍然非常可观，并没有引起诸王贵族的仇恨。元英宗即位之后，决心改革这一旧习，减少这方面的开支，以缓解严重的财政危机。具体措施有三个：

第一，降低官阶。元英宗即位的当月，就把很多部门的级别降低了。《元史·英宗传》中明确记载："降太常礼仪院、通政院、都护府、崇福司，并从二品；蒙古国子监、都水监、尚乘寺、光禄寺，并从三品；给事中、阑遗监、尚舍寺、司天监，并正四品；其官递降一等有差，七品以下不降。"

也就是说，元英宗把大批官员的级别都降了一级。降级带来的直接后果是官员俸禄的减少，这就势必引起诸多官员的不满。当然，元英宗这样做，目的是为了减少财政支出，以应付各方面的开支。但是，官员们站在各自的立场上考虑，自然对元英宗心怀不满了。可以说，元英宗的这一改革，得罪了大批的官员，这也是造成南坡悲剧的原因之一。

第二，降低赏赐的标准。前任的几位皇帝在赏赐诸王大臣时，都是以"锭"为单位。但我们读《元史·英宗传》，却发现一个重大的区别，就是元英宗在赏赐诸王大臣时，变成了以"贯"为单位。这就是说，元英宗赏赐诸王大臣的钱在数量上大大减少了，这势必又引起诸王大臣的强烈不满。有时，元英宗干脆就用东西来赏赐诸王大臣，而把节约下来的钱大批地用于赈灾济民。比如，在赏赐诸王阿木里台时，元英宗只是赏赐了宴服和珠帽，而没有赏钱。元英宗的这一改革严重触犯了诸王大臣的利益，等于把诸王大臣又得罪了。

第三，精简机构。元英宗急切求治，改革的步子似乎太快了。在降低官员级别、减少赏赐标准的同时，对一些机构又进行了精简和撤并。比如，在他即皇帝位的当月，就精简了上都留守司的五个留守，还撤销了崇祥院。第二个月，又撤销了少府监。在他即皇帝位的第三个月，先是撤销了徽政院，紧接着又撤销了章庆司、延福司、群牧监、宫正司、辽阳万户府五个机构。至治二年（1322年）三月，元英宗一下就精简了"京师诸营缮役卒四万余人"。十一月，元英宗又"罢世祖以后冗置官"。也就是把世祖忽必烈以来设置的闲官都遣散了，至于遣散了多少，史书上没有说明，但我们可以推测，这肯定不是个小数目。至治三年（1323年）二月，元英宗又撤销了徽政院的三个总管府。这样一来，元英宗把一些低等的官员也给得罪了。

如果说以上三条还不是造成元英宗悲剧的根本原因的话，那么，元英宗在处理奸臣铁木迭儿的后事上，做得并不十分彻底，这才是造成他悲剧的真正原因。

第一，元英宗没有斩草除根，为自己留下了后患。铁木迭儿死后，元英宗并没有及时清算他的老账，更没有株连九族，只是处死了铁木迭儿的儿子八思吉思，罢免了另一个儿子锁南的官职。但是，对于铁木迭儿的一大批死党，元英宗并没有从根本上铲除，尤其是铁木迭儿的养子铁失，更是没有引起元英宗的足够重视，致使铁失成为后来弑杀元英宗君臣的罪魁祸首。

第二，元英宗重用了一批铁木迭儿的死党，等于为自己挖下了坟墓。元英宗毕竟太年轻了，缺乏政治斗争的经验，尤其是他没有看清隐藏很深的铁失等人的狼子野心，反而重用了他们。铁失出身于蒙古贵族家庭，他的父亲是昌王阿失，母亲是盖里海涯公主，妹妹则是元英宗的皇后速哥八剌。也许是这层关系的缘故，元英宗对铁失委以重任。至治元年（1321年）三月，元英宗就让铁失担任了御史大夫，并佩金符，领忠翊侍卫亲军都指挥使。也就是说，元英宗不仅让铁失掌握了国家的监察大权，而且还掌握了皇宫警卫部队的军权。到了十一月，元英宗又让铁失以御史大夫的身份，兼领左、右阿速卫。也就是说，元英宗不仅让铁失掌握了皇宫警卫部队的军权，而且又让他掌握了京城警备部队的军权，这就等于元英宗把自己的性命交到了铁失手中。到了至治三年（1323年）五月，元英宗又"以铁失独署御史大夫事。"但是，元英宗忽视了一点，这个铁失不仅是自己的大兄哥，同时还是铁木迭儿的养子，而且对铁木迭儿忠心耿耿，在感情上比跟元英宗更近。所以，元英宗重用铁失，是他犯的一个致命错误。

元英宗重用的铁木迭儿死党成员中还有十几个人，这就是知枢密院事也先帖木儿、大司农失秃儿、前平章政事赤斤铁木儿、前云南行省平章政事完者、铁木迭儿的儿子前治书侍御史锁南、铁失的弟弟宣徽使锁南、典瑞院使脱火赤、枢密院副使阿散、佥书枢密院事章台、卫士秃满以及诸王按梯不花、孛罗、月鲁铁木儿、曲吕不花、兀鲁思不花等。

以上官员大多受过降职处分。赤斤铁木儿原先担任中书平章政事，被降为集贤大学士。铁木迭儿的儿子锁南被降为翰林侍讲学士，铁失曾经奏请元英宗恢复锁南的职务，遭到元英宗的拒绝。至于那几个诸王，由于元英宗减少了对他们的赏赐，所以这些人对元英宗早就心怀不满了。

铁木迭儿死后，铁失成为这帮死党的领袖。而元英宗对铁木迭儿罪行的追查，常常使铁失感到恐惧，这就促使他萌生了发动政变的念头。

至治三年（1323 年）夏天，正在上都避暑的元英宗忽然觉得心惊肉跳，坐卧不安，要请喇嘛作佛事，被拜住制止。但是那些受铁失指使的喇嘛却极力怂恿元英宗要大作佛事，遭到拜住的痛骂。这件事传到铁失耳朵里，铁失以为拜住要追查他的罪行，所以更加坚定了他发动政变的决心。

铁失等一伙人经过密商，决定在元英宗返回大都的路上行刺，因为沿途护卫的军队都是由他直接控制的阿速卫。同时，铁失已派同伙斡罗思赶到北方，想说服晋王也孙铁木儿将来做皇帝。晋王也孙铁木儿是元世祖忽必烈的皇太子真金的长孙，驻守在蒙古的发祥地。当斡罗思来劝说他的时候，晋王脸色更变，大声喝骂："你敢教我谋杀皇侄么？这种逆贼，留他何用，赶快把他杀了！"在左右的劝说下，也孙铁木儿将斡罗思抓了起来。其实，也孙铁木儿并不想真的杀掉斡罗思，他的想法是，如果铁失政变成功，就把斡罗思放了；如果政变失败，他就将斡罗思送给元英宗，以表示自己与政变无关。

这年八月初五，元英宗离开上都向大都进发，走到离上都 30 里的南坡时，住宿在那里。夜里，铁失派阿速卫兵值夜，自己和锁南等十六人拿着凶器，闯进拜住和元英宗的大帐。当时，拜住正要上床睡觉，忽然听到外面人声嘈杂，急忙拿着蜡烛出门，正好铁失的弟弟闯了进来。拜住大喝："你想干什么？"话音未落，铁失的弟弟抢先一步，把拜住砍死了。这时，铁失也带着同伙闯到元英宗的帐内，元英宗刚要披衣下床，被铁失一刀砍死。可怜年轻的元英宗和大臣拜住，就这样死在这帮逆臣

的手下。

表面上，元英宗君臣是被铁失一伙人杀害的，但我们仔细分析一下，断送元英宗君臣性命的还有另外一个人，这个人就是后来的泰定帝也孙铁木儿。

也孙铁木儿世袭晋王之后，一直镇守北边。元英宗当了皇帝，对这个叔父应该说是不错的，即使在财政十分困难的情况下，元英宗多次对叔父也孙铁木儿给予赏赐，这在《元史·英宗传》中有明确记载。作为元世祖忽必烈的后代，也孙铁木儿并非没有当皇帝的野心，但基于当时的形势，他想当皇帝也是没有机会的。但是，事情往往会出乎所有人的预料，包括也孙铁木儿本人，他万万不会想到天上会掉下馅饼，而且这个馅饼会砸在自己头上。

也孙铁木儿身边有个亲信叫倒剌沙，是个非常有心计的人。他虽然跟随也孙铁木儿镇守北边，但却经常打探朝廷里的事情，然后向也孙铁木儿报告。倒剌沙有个儿子叫哈散，在丞相拜住手下做事，并且在宿卫军里担任小头目。由于哈散长期在朝廷，对朝廷里的事情比较了解，尤其是对朝中大臣之间的关系也比较清楚。他知道御史大夫铁木迭儿与拜住不和，并且铁木迭儿有加害拜住的意思，哈散就把这个情况告诉了父亲倒剌沙。实际上，哈散成为晋王也孙铁木儿在朝廷中的一个耳目。

至治三年三月，宣徽使探忒到北边晋王府，对倒剌沙说："主上将不容于晋王，汝盍思之。"意思是说，皇上容不下晋王，你怎样考虑这件事？于是，倒剌沙与探忒互相结成了同盟。

八月二日，也孙铁木儿正在外面打猎，铁失忽然派斡罗思来见。斡罗思告诉也孙铁木儿，铁失已经与哈散、也先铁木儿、失秃儿谋定，要发动政变。等政变成功，就推立晋王为帝。

当然，铁失一伙并没有得到什么好果子。就在也孙铁木儿当皇帝不

久，他就下令先诛杀了也先铁木儿、完者、锁南（铁失之弟）、秃满等逆贼，紧接着又在大都诛杀了铁失、失秃儿、赤斤铁木儿、脱火赤、章台等，并诛杀了他们的子孙，籍没了他们的家产。铁木迭儿的儿子锁南先是被流放，后又被诛杀。这就是这帮逆贼的下场。参与政变的诸王月鲁铁木儿、按梯不花、曲吕不花、孛罗、兀鲁思不花则分别流放到云南、海南、奴儿干等地。

元英宗为何众叛亲离

元英宗，孛儿只斤·硕德八剌（公历1303年2月22日-1323年9月4日在世，1320年4月19日-1323年9月4日，在位三年半），谥号睿圣文孝皇帝，蒙古语称格坚皇帝，元仁宗爱育黎拔力八达长子。大德七年二月初六（公历1303年2月22日）生于怀庆（今河南沁阳），自幼受儒家教育，通汉族文化。元仁宗延佑三年（1316），立为皇太子。延佑七年正月二十一日（公历1320年3月1日）仁宗去世。延佑七年三月十一日（公历1320年4月19日）即帝位。

当时仁宗母答吉太后任过去曾被仁宗罢黜的权臣铁木迭儿为右丞相，相互勾结，排除异己，诛杀前平章政事萧拜住、杨朵儿只，权倾朝野。孛儿只斤·硕德八剌为巩固自己的地位，立太祖功臣木华黎后裔拜住为左丞相，极力抑制答吉、铁木迭儿一党的势力。至治二年（1322）八、九月，铁木迭儿、答吉相继去世。十月，立拜住为右丞相，表示要"励精求治"、"一新机务"。此后数月，采取了一些改革性的措施，开始新政。

今天看来，元英宗肯定是立志消除民族分歧、促进民族融合、改善人民生活、向汉族先进的儒家文化看齐，但因为敌对势力的反对刺杀身亡，他是一个壮志未酬身先死的悲剧英雄。这种看法当然有其道理。先看看其新政的主要内容：

（一）大规模起用汉族地主官僚及儒臣。拜住"首荐张珪，复平章政事，召用致仕老臣，优其禄秩，议事中书。不次用才，唯恐稍后，日以进贤退不肖为重务"（《元史·拜住传》）。接着吴元珪、王约、韩从益、赵居信、吴澄、王结等人，都在短短数月内被擢任为集贤、翰林院及中书官职。英宗对拜住所推荐的赵居信、吴澄等"有德老儒"，不仅深表赞同，且进一步令拜住"更当搜访山林隐逸之士"（《元史·英宗纪二》）。

（二）罢汰冗员。英宗从至治二年十一月起，罢世祖以后所置官，"锐然减罢崇祥、福寿院之属十有三署，徽政院断事官、江淮财赋之属六十余署"（《元史·英宗纪二》）。后因被刺于南坡而未能完成这一改革。

（三）行助役法。元代农民劳役繁多，负担沉重。至治三年四月，英宗下诏"行助役法，遣使考视税籍高下，出田若干亩，使应役之人更掌之，收其岁入以助役费，官不得与"（《元史·英宗纪二》）。《元史·干文传传》对此法的记载较具体："会创行助役法，凡民田百亩，令以三亩入官，为受役者之助"，"文传谕豪家大姓，以腴田来归，而中人之家，自是不病于役。"时人余卓在其所撰《松江府助役田粮记》一文中对当时上海县的田、粮、纳税及实米助役诸数额均有明确记载，其文云："上海计田七百一十六顷有奇，粮二万九千有奇，纳税二千七百有奇，实米助役二万六千三百有奇。"由此可证，助役法对广大农民确实是有利的。

（四）岁减江南海运粮二十万石。至治三年夏六月，拜住以海运粮比世祖时顿增数倍，"今江南民力，困极，而京仓充满，奏请岁减二十万

石"（《元史·拜住传》）。英宗遂并铁木迭儿所增江淮粮免之。

（五）审定颁行《大元通制》。至治二年正月，英宗命将仁宗时未最后审定完毕的发令编纂工作继续进行，令枢密副使完颜纳丹、御史曹伯启、判宗普颜、集贤学士钦察、翰林直学士曹元用，以二月朔会集中书平章政事张珪及议政元老率其属众共同审定，并加以补充；书成，"堂议题其书曰《大元通制》"。凡二五三九条，内断例七一七，条格一一五一，诏赦九四，全类五七七，颁行天下。全书共八八卷。

今天很有人对元英宗的新法赞赏非常，认为其罢汰冗官，精简机构，节省了不少行政费用；推行"助役法"，减轻了忽必烈以来汉族民众长期以来负担的沉重徭役。认为在一系列雷霆手段的重击下，元朝似乎瞬间醍醐灌顶般的清醒过来，朝野上下焕然一新。

焕然一新是必然的，但是好是坏要分析研究。首先是立场问题，如果站在今天汉人的立场看，当然是好的。但判断改革的好坏，必须坚持以改革范围内的各阶层、各类别的人民是否得利为标准。也就是说要尽量兼顾改革时各级各类群众的利益。不是说不能触犯任何人的利益，改革确实必定会触犯少数人的利益，但要尽量团结大多数人。那么我们具体分析元英宗新政每一项新政的得利者与失利者，我们不难发现，元英宗的措施实际上是损害相当一部人民的利益。

首先看，大规模启用汉族官僚及儒臣和罢汰冗员。一边说罢汰冗员一边大规模启用汉官，说明元英宗这样做的目的，是为了推动中央集权制。英宗继位是有些不太合法的，是他父亲仁宗违背与武宗的约定，强行推上位的。他独尊儒术很大的原因就是利用儒家父死子继的传统来证明自己皇帝的合法性。加强中央集权，受益的是皇帝本人，利益受损的是蒙古贵族。为了建立强有力的中央集权，他开始削弱朝廷内部贵族大臣和皇族的参政权。拜住被任命为右丞相之后，元英宗马上就废除了左丞相官位，企图与拜住两人独揽朝政。这还不算，英宗还罢免了皇太后和皇后属下机构的大量官员，以便剥夺贵族妇女的参政权。英宗的祖母答吉皇太后增经感叹说："还不如没有这个孙子"。当然，这两种制度在当时与老百姓的权益是没有多少关联的。但实事求是地说汉族"外儒内法"的高度中央集权制，扼杀了所有能够走向民主与法制的可能性，只有皇帝，连贵族之间都没有民主，何谈人民民主。两千年来，每一次农民起义都成了周而复始的原地踏步。权力的过分集中和滥用，只能导致两种结果——腐儒式的愚忠献媚或草寇式的反抗复仇。而蒙古人传统的类西方式的分封制观念，不允许无限满足皇帝的贪权欲望。这种从限制君主权利来保障贵族权利的制度，比集权制更容易走向民主。

再看行助役法和岁减江南海运粮二十万石。减低农民的税收对农民当然是很好的，可是，政府开支并没减少。英宗喜好浮华和铺张。最大的铺张是他对佛寺的施舍，他亲自造访山西的佛教圣山五台山，遣派僧侣去海外取经，并且对缮写金字经文不断给予资助。此外，他还下令各州为忽必烈朝的帝师、吐蕃高僧八思巴（1235—1280年）建立帝师殿，规模大于孔子庙。花费最大的工程是在大都西面的寿安山修造的大昭孝寺，用了三年时间，动用了数以万计的士兵从事工役。硕德八剌对这项工程异常关注，为此有四名上书反对该工程的监察御史被处死或贬出朝廷。说这些是什么意思呢？就是说在政府开支不变的情况下，减轻农民负担，那钱从哪来？从商人来。元英宗大大提高商业税，让色目商人们叫苦连天，也让以贸易立国的元朝财政陷入危机。

再看，审定颁行《大元通制》。这实际上是外儒内法的条令化。尊儒尊法固然没错，有利于得到汉民、藏民的支持。但关键是不要损坏其他民族和信仰者的利益。准确地说，他损害了伊斯兰教的利益。伊斯兰教在元英宗在位期间颇受歧视。上都的回回寺被毁掉，改建成帝师殿。

负责传授波斯语言的回回国子监被废罢。回回散居郡县者,每户岁输包银二两,而在以前,他们是享受免税待遇的。

纵观元英宗改革,得利的是皇帝本人和汉族官僚。和尚、农民也部分受益。受损的是蒙古贵族、官员、女人、穆斯林和商人。蒙古贵族、官员、女人、穆斯林和商人这么多人加在一起,当然不能算是少数保守派。

元英宗新政结束得既突然而又悲惨。1323年9月4日(1323年农历八月初四),英宗一行从上都返回大都,在上都南面30里的南坡驻帐。这时,蓄谋已久的铁木迭儿余党——御史大夫铁失突然发动了政变,年轻的皇帝被铁失一刀杀死。在刺杀皇帝之后,反叛者迅速赶到大都,控制了政府机构。同时,派遣使者前往漠北,去请晋王也孙铁木儿即位。这一事件史称"南坡之变"。"南坡之变"直接谋反者是皇太后、贵族官员和宗王,并在蒙古、色目贵族和官员中得到了广泛的支持。"南坡之变"32年后,在元朝高压民族政策和水旱灾双重压迫下,不甘屈辱的汉人揭竿而起,爆发了震惊全国的红巾军大起义,元朝的统治在风雨飘摇中也即将走入末路。

实事求是地说,元英宗登基时,元朝已是百病缠身,但并未走进死胡同,他采取一系列的措施来挽救尚未病入膏肓的朝廷非常重要,也很有必要。他解除民族高压和减轻农民负担政策也是必须的。在改革的过程中牺牲少数人的利益也是无法避免的。但那么短的时间内牺牲那么多人的利益,而且牺牲得那么集中、那么直接,并且其中大多数人本是可以团结的。那么,这么多势力必然结盟进行反抗,很少有改革者能经受得住这么广泛的反抗。

元英宗新政的失败再一次证明,能够照顾到绝大多数人民利益,搏得社会各阶层的理解和赏识,是变法取得成功的不可或缺的关键因素。

下篇 离奇叵测的王室奇案

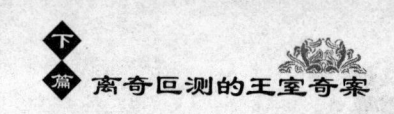

权力之争的谜团

元英宗名硕德八剌,元仁宗长子,元朝第九代皇帝(1320年—1323年在位),蒙古语称格坚皇帝。早年从汉儒学习经史,延佑七年(1320年)即位,起用太常礼仪院使拜住为左丞相,与权臣右丞相铁木迭儿对抗。至治二年(1322年),铁木迭儿死,升拜住为右丞相,大力进行改革。发布《振举台纲制》,重用汉人儒臣,徵选人才;罢徽政院,裁减冗官,精简机构;行助役法,减轻徭役;颁行《大元通制》,加强法制。消除铁木迭儿余党,处死宣政院使八思吉思(铁木迭儿子)等,并追究其罪行。铁木迭儿余党、御史大夫铁失等阴谋发动政变。次年八月,元英宗、拜住自上都(今内蒙古正蓝旗东)北返大都(今北京),途中驻营于南坡店(上都西南三十里),被铁失等刺杀。史称"南坡之变"。在位四年,庙号英宗。

元英宗硕德八剌至治二年(1322年)推行新政的政治改革。

英宗刚毅而思有所作为,锐意于改革,仁宗母后答吉对此不满。欲谋废立英宗事泄露后,英宗将后党尽加诛杀,极力抑制答吉、铁木迭儿一党的势力。任命太祖功臣木华黎之后裔拜住为中书左丞相。至治二年(1322年)秋,答吉及铁木迭儿相继病死,英宗专任拜住,表示要励精求治、锐意于改革。他首先召集了德高望重而颇有治国经验的前朝老臣,起复他们的官职,给予优厚的待遇,广泛起用汉族地主官员和儒士,如

张圭、吴元圭、王约、吴澄等。其间主要改革措施有：推行助役法，民田百亩抽三，以岁入助役;颁行《大元通制》，以加强法制，督责国家政制法规，革除以往的政令不一、罪同异罚的混乱现象；发布《振举台纲制》，要求推举贤能，选拔人才；裁撤冗职，节省浮费，减免赋役，以舒农力。清除铁木迭儿余党，查处他们的贪赃枉法事件。当时天下为之风动，政治为之一新。但这些措施遭到蒙古贵族的反对。

英宗在实行新政的时候处理了铁木迭儿专权乱政的罪行，却没有很好地清理铁木迭儿的党羽，导致他后来死于政变。

离奇秘闻：后宫红颜乱政之谜

她们有着不可抗拒的永恒魅力。她们为了实现自我的人生价值，潜心苦学各种技能，从而逐渐发展成女性中的佼佼者，诗词歌赋，琴棋书画，美颜倩笑，风姿柳态，音乐舞蹈，爱意痴情，在她们身上一一展露无遗。然而，她们带给男人从视觉到感觉的畅快淋漓，最终还是身不由己，往往成为政治斗争的牺牲品，或者被打入冷宫，终日孤寂难耐；或者遭对手暗算，不得不饮恨而死。

太子妃阔阔真的风流事

元世祖忽必烈的太子妃名唤阔阔真，姓弘吉剌氏，原来是一户贫苦人家的女儿。有一次忽必烈出猎，追羊逐鹿，奔跑得大汗淋漓，口渴难忍，看见路边有一座帐房，就走了进去，想要杯马乳止渴。只见房内只

有一个年轻貌美的姑娘在整理驼绒。姑娘得知忽必烈的来意后，说道："马乳倒是有，但是我的父母兄弟都不在家，我一个女子，难以给你。"

忽必烈觉得这个姑娘深明礼义，于是就娶阔阔真为太子妃。阔阔真进宫后，果然性情贤淑，孝事翁姑，不离左右。忽必烈听说后常常称赞她的贤德。

元世祖忽必烈一共有十个儿子，朵儿只虽是长子但属庶出。在嫡子当中，真金居长，所以被元世宗忽必烈立为太子。

朵儿只不自思量自己的位置，只认为太子之位被夺，便不肯善罢甘休。所以他时刻寻找时机，联合朝中一些与太子真金不和的官吏想要诬陷除掉太子，夺回自己失去的太子之位。因为真金太子力主实行汉法，不免与朝中的臣子结下仇怨。譬如真金太子对当时正被重用的阿合玛非常痛恨，每次见面都怒目而视。阿合玛虽然专横跋扈，权势炙手可热，但唯独对真金太子十分畏惧。后来阿合玛被诛，余党卢世荣专权，真金太子对卢世荣同样非常痛恨，卢世荣自然对太子耿耿于怀。

太子真金平素一向以仁孝著称。奉命总理朝廷庶务时，明于听断，优礼人才，内外归心。但偏偏发生了一件事，断送了这个将会大有作为的未来贤王的性命。也可以推断是朵儿只的陷害之计得逞。

忽必烈年事已高，而太子又深得人心，所以朝中多位大臣就委托，官拜江南行台监察御史，上疏奏请忽必烈禅位给太子。太子闻知此事，慌惧异常。他深知父皇的为人，断不会在有生之日弃权让位，而且还会怀疑是他在背后唆使，图谋大位。那样，他不但做不成皇帝，连太子也做不成了。于是他马上知会中书省，不要把这份奏章送上。中书省也觉得忽必烈年事虽高，但精神矍铄，勤于政事，断不会准奏。于是就将奏章压下了。不料这件事不知怎么被朵儿只知道了。他一看机会来了，就指使朝中小人将此事奏明了父皇，忽必烈果然大怒。但他又深知太子素

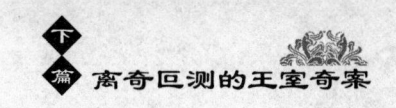

来仁孝，禅位之议绝不会是太子唆使，才没有加罪于太子。太子闻知父皇震怒，遂忧惧成疾，竟至一病不起，死时年龄仅四十三岁。

朵儿只的计谋得逞，太子真金病亡，就应就此罢手。谁知他邪念频生。他平日垂涎太子妃阔阔真容貌出众，现在太子已死，正可遂他愿，就对太子妃阔阔真动起歪脑筋来。

再说这个德貌双优的太子妃，竟是命运坎坷的女人，正值旺盛之年，真金太子舍她而去。太子妃从此孤衾独眠，回想起从前的种种幸福，而如今影单形只，不免哀从中来。朵儿只抓住这个时机，乘虚而入，每日到东宫这位弟媳面前嘘寒问暖，百般抚慰。初时，太子妃阔阔真还能守身自持，按礼而行。时间久了，她心中冉冉升起那种莫名的渴望，加上蒙古民族不注重贞操名节，以及朵儿只蓄谋的情深意切，百般逗引、诱惑。二人终于成就了好事。

但终究是纸里包不住火，时间一长，朵儿只日夜泡在东宫内，这秘密竟传到了朵儿只的妃子奇儿乞的耳中。奇儿乞一听便醋意大发。这阔阔真虽说是太子妃，但毕竟是过时的太子妃，奇儿乞已不再怕她。奇儿乞不惜重金买通了朵儿只的侍卫让其监督朵儿只与太子妃阔阔真的行踪。一天，就在朵儿只刚刚起身前往东宫之时，奇儿乞随后就接到了侍卫报信。

她即刻带领女侍，气势汹汹径往东宫而来。她自认为此事不怕闹大，闹得越大，越能出太子妃的丑，越能泄自己心中这股怨气。但她没想到，侍卫们各为其主。东宫的侍女卫士见奇儿乞大兴问罪之师，直闯东宫，拦阻不住，急急通报进去。太子妃阔阔真沉着，让朵儿只不必惊慌！你且先从后门回府，由她来应付。

这时奇儿乞早已一边大叫，一边将自己的发髻抓乱，披头散发地骂将进来，她胸有成竹，认为这回定能当面将二人抓住。岂知进到内宫一

看，只有太子妃一人，正满面怒容，盛妆端坐，连朵儿只的影都不见。而太子妃见她进来，全不似往日那样，不但不起身相迎，反而拍案怒喝道奇儿乞身为王妃，无故大闹东宫，平白诬陷太子妃寡居无靠，应当到父皇处讲理去。

这个架势倒把奇儿乞吓住了。她知道父皇平日对太子妃赞赏有加，这个官司如何能打得赢？此时太子妃占了上风，毫不难堪，而奇儿乞却下不了这个台。

奇儿乞此时是欲闹无凭，欲退不能，内心既恼又慌，临来时的那股胆气早已飞到九霄云外去了，怔在那里，竟不知如何是好。这朵儿只派来的人早已得了王爷的密嘱，要他止息这场纷争，于是便向太子妃道："王爷知王妃来此胡闹，触犯娘娘，不胜忿怒，特使我前来请罪，望娘娘念骨肉之情，饶恕这一次，以后定当重谢！"

太子妃阔阔真本也不是真心要去父皇面前评理，只不过是玩弄以攻为守的马戏罢了。此时见状，觉得应该适可而止了，这才放了奇儿乞回去。

奇儿乞回到家中，又被朵儿只声色俱厉地责骂了一顿。此时的奇儿乞明知其中有鬼，但苦于没有证据，即使浑身是嘴，也辩驳不过王爷，如何能咽得下这口恶气？当夜思前想后，竟拿了一条白绫系于梁下，将头伸了进去，要想解脱这世间无尽的烦恼。幸亏被侍女发现得早，解救下来。朵儿只见事情闹到这个地步，再加上此事确实是自己的不是，于是良心发现，不觉念起了夫妻之情，也好言相劝了几句。当夜又和她温存了一番，打消了她自尽的念头，这事才算平息下来。这事发生以后，朵儿只与太子妃虽然旧情未了，来往不断，但也敛迹不少，不敢肆无忌惮了。

德貌双优的太子妃阔阔真的风流事，不但没有造成更多的丑行，从

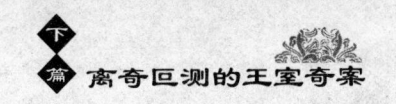

处理奇儿乞大闹东宫这件事上，可以看得出太子妃阔阔真虽性情贤淑，但非等闲之辈。

斡兀立·海迷失听政监国

元定宗贵由于公元1248年驾崩，其遗孀斡兀立·海迷失暂时听政监国。对斡兀立·海迷失的身世，大多数史学家认为她出身于斡亦剌氏，其祖辈是成吉思汗的功臣与亲家，在蒙古汗国具有很高的地位。也有人认为海迷失出身于蔑儿乞部，是一位喜欢争权夺势的女人。

斡兀立·海迷失虽然有很大的权力欲望，但不会处理朝政国事，她也没有想过怎样去管理一个国家，从而征求镇海等大臣们的见意。监国听政的斡兀立·海迷失像乃马真后一样，利用西域商人经商作交易，一味地搜刮财物。但她却缺乏乃马真氏的政治才能，而将大部分时间消磨在萨满教的巫术活动中。斡兀立·海迷失的所作所为惹恼了她的两个亲生儿子忽察和脑忽以及朝中大臣，他们看到斡兀立·海迷失不务正业，耽搁朝政。各宗王们也趁火打劫，他们纷纷擅自签发文书，颁降令旨。朝中的官员失去了的行政长官，同时也失去了应有的功能和权威，蒙古汗国陷入混乱的无政府状态。

汗位空虚及矛盾冲突集中在选择下一任大汗，这是当时蒙古汗国臣民共同关心的问题，也是各派势力斗争的焦点。作为贵由的皇后斡兀立·海迷失，当然希望汗位保留在窝阔台一系中，并与朝中亲信大臣商量，

他们的最佳人选是阔出之子失烈门。于是他们派人四处活动，包括派出谋士游说唆鲁禾帖尼王妃，唆鲁禾帖尼王妃表面上答应了他们的要求，但私下里却加紧了自己的活动。唆鲁禾帖尼是克烈部人（王罕脱斡邻勒的侄女），因此也是一位聂思托里安教徒，她不但精明，还很明智。

作为成吉思汗家族之首长王拔都，在这些事情上起了主导作用，他决定排除窝阔台系。他与拖雷的遗孀唆鲁禾帖尼联合起来，提名唆鲁禾帖尼与拖雷所生的长子蒙哥为大汗。因此，大约于1250年在伊塞克湖以北、拔都的阿拉喀马克营地，为此目的召开了库里勒台，在大会上，拔都推举的人选正是蒙哥。

然而，投票赞成蒙哥的只有术赤和拖雷家族的代表。窝阔台和察合台家族的代表们得知蒙哥的提名后，他们拒绝承认这次选举，理由是这次集会是在远离成吉思汗的圣地的地方召开的，无论如何，参加的人数很不充分。因此，拔都决定在斡难河原蒙古圣地上再召集一次有更多的人出席的忽里勒台。他们邀请窝阔台和察合台家族的成员们参加，当然，他的邀请遭到了拒绝。

拔都不顾窝阔台系、察合台系诸王的不合作态度，按原计划举行大会，到会的宗王贵族多数人也都拥护拔都的意见，大家反复劝说，一再推荐蒙哥为汗。但窝阔台、察合台系代表八剌、帖木儿一看大势不好，站出来反对拔都的意见。他们提出的理由是：会议不能违背先可汗的遗言。窝阔台在世时曾留下遗嘱，认为其孙失烈门可以继承汗位。现在失烈门年富力强，正可以出任大汗。而且当时各支宗王还曾约定，只要窝阔台系仍有后人，就不能奉其他系宗王为大汗。忽必烈站出来批驳了这一意见，他说：窝阔台大汗的遗嘱的确不能违背，但究竟是谁违背了窝阔台大汗的遗嘱呢？是乃马真后和你们自己。你们早已取消了失烈门继位的资格，让贵由继位为大汗，今天还能归罪于谁呢？拔都为忽必烈的聪明机智而叫好，再次强调指出："如今适宜于君临天下的是蒙哥合罕。成吉思汗家族中另外还有哪一个宗王，能够凭借正确的判断和清晰的思想掌管国家和军队？只有蒙哥合罕。"大将速不台之子兀良合台论证了蒙哥应该继位的理由。东道诸王塔察儿、也松哥及脱虎兄弟也坚决支持蒙哥为汗。会议终于通过了蒙哥为大汗候选人的决定。

蒙哥称大汗在窝阔台合罕和贵由大汗一系的一部分宗王、察合台的后裔也速蒙哥和不里等人的反对声中即位。但窝阔台系诸王并不甘心自己的失败，失烈门、脑忽、忽秃黑等率众前来，企图以祝贺为名，在宴会席上发动政变。这一阴谋被蒙哥汗廷一个名叫克薛杰的人偶然发现，叛乱被蒙哥挫败。

继承汗位后，如何处理这些政敌，蒙哥一时拿不定主意。他反复征求文武大臣们的意见。蒙哥听后有了主意，任命忙哥撒儿为蒙古汗国大断事官，负责处理此次政变事件。忙哥撒儿根据蒙哥指示及大札撒的规定，下令处死了三王的亲信77人，杀死了贵由的大将野里只吉父子，失烈门等三王因是近亲贵族，未被处死，但被终身监禁。忽必烈欣赏失烈门的才干，向蒙哥和忙哥撒儿提出要求，希望将失烈门放在自己帐下，令其戴罪立功。蒙哥同意了忽必烈的请求，但告诫他不可大意。窝阔台汗国被划分为六个小王国，由其六子合丹、嫡孙海都等分别治理。其二子阔端因与蒙哥兄弟关系良好、又未参与政变阴谋，未被处罚。不久，蒙哥大汗下令处死了察合台汗国的可汗也速蒙哥，而由合剌旭烈兀出任察合台汗国的可汗。

元定宗贵由遗孀斡兀立·海迷失不肯认输，迟迟不向新任的大汗低头。蒙哥下令将她逮捕，将她包在一个革囊中投入河中淹死了。虽有争夺权利的欲望，却没有治理国家的才能，最终导致了斡兀立·海迷失如此下场。

元惠宗妥欢帖睦尔的三个皇后

元惠宗妥欢帖睦尔在位时，先后册封了三位皇后。第一位册封的皇后钦察·答纳失里，第二位册封的皇后弘吉剌·伯颜忽部，第三位册封的皇后为奇·完者忽部，历史上称这三个皇后为三凤。

元惠宗妥欢帖睦尔刚即位时，因皇太后卜答失里对已死的燕帖木儿感恩。先是聘娶燕帖木儿的女儿的答纳失里作为元惠宗妥欢帖睦尔的皇后，封燕帖木儿的弟弟撒敦为荣王，又让燕帖木儿的儿子唐其势袭爵太平王、进阶金紫光禄大夫。撒敦病死之后，右丞相伯颜独揽大权。元惠宗妥欢帖睦尔渐渐开始信任伯颜，这使唐其势愤愤不平。

于是，唐其势与几个皇亲贵族秘密商讨，准备废元惠宗妥欢帖睦尔，杀死伯颜，另立新君，以此来恢复自己家族的势力。可是唐其势不小心走漏了风声。元惠宗妥欢帖睦尔立即派人召见亲信伯颜，商讨对策，并命他小心提防做好防范准备。

公元1334年六月的一天，唐其势先派遣他的弟弟塔剌海在东郊设埋伏，自己亲率兵将突袭皇宫。然而当他刚进入城池，伯颜亲自带领大批将士杀了出来。唐其势毫无思想准备，仓皇应战，而伯颜的军队却越来越多，把他和他的卫士们团团围住，最后唐其势终因寡不敌众，被拖下马鞍活捉。伯颜又带兵去东郊，将塔剌海的军队杀得东逃西窜，溃不成军，连塔剌海也一并活捉，关进了大牢。

伯颜押着两名罪犯，进宫请顺帝登殿亲加审讯。元惠宗妥欢帖睦尔说："唐其势兄弟谋反之罪昭然，何必再审，你就按国法严办吧！"伯颜便命卫士先将唐其势拖出午门斩首。唐其势返身攀住殿上栏杆，大叫道："皇后救我！"坐在元惠宗妥欢帖睦尔身边的皇后答纳失里虽然又悲又急，但不敢说一句话。唐其势又对顺帝说："陛下当初对臣的父亲有明令，宽恕子孙九死，为何今日违背前言？"元惠宗妥欢帖睦尔大怒，斥责道："谋逆之罪不可宽恕！当初你兴兵犯上，怎么不想到今日会身首分家呢？"两旁武士一拥上前牵扯唐其势，直至扯断栏杆，才把唐其势拖出殿外。这时，塔剌海吓得战抖不已，毕竟年纪小，一闪身，竟躲到了皇后的宝座下面，皇后不忍幼弟遭难，忙用自己的衣裙把他遮掩起来。但是伯颜岂肯放过，他在文宗朝与燕帖木儿争权好多年，一直屈居于燕帖木儿之下，早就窝着一肚子气。只听他一声怒喝，命卫士上前，将塔剌海从皇后的座椅下面拉了出来，拔剑出鞘，把塔剌海劈成两段。顿时，鲜血四溅，洒在皇后的衣裙上，吓得皇后面色如土，缩成一团。伯颜见状，微微冷笑一声，又对元惠宗妥欢帖睦尔奏道："皇后兄弟谋逆，皇后也有罪，何况皇后偏袒兄弟，显然是同谋。请陛下割舍私情，以正国法。"元惠宗妥欢帖睦尔听了，尚在犹豫，伯颜已下命令："把皇后拖出去！"卫士们见元惠宗妥欢帖睦尔没有表态，不敢动手。伯颜大怒，自己走上前，扯住皇后发髻，一把拖了下来。皇后大声啼哭，哀求元惠宗妥欢帖睦尔："陛下救我，陛下救我！"这时的顺帝也无可奈何，只是流着眼泪对皇后说："你兄弟身犯大罪，朕亦不能救你！"伯颜不耐烦了，下令卫士，把皇后拖出宫外，押到上都开平，暂时安置，听候发落。几天之后，就有燕京派出的使者，手持元惠宗妥欢帖睦尔诏书和一瓶鸩酒来到开平，命令皇后立即饮毒自裁。

答纳失里立当皇后还不到两年时间，又没有什么过错，只是受父兄

牵连，却遭到这个下场，实在是可怜。元惠宗妥欢帖睦尔对她这样无情，除了为报复太后卜答失里和燕帖木儿之外，还有另一层原因，那就是元惠宗妥欢帖睦尔册立答纳失里为后不久，又宠爱一个高丽女子奇氏。奇氏名叫完者忽都，本是侍女，长得极其秀丽，尤擅长调制饮料。元惠宗妥欢帖睦尔每用膳必定要她侍候。她聪明狡黠，善用心计，很快就博得顺帝欢心，由侍膳变成侍寝。皇后答纳失里知道后，醋意大发，好几次辱骂甚至责罚她；受了委屈，她不敢发作，但总到顺帝跟前哭诉一番。顺帝嘴上不说，心中颇为不满，渐渐便同皇后疏远起来。可见，假如顺帝一向同皇后情投意合，即使皇后犯了法，也会设法袒护的。答纳失里死后，元惠宗妥欢帖睦尔想立奇氏为皇后。当时，奇氏已为顺帝生下皇子爱猷识理达腊，因而更加得宠。

但是，伯颜却坚决反对，说奇氏是个高丽女子，并且出身微贱，不配正位中宫，元惠宗妥欢帖睦尔没有办法，只好改立弘吉喇·伯颜忽都为皇后。伯颜忽都是武宗皇后真哥的侄孙女，她同皇后答纳失里不同，性情温淑，表现得相当宽容大度，生活也很节俭。她从不与奇氏争风吃醋，相反还处处谦让，不时给奇氏一些赏赐。奇氏住兴圣西宫，元惠宗妥欢帖睦尔时常宿在那里，很少去中宫。皇后左右的人有些不平，但皇后没有一句怨言，一笑置之。奇氏生了皇子，更得元惠宗妥欢帖睦尔宠幸，不免骄矜起来，很想夺取皇后宝座，无奈同顺帝说了几次，元惠宗妥欢帖睦尔总是不敢，怕丞相伯颜阻挠。元惠宗妥欢帖睦尔即位之初，还略有些作为，以后，渐渐沉湎于酒色与享乐之中，常常不坐朝。凡朝事要政，多由伯颜决定。

这样时间一长，就处处受到伯颜的牵制。由此，奇氏更加痛恨伯颜，就经常在顺帝跟前说他的坏话。至元四年，元惠宗妥欢帖睦尔终于对伯颜的专横无礼忍无可忍了，在伯颜侄子脱脱的帮助下，设法铲除了这个

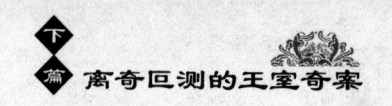

权相。伯颜死后，奇氏才得以立为第二皇后。她因伯颜忽都皇后待她不薄，不忍恩将仇报，所以让人替她上奏，要求仿照前代几位皇后并封的先例。元惠宗妥欢帖睦尔十分高兴地接受下来。

乃马真专权之谜

窝阔台喜欢喝酒，经常喝得酩酊大醉，毫无节制，这使得他身体日益虚弱，无论近臣们如何阻拦他，都未能成功。1241年，窝阔台终因饮酒过量而暴毙!

由于窝阔台是猝毙，所以没有订立遗嘱和选定汗位继承者。窝阔台的孙子失烈门因年幼而无能力管理国事，于是他的皇后乃马真氏就自行于1242年春称制。

乃马真氏为何要称制，这里有其原因。窝阔台生前与其长子贵由之间关系不很融洽，故不想让贵由继他的汗位。而窝阔台最宠爱的是贵由的三弟阔出，打算让其继位。可是阔出却在1236年死去，窝阔台悲痛万分，就想让阔出的长子失烈门作为他的继承人。窝阔台一死，乃马真氏脱列哥那袒护贵由，决定等贵由回来后继汗位。

此时，成吉思汗的幼弟铁木格欲夺汗位，便率兵开赴都城。由于"事起仓促"，乃马真氏"遂令授甲选腹心，至欲西迁以避之"。耶律楚材建议道："朝廷天下根本，根本一摇，天下大乱。臣观天象，必无患也。"于是乃马真氏立即遣使诘问铁木格，铁木格对自己的意图很后悔，

便托词参加某人的追悼会进行辩解，然后引兵退回驻地。

按照蒙古习俗，汗位的继承人还要经过忽里勒台（诸王大会）选举决定。乃马真氏便召集各宗王和将领赴都城和林（今蒙古人民共和国鄂尔浑河上游哈尔和林）参加忽里勒台以推选新汗。当时在诸王、贵戚中，西征军统帅拔都威望最高，可是他与贵由不和，因而反对贵由出任大汗，以患病为由，拒不赴会，致使忽里勒台不能如期举行，因此只得由乃马真氏摄政。到公元1246年秋天，拔都才派其弟别儿哥代他出席忽里勒台大会。由于乃马真氏的力争，大会达成协议，推举贵由为新任大汗。

乃马真氏称制后，回回商人奥都剌合蛮和波斯女巫师法提玛等人获得了宠信。乃马真氏命他们自拟法令施行，他们对推行"汉法"的耶律楚材加以排斥，因而致使内政败坏，法度紊乱，民力困乏。乃马真氏称制期间，曾发兵进攻南宋的两淮等地。

贵由即位后不久，其母乃马真氏就病死了，贵由于是就按自己的意志开始着手整顿朝政。首先，他授命皇弟蒙哥（拖雷之子）和斡儿答（术赤之子）调查审理铁木格图谋篡窃汗位未遂的事件，其结果是按札撒处死铁木格及其一些官员；其次，贵由杀死了乃马真氏宠信的奥都剌合蛮，将女巫法提玛沉入水中，开始起用被乃马真氏罢免的官员。

由于蒙古帝国内部矛盾也日趋激烈，贵由登基后，便插手察合台家族内政。察合台原来被成吉思汗封于中亚地区（察合台汗国），察合台临终时曾留下遗言封地由其长孙哈剌旭烈继承，这得到过窝阔台的认可。可是察合台的儿子也速蒙哥因与贵由关系密切，便在贵由上台后，迫使哈剌旭烈让位给自己，这引起了哈剌旭烈的不满。同时，贵由与堂弟拔都早在西征中就不和，后来拔都又反对贵由继大汗之位，因而双方结下了冤仇。

1247年秋，贵由任命野里知带为征西军统帅，率兵西进，进入波斯地区，借机与拔都相抗衡。第二年春，贵由以都城和林气候不好，叶密力的水土有利他养病为借口，亲率大军离开和林而西进。此时，拖雷之妻唆鲁和帖尼察觉贵由此举后，秘密通报拔都，拔都获悉后就整军待战。1248年3月，贵由在叶密力以东（今新疆青河东南）的行军途中突然病死，从而避免了一场皇室内部的争战。

贵由与其父窝阔台一样，大肆地赏赐，他下令打开府库，以金银财宝分赏诸王、贵戚、大臣等，仅一次就花费七万锭，大肆挥霍，企图宣扬自己的名声。可是事实上，他的业绩远不及他父亲和祖父。

贵由即位后沉溺酒色，身体日益虚弱。在他统治的两年中，就常因病不能亲自料理政务，重大事情只得委付亲信林臣镇海、合答裁决。因此，当时一直未改变"法度不一，内外离心"的日益衰腐的局面。贵由有三个儿子，贵由生前曾与诸王、贵戚约定，死后其汗位应由他的子孙继承，但贵由死后，汗位的继承却再次引起纷争。贵由的皇后斡兀立·海迷失，是蒙古斡亦剌部长之女，在蒙古贵族中有较高的地位，贵由死后便暂时由她摄政。

成吉思汗死后，术赤和拖雷的后裔宗王为一方，窝阔台和察合台的后裔宗王为一方，逐渐形成两个对立的派系。拔都以王室之长的资格，在阿剌塔黑山邀集诸王选汗，术赤及拖雷系后王应邀到会；但窝阔台、察合台系的后王，以大会应在蒙古本土举行为理由，拒绝参加；斡兀立·海迷失派遣使者八剌参加大会。会上，拔都提议推举蒙哥为大汗。八剌提出，窝阔台曾指定其孙失烈门为继承人，应选失烈门为汗。八剌的意见，遭到忽必烈兄弟及其他诸王的反对，他们说，乃马真氏立贵由为汗，早已违背窝阔台的遗旨；大将兀良合台、忙哥撒儿也竭力主张推选蒙哥。但是，按着传统的惯例，诸亲王不到会，选汗仍不能定议。拔都等议定，派别儿哥等率军与蒙哥一起返回蒙古本土，再邀请各系宗王在鄂嫩河畔

重开忽里台，正式选汗。

但是，反对蒙哥继汗位的亲王们，仍然有很大的力量。除窝阔台系失烈门之外，贵由的两子火者和脑忽都企图继承汗位；察合台系的也速蒙哥也主张，汗位应属于窝阔台后人。拔都和唆鲁禾帖尼多次遣使往来商议，不得一致，前后拖延两年之久。1251年6月，拔都定议，由唆鲁禾帖尼在克鲁伦河和鄂嫩河源的阔帖兀阿阑之地，正式举行大会，承认阿剌塔黑大会的既成事实，推举蒙哥为大汗。

选举蒙哥为大汗的大会，失烈门、火者、脑忽等拒不参加。选举之后，失烈门、脑忽和脱脱（窝阔台孙）率领军兵而来，以祝贺为名，企图在诸王欢宴时发动叛乱。他们的大胆而又准备得很好的计划几乎成功，但还是由于纯粹的偶然事件而突然暴露。为了寻找一头丢失的牲畜，蒙哥家中的一名驯鹰人偶然遇到一辆失烈门辎重车队的马车，它是因损坏而落在后面的。驯鹰人发现不少武器被秘密地藏在车中，便急忙回到大汗营帐，警告他的主人可能遭到袭击。

蒙哥得知后，派遣旭烈兀和大将忙哥撒儿领兵二三千人出迎，随即把失烈门等王逮捕审问，杀死从叛将士七十人。贵由任命的驻波斯将军野里知吉带，也因两子参与谋乱，被处死。窝阔台和贵由的重臣镇海、合答以及他们的同僚，被带到蒙哥的大断事官忙哥撒儿面前，他们被宣告犯有唆使脑忽和失烈门叛乱之罪，需用生命来抵偿。作为窝阔台系的长期家臣，他们不能改变效忠的对象进入新的政权，因为一个蒙古亲王与他的家臣总是荣辱与共的。次年，蒙哥又处死了斡兀立海迷失和失烈门的母亲，已经处在监禁中的待罪诸王则由大汗亲自审问。忽察、脑忽、失烈门和其他后来牵连到阴谋之中被证明有罪的人，起初或被流放，或监禁在军营之中，随后全部被处死。

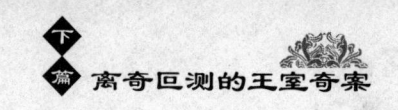

成吉思汗为何一生珍爱皇后孛儿帖

根据《蒙古秘史》的记载，孛儿帖的年纪比成吉思汗长一岁。她为人贤明，帮助成吉思汗创立大业。她与成吉思汗刚结婚的时候，便被蔑儿乞人掳走，成吉思汗便请求克烈与札达兰两部落的援军进攻敌人，最后终于救回孛儿帖。原本成吉思汗与札达兰的部长札木合有结拜之谊，但孛儿帖深知札木合有要与成吉思汗兼并的意思，便劝成吉思汗与札木合分离。成吉思汗与札木合分离后，果然独霸一方。蒙力克的第四个儿子阔阔出，假巫术之名挑拨成吉思汗与其弟合撒儿的感情，又羞辱斡赤斤，于是孛儿帖进言，请成吉思汗杀阔阔出，从此安定了族人。

孛儿帖生有四个儿子与五个女儿，儿子分别是术赤、察合台、窝阔台、拖雷，其中窝阔台后来登基，是元朝的太宗皇帝，另外三人被元世祖忽必烈追尊为皇帝，其中，拖雷是睿宗皇帝，术赤是穆宗皇帝，察合台是圣宗皇帝；女儿分别是豁真别乞、扯扯亦坚、阿剌合别乞、秃满伦、阿儿答鲁黑。谣言传说：孛儿帖被蔑儿乞族掳走，等救回时已有身孕，这时生下的术赤是蔑儿乞人的孩子，而"术赤"二字是"客人"的意思。但《蒙古秘史》（正史）记载：孛儿帖在被捉之前已经怀有身孕，她被蔑儿乞人掳走的时间不超过九个月，因此术赤是成吉思汗的儿子。

孛儿帖作为蒙古汗国的皇后，成吉思汗的正妻，一生备受成吉思汗珍爱。即使成吉思汗贪恋美色，一度冷落了皇后，以致于孛儿帖爱上了

汗帐内的一名宫廷乐师，成吉思汗也没有因此发难于她。因为这一生，成吉思汗一直感觉愧对心爱的妻子孛儿帖，无论妻子有何过错，成吉思汗都不会责难。

公元1179年，这个愧疚的起源，要从他和孛儿帖结婚时说起，铁木真与孛儿帖喜结良缘。蔑儿乞人决心报复，派出300人，抢走了铁木真的新婚妻子孛儿帖。

因为铁木真的母亲诃额伦本是蔑儿乞人首领脱黑脱阿的弟弟也客赤列都的未婚妻。被铁木真的父亲也速该抢来做了自己的老婆。为了报复也速该，脱黑脱阿强迫孛儿帖与也客赤列都的弟弟赤勒格儿结婚。孛儿帖无力反抗，只好听天由命，等待铁木真前来搭救。

就这样孛儿帖是被蔑儿乞人抢走的。要从他们手中抢回孛儿帖，不能只凭少数人的力量，必须有一支人数众多的军队。如何组织起这样的一支军队呢？铁木真唯一可以依靠的便是他的"安答"扎木合和王罕了。铁木真结婚时，曾将岳母搠擅夫人带来的珍贵礼物——黑貂端罩（黑貂皮做的短大衣，不沾水，不落雪），送给了"义父"——王罕，克烈部的首领。王罕得到了这件珍贵的礼物，兴奋地对铁木真说："你离了的百姓我与你收拾。漫散了的百姓，我与你完聚。我心里好生记着。"现在铁木真就来求王罕帮他救妻，因王罕七岁时，曾答应了。扎木合与铁木真是从小玩到大的伙伴，曾数次结为安答，根据蒙古传统，结为安答后，要同生死，不相弃。因此，扎木合也同意帮助铁木真，并帮助铁木真将也速该的百姓收集了10000人，铁木真从此有了自己的百姓和军队。王罕、扎木合和铁木真聚集了四万人的军队，以压倒性的优势向蔑儿乞人发起了进攻，蔑儿乞人大败而逃。

铁木真夺回了失去9个月之久的孛儿帖，并尽诛围困他的300个蔑儿乞人。孛儿帖虽然抢回来了，但当初蔑儿乞人突然侵入的时候，铁木

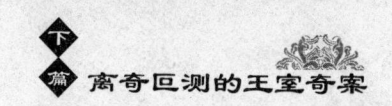

真将她抛弃了,铁木真心里始终感觉愧对妻子,所以当孛儿帖被夺回不久便生下术赤被人议论时,成吉思汗并不曾责怪她一句。对于术赤,成吉思汗既不十分亲近他,但也不鄙视,足见他对妻子孛儿帖的愧疚之深!

孛儿帖在铁木真最落魄时嫁给了他,虽然被人抢去为妻,却仍爱着铁木真,在他一生的事业中,忠心服侍他。成吉思汗也是知恩必报的汉子,一生尊重自己的妻子。大概成吉思汗心中的愧疚是他一生珍爱孛儿帖的重要原因吧。

权欲弩戈：王室宫廷的政治谜团

在以真定为中心的滹沱河流域，上下 2000 年，发生了多少影响历史进程的事件。但是，并不是所有的人和事都能得到正面的评价。有的建立了奇功伟业的人，在今天，却颇有争议；有些看似轰轰烈烈的大事，在历史史册是被记入另册的。功过是非，如何评说？

八思巴是忽必烈的帝师吗？

八思巴·洛哲坚赞，生于公元 1235 年，是桑查索南坚赞和更噶吉的长子。为西藏佛教萨迦派第五代师祖。元世宗忽必烈时期的帝师。

八思巴聪明颖悟，幼年时就博览群书，博学无厌。在八思巴·洛哲坚赞 7 岁时，就能诵读经数十万言，能粗通其大义，藏人都称他为圣童。

大概在9岁左右，就开始学习"五明"学。八思巴11岁时，随伯父萨迦班智达，接受元太宗窝阔台汗王子阔端之的邀请赴凉州即（今甘肃武威）。在他16岁以前，主要是从他伯父萨班学习萨迦法王的一切教法。

公元1251年夏，元世宗忽必烈驻扎六盘山时，听说了八思巴·洛哲坚赞的才能，于是就派人去凉州迎请八思巴与之会面。这是八思巴·洛哲坚赞与忽必烈的第一次相见。两人经过一番深谈，忽必烈知道了八思巴·洛哲坚赞的才能名副其实，甚至高于八思巴·洛哲坚赞的叔叔。随即忽必烈与八思巴结为施主与福田，尊封八思巴·洛哲坚赞为自己的上师。八思巴·洛哲坚赞的叔叔萨班病重，八思巴即返凉州。其叔叔萨班临终前，将衣钵及法螺等物传给八思巴，八思巴·洛哲坚赞就成为萨迦派的第五代主持。

公元1253年，八思巴·洛哲坚赞在忒剌第二次见到忽必烈，忽必烈对八思巴·洛哲坚赞的渊博学识、谦虚美德非常崇敬，经过这次长谈，八思巴·洛哲坚赞对忽必烈亦表示了忠心不二。在这次会面期间，八思巴·洛哲坚赞给忽必烈和他的妻子察必皇后及亲属子女授经说法，并授了金刚乘密法大灌顶，忽必烈感激不尽，也看出了八思巴·洛哲坚赞对自己的忠诚。于是册封八思巴·洛哲坚赞为国师。

公元1254年忽必烈赐给八思巴一份"优礼僧人诏书"。这份诏书中写道：忽必烈接受了八思巴的灌项，册封八思巴为国师，让八思巴·洛哲坚赞统领所有元朝上下的所有僧众。所有僧人不可以违背国师的法旨，要谨慎修行。并注明无论军官、军人、达鲁花赤、金册使者等都要对乌斯藏各教派一律尊重，对僧人不准欺凌、摊派兵差、赋税、劳役等，寺庙的土地、水流、水磨等谁都不准夺占、强取。公元1255年，八思巴·洛哲坚赞在河州迎请札巴僧格等高僧前来，受了比丘戒。受戒后，八思巴·洛哲坚赞跟随忽必烈去上都，在此期间，八思巴·洛哲坚赞曾参加了

西京佛道两教之争的辩论会。会上，八思巴·洛哲坚赞以广博的学识，了无滞碍的辩才，引经据典，使以丘处机（长春真人）为首的众道家理屈辞穷，道方认输，焚其经卷，归还道教所占据的佛刹。这可能就是元初年道教衰败的主要因素吧。

公元1260年，忽必烈继大汗位，建立元朝，庙号元世祖，历史上又称"薛禅皇帝"。忽必烈立即封八思巴·洛哲坚赞为国师，掌天下释教。公元1264年，元朝设总制院（后改为宣政院），八思巴领总制院事，管理全国佛教事务和藏区政教事务。八思巴·洛哲坚赞于公元1265年返回西藏，临行之前，元世宗忽必重新封他为藏区政教之主，并赐以珠宝册印。第二年八思巴·洛哲坚赞到达萨迦，在扎西阁芒寺中，用金铜塑造了喇嘛、皇帝等的七尊金身，修建了多门吉祥金塔，用金汁写成了200多函《甘珠尔》经。

八思巴·洛哲坚赞于公元1267年重返北京。公元1269年他向元世祖忽必烈奉献了他创制的蒙古新字，忽必烈正式下诏颁行于全国，在诏文中规定以新字为国书，用它来释写一切文字，凡颁降玺书并用新字。这就是历史上有名的"八思巴文"。蒙古新字的创制，使蒙古族人民有了本民族的文字，不仅丰富了民族文化，也提高了蒙古族人民的文化素质。

公元年1270年，八思巴再次给元世祖忽必烈灌顶，元世祖忽必烈为酬答八思巴灌顶之恩和造字之功，将西藏三区赐予八思巴作为供礼，还将八思巴进封为"大宝法王"，其封号从"国师"升为"帝师"。并再一次赐诏文："普天之下，大地之上，西天佛子，化身佛陀，创制文字，护持国政，精通五明班智达八思巴帝师"。又于《八思巴行状》中明确记载："庚午，师年三十一岁，时至元七年，诏制大元国字，师独运摹画，作成称旨，即颁行朝省郡县遵用，这为一代典章，升号帝师，大宝法王，更赐玉印，统领诸国释教。"同时又授予八思巴统领西藏十

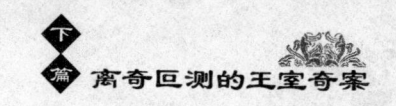

三万户之职权。

公元 1276 年，八思巴·洛哲坚赞在皇太子真金以及西平王奥鲁赤护送下返回后藏萨迦。到萨迦后，他自任萨迦法王，任命本钦释迦尚波统领西藏十三万户，僧俗共用，军民混编，这是为萨迦派在西藏实行政教合一的先河。

在八思巴·洛哲坚赞的一生中，不但把西藏的建筑技巧、雕塑艺术和大量的梵藏经典传播到内地、蒙古地区，还把内地的印刷术、戏剧艺术传到西藏，促进了民族间、地区间的文化交流。在元朝政府机构里，设有专门翻译梵经的局所，八思巴·洛哲坚赞和他弟子们亲自参加翻译。公元 1280 年（至元十七年）时，有司奏上八思巴·洛哲坚赞等人新译出的戒本就有 500 部之多。他的著作有函传世，印版在四川德格印经院。其重要著作有《道果传承·礼供》《密续修证·幼树》《续部目录》《帝王教授集·明饰》《菩提道藏》《萨迦五祖文集目录·幻钥》等。

八思巴·洛哲坚赞于公元 1280 年，即元世祖至元十七年在萨迦圆寂，年仅 46 岁。公元 1282 年，元世宗忽必烈为他的帝师八思巴·洛哲坚赞建造帝师八思巴舍利塔。并于公元 1324 年，元泰定帝元年八月，泰定帝也孙铁木儿绘制帝师八思巴像十一，颁行各行省，俾塑祀之。追谥为"皇天之下，一人之上，开教宣文，辅治大圣至，德普觉真智佑国，如意大宝法王西天佛子，大元帝师板的达巴思八八合失。"

博尔术为何被封为蒙古第一人

公元 1206 年，铁木真统一蒙古各族，被推举为"成吉思汗"，意为"天赐之汗"，如同自称"天子"的中原皇帝。成吉思汗即位后的第一件事，便是分疆授土，大封功臣。每个人都因战功赫赫，被成吉思汗封为千户甚至万户，但谁是受到成吉思汗最高封赏的人呢？

有人说是木华黎，因为他被封为左手万户；也有人说是蒙力克，因为他是第一个受到封赏的人；还有人说是夫吉忽秃忽；因为他被封为最高断事官，相当于"丞相"。但回答是否定的。其实，受到成吉思汗最高奖赏的不是别人，正是成吉思汗的第一个伙伴——博尔术。他与成吉思汗"共履艰危，义均同气，征伐四处，无往不从"，君臣之契，犹如鱼与水也。"成吉思汗在封赏大会上列举了博尔术的诸多功绩后说："今国内平定，多汝等之力，我与汝犹车之有辕，身之有臂，汝等宜体此勿替。今封你为第二千户，并右手万户，居众人之上，虽九罪而不罚。"并对博尔术说"你的地位在汗之下，但在众异密和庶民之上。"博尔术成为"一人之下，万人之上"的天之宠儿。据说，成吉思汗分封博尔术之前，还有一段故事。当时，成吉思汗遍赏群臣，唯独遗漏了博尔术一人。晚上，博尔术的妻子心里不平衡，开始发起牢骚来，埋怨成吉思汗忘恩负义，不封赏博尔术。博尔术打断了她，说："我事侍可汗，并非为了索取报酬。不论可汗如何待我，我都会尽心尽力为其效劳，虽死不辞！"他们的话被成吉思汗派来的探子全听到了。第二天，成吉思汗拉着博尔术的手向众人复述了昨天博尔术的话，他用感激的语调喊道："听啊，我的一切亲王和贵人；听啊，我的人民；你们都来作证，这就是他，我的博尔术啊，在危险的日子里，他是我忠诚的伴侣；在战争降临时，他视死如归，勇敢冲锋。今天，我叫他位于你们一切人之上！"

真的，无论在实际地位上，还是在成吉思汗心里，博尔术永远是第一人。为什么博尔术会获得如此巨大的荣誉呢？这还是从两人的相识开始谈起。

当年也速该一死，泰赤乌部就丢弃了铁木真母子，去投奔札木合去了。铁木真稍稍长大了一些，泰赤乌部的塔儿忽台又带人袭击了他们，并将铁木真抓走了。幸亏锁儿罕失剌一家人相救，铁木真才得以死里逃生。一家人担心泰赤乌部人再来，便辗转迁徙到不儿罕山前的古连勒古山中，靠捉土拨鼠、野鼠生活。不幸接踵而来，刚过了几个月安定生活的铁木真一家，八匹银合马又被几个主儿乞人抢走了。马是蒙古人的"脚"，是蒙古人的财富，甚至是蒙古人的生命。铁木真一家的全部财富就是这八匹银合马以及锁儿罕失剌送给铁木真逃命的那匹秃尾劣黄马。八匹银合马被抢，几乎等于掏空了铁木真家的全部家当，铁木真自然不肯善罢甘休。他骑着那匹秃尾劣黄马追去，但此马太差了，三天三夜都没追上，并且连贼人的影子都没见着。第四天早晨，铁木真遇到了正在挤马乳的少年博尔术，便向他打听银合马的下落。博尔术是蒙古阿鲁剌惕氏首领纳忽伯颜的儿子，他听说了铁木真的事，心中十分同情，对铁木真说："你来的好生艰难，男儿的苦难都一般，我与你作伴一同去赶。"他给铁木真牵来一匹黑脊白身的快马，自己也跳上一匹甘草黄快马，寻着踪迹，一路快马加鞭，追踪而去。又追了三天三夜，终于在第六天的黄昏，在一个营地旁发现了丢失的八匹银合马。他们趁着四下无

人,顺利地将八匹银合马从营地中赶了出来。不久,主儿乞人发觉刚偷回来的马匹不见了,便三五成群地急追而来。铁木真见贼人追来,便回头与跑在最前的主儿乞人对射起来。天渐渐黑了,主儿乞人停止了追赶,铁木真与博尔术终于安全回到博尔术家。

铁木真为答谢博尔术的仗义相助,愿以马相赠。博尔术拒绝了。说:"我见你辛苦,所以帮助你,跟你作伴去寻马,如何能贪图外财要你的马。若要你的马,与你做伴还有什么意义。"晚上,博尔术父子宰羊羔热情地款待了铁木真,第二天又给他食物、马乳送他上路,使铁木真能顺利地回家。纳忽伯颜对他们说:"汝二少年,今宜相顾,后亦勿相弃也。"后来,铁木真与孛儿帖喜结良缘,派弟弟别勒古台去请博尔术。博尔术来后,便不再回去。自此,这位富家子弟便一直跟随铁木真,结束了铁木真"除影子外无伴当"的生活。博尔术因此成为铁木真的第一位那可儿,也是最知心的朋友与伴当。

博尔术作了铁木真的伴当后,一生相随,不离左右。他与木华黎、赤老温、博尔忽号称四杰,为成吉思汗东征西讨,立下赫赫战功。在乃蛮部打败王罕,抢走其全部牲畜的时候,四杰受命前往救助,帮王罕夺回了全部牲畜。此役打出了四杰的威风,博尔术也因一马当先,作战勇敢而名声大振。他在跟随成吉思汗征讨塔塔儿部时,战斗异常残酷激烈,许多人撤退逃跑了,但博尔术系马于腰,分寸不离敌处,终于鼓起了全军士气,终于打败了塔塔儿人。

由于博尔术作战勇敢,又足智多谋,成吉思汗信任恩宠有加,常将其留在身边,督领中军,辅佐自己,使得博尔术很少能够独当一面,故而战功不著,但护卫大汗、辅佐之功却在众人之上。在与王罕作战时,成吉思汗的马被射死,幸得博尔术赶来,救得其性命。当天夜宿荒野,又天降雨雪,博尔术与木华黎张毡为帐,为成吉思汗遮避风雪,通宵直立，虽雪深数尺而足步不移，其忠心可嘉。在与蔑儿乞人作战时，因寻不见可汗，曾数次入敌阵寻之，忠勇之心，天地明鉴。博尔术除了护卫成吉思汗，还时常像谏臣一样忠正不阿地给成吉思汗提意见，劝解他。西征时，术赤、察合台、窝阔台三人攻下花剌子模故都玉龙杰赤，悉分所获，没有留一份奉献给成吉思汗，惹得成吉思汗大为光火，不许他们再回国觐见。博尔术劝解说："皇子们攻下敌城，这是件可喜可贺的事情。他们虽然将城池分了，但他们是您的儿子，那么这些城池不还是您的吗？请不要再责怪他们了，让他们来觐见请罪吧。"听了博尔术的一番话，成吉思汗终于原谅了儿子们。

这种忠诚的那可儿，晚年因病去世，成吉思汗痛心不已，哀悼至天明。博尔术忠心为国，其后代也忠心事元，满门忠烈。博尔术被成吉思汗封为"蒙古第一人"确实当之无愧。

肆无忌惮的短命鬼卢世荣

卢世荣是出生于大名府的汉人。阿合马掌权时，卢世荣行贿得官，为江西榷茶运使。贪污了几年，被人告发而丢官。

阿合马被杀后，元朝大臣"讳言财利事"，朝廷收入大减，使得忽必烈日感不悦。畏兀儿人桑哥时任总制院使，就向忽必烈推荐卢世荣，说此人"能救钞法，增课额，上可裕国，下不损民"。

忽必烈亲自招见卢世荣，"奏对称旨"。老皇帝不放心，让卢世荣与

右丞相和礼霍孙当朝廷辩，"论所为之事"。卢世荣乃阿合马爪牙，巧言能辩，又精熟蒙古语，在辩论中滔滔不绝，说得和礼霍孙及右丞麦术丁等人理亏辞穷。老皇帝看在眼中，喜在心里，立命他为尚书右丞，并罢去和礼霍孙的右丞相职位，起用先前被阿合马排挤出朝的安童为右丞相。安童平定西北诸王之乱时，因蒙古贵族内讧，被当作俘囚送往叛王海都处，此时被放还不久。

安童回朝后，虽然他属于真金太子的儒臣派，也感受到老皇帝对钱财的渴恋，于是他"配合"卢世荣一起进行经济改革，整治钞法，禁止私下贸易，并对金银重新定价。

说句实话，卢世荣所采取的措施，起初非常有利于民，诸如减免江南农民的租课，给内外官吏适当加俸，收赎江南失业贫困人民因贫困而卖出的妻儿，免除民间包银三年等等。不久，针对钞法虚弊，卢世荣又提出要仿习汉唐两朝，在天下括铜铸至元铜钱，并在国内推行新的绫券，与纸钞同步使用。看到卢世荣献上的崭新绫券样币，忽必烈大喜，马上说："便益之事，当速行之。"

见忽必烈如此支持自己的"改革"，卢世荣胆量倍增，脑子天天转得飞快，不久又上奏新的经济改革方案：

"于泉、杭二州立市舶都转运司，造船给本，令人商贩，官有其利七，商有其三。禁私泛海者，拘其先所蓄宝货，官买之；匿者，许告，没其财，半给告者。今国家虽有常平仓，实无所畜。臣将不费一钱，但尽禁权势所擅产铁之所，官立炉鼓铸为器鬻之，以所得利合常平盐课，籴粟积于仓，待贵时粜之，必能使物价恒贱，而获厚利。国家虽立平准，然无晓规运者，以致钞法虚弊，诸物踊贵。宜令各路立平准周急库，轻其月息，以贷贫民，如此，则贷者众，而本且不失。又，随朝官吏增俸，州郡未及，可于各都立市易司，领诸牙侩人，计商人物货，四十分取一，以十为率，四给牙侩（经纪人），六为官吏俸。国家以兵得天下，不藉粮馈，惟资羊马，宜于上都、隆兴等路，以官钱买币帛易羊马于北方，选蒙古人牧之，收其皮毛筋骨酥酪等物，十分为率，官取其八，二与牧者。马以备军兴，羊以充赐予。"

忽必烈闻奏，连连点头称善，尤其卢世荣所奏出官钱买马让蒙古人蓄养而后政府收利一事更是赞赏有加，"此事亦善，太祖时欲行之而不果，朕当思之。"

听皇帝如此说，卢世荣喜出望外，忙叩头言道："为臣行事，多遭人嫉恨，日后必有上言说臣坏话的人，为臣十分害怕，请陛下做主。"

忽必烈闻言，忙为卢世荣打气："你别害怕朕对你有什么不利，还是小心爱卿你自己的饮食起居吧。善跑猎犬，狐狸肯定不喜欢，主人又怎能不喜欢！爱卿所行之事，皆出自朕意。现朕为你增加从人侍卫，爱卿可小心自卫门户。"不仅言语上支持，忽必烈还亲自下旨，命安童给卢世荣增派侍从，可见这位财臣当时在忽必烈心目中的地位。

卢世荣为了增加自己在朝廷中的力量，奏升六部为二品官衔。而后，忽必烈又依从卢世荣所奏，罢停行台，并改按察司为提刑转运司，兼任钱谷财赋之事。不久，卢世荣又设立"规措所"新机构，选取的官吏皆是些"善贾"的买卖人。忽必烈阅奏，不清楚"规措所"这个新增的秩五品机构是干什么的，卢世荣忙解释说此所用以"规画钱谷"。老皇帝立刻批准成立。

得寸进尺之余，卢世荣又上奏："天下能理财者，从前皆奔走于阿合马门下，现在他们都被划入黑簿中，怎能因一人之故而尽废其才。为臣我想从中择选一些有用之人，又怕有人说我是任用罪人。"

忽必烈觉得卢世荣言之有理，表示"可用者用之"。

于是，昔日与卢世荣同甘共肥的一帮阿合马死党，纷纷得到重新的擢用。

卢世荣的理财改革，真正实施之后，好多事情根本行不通。皇太子真金就明白表示反对，"财非天降，安得岁取赢乎！恐生民膏血，竭于此也。岂惟害民，（卢世荣）实国之大蠹"。

从前推荐卢世荣的桑哥，听闻真金太子如此说，也急忙中止了与卢世荣的密切联系。

忽必烈对卢世荣百依百从，"你办事，我放心"，于是老皇帝又去上都巡游。元朝在忽必烈时代实行两都体制，一般来讲，每年三月份至九月份，忽必烈住在上都（开平），其余时间，则居于大都处理公务。这种体制，取源于辽朝皇帝的五都"纳钵"（捺钵）。由于同为游牧民族，蒙古人把契丹人的这种四季纳钵制加以引用，只不过是由"五都"改为"两都"。满清帝王在承德修建避暑山庄，也类似这种"两都制"。

"（卢）世荣居中书（省）才数日，恃委任之专，肆无忌惮，视丞相犹虚位也。"大臣有人与卢世荣意见稍不合，即被诬"废格诏旨"，旋即被杀。如此一来，"朝中凛凛"，丞相安童等人见卢世荣作为一个汉人，如此擅权越职，非常不满。而且，"经济改革"实施数月，安童等人发现根本不起效应，怕日后对自己有所拖累，就派御史上章弹劾卢世荣，罪状大抵如下：

"（卢世荣）苛刻诛求，为国敛怨，将见民间凋耗，天下空虚。考其所行与所言者，已不相副：始言能令钞法如旧，弊今愈甚；始言能令百物自贱，今百物愈贵；始言课程增至三百万锭，不取于民，今迫胁诸路，勒令如数虚认而已；始言令民快乐，今所为无非扰民之事。若不早为更张，待其自败，正犹蠹虽除而木已病矣。"

忽必烈在上都接到御史大夫转呈的奏状，自然非常恼怒，即日派人带诏旨命右丞相安童召集官员大臣，研究对卢世荣的弹章。而后，又命

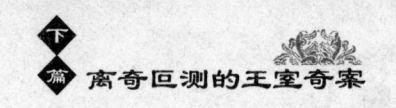

人把卢世荣押上都审讯。

经过审讯,卢世荣主要罪状如下:第一,不经丞相安童同意,私自支钞二十万锭;第二,擅升六部为二品;第三,未与枢密院商议,擅自征调行省一万二千人置济州;第四,擢用阿合马党人,害公扰民。

元大都平面复原图不久,皇帝和众臣廷对时,已为犯人的卢世荣在忽必烈面前"一一款服",其实,他这招儿装可怜也是想自揽责任,为老皇帝"遮丑",因为他罪名中的第二项和第四项都是忽必烈照准的。别说,这招儿起先还管用,忽必烈没有立即杀掉卢世荣,只是下命:把他收押下狱。

由于得知真金太子深恨卢世荣,推荐卢世荣上台的桑哥也"钳口不敢言",没有挺身而出搭救卢世荣。

延至年底,忽必烈见敛财无方,愈想愈气,就问身边蒙古大臣对卢世荣的看法。大臣自然厌憎这位敛财损人的汉人,忙回禀说:"近日听新入中书省的汉官议论,他们说卢世荣已经认罪,件件罪名属实,却仍旧被养在监狱里,白白浪费粮食。"

又老又胖的皇帝闻言很是上火,立刻下令把卢世荣押到闹市开斩,并派人把卢世荣一身上下百多斤肥肉割下,带到御苑去喂驯养的飞禽和水獭。

阿合马便宜了狗肚子,卢世荣养肥了禽獭,元朝二位"财神爷"的下场真可谓殊途同归。但阿合马荣华富贵十九年,卢世荣从上台到被处死才一年的时间。

卢世荣被逮治,也触发了元廷中儒臣和财臣之间更加尖锐的矛盾。相互斗争之下,真金皇太子反倒成为牺牲品。真金太子生母察必在1281年病死,忽必烈便于两年后立弘吉剌氏南必为皇后。由于年岁已高,忽必烈非重大事不见群臣,南必皇后频频现身。为此,江南行台监察御史

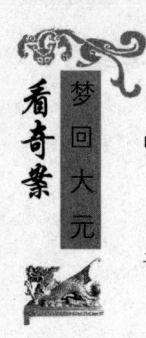

曾经有人封章上奏："帝（忽必烈）春秋高，宜禅位于皇太子，皇后（南必）不宜外预。"此种腐儒之见，在从前的汉族朝代尚可容忍，但对于蒙古帝王来讲，却是令人大恼火不可恕之事。

阿合马党羽塔即古等人得悉此事后，认为有私可乘，便借理算为名突然封存御史台奏章，把此事上报给忽必烈。

老皇帝一直担心自己被架空，听说有人要自己禅位于太子真金之事后，怒火攻心，立刻派人前往御史台查阅奏章。眼见纸包不住火，御史大夫月律鲁只得急忙向丞相安童求救，于是二人入宫面见忽必烈请罪，把事情原委一一奏明，并指出塔即古本来就是阿合马的奸党，想搞出事端来陷害皇太子。经心腹大臣一番解劝，忽必烈怒火稍息。但是，皇太子真金因数日忧惧，身体抵抗力奇差，不久即染病而亡，年仅四十三岁。元成宗继位后，追谥真金太子（自己父亲）为文惠明孝皇帝，庙号裕宗。所以，元朝朝廷内儒臣派虽然取得暂时胜利，却丧失了他们的领军人物皇太子，损失不可谓不大。

自树"功德碑"的吐蕃人桑哥

桑哥，吐蕃人，其发迹之始，"能通诸国言语，故尝为西蕃译史"，是个有语言天赋的"高级翻译"。当然，在元朝仅仅是个"舌人"翻译，是混不出名堂的，即使是会造抛石机的"高工"，攻城缺材料时也会被蒙古人扔入濠沟充当填充物。桑哥之所以能接近帝室，最主要原因在于他

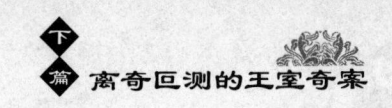

是蒙古国师胆巴的弟子。

胆巴之名，现在几乎无人知晓，但在元朝时，他的大名仅次于八思巴。胆巴本人是"法王上师"萨班的高徒，中统年间（也可能是圣元年间）由帝师八思巴推荐，得以面见忽必烈，得到信任，奉诏居于五台山主持佛事。由于他名气大，常往来京城间，为蒙古王公们授法灌顶，加上他能以藏药治病，因此很受器重。胆巴的相貌很特别，长有两颗大而长的暴牙，露于齿外。这种大眦牙，在当时蒙古人眼中都被视为"异相"。一张大脸虽然有些像鼹鼠，为人却很正直。

至于桑哥，由于一直"狡黠豪横"，胆巴对这个徒弟日益生出反感，斥责并与之疏远。但是，桑哥"好言财利事"，正得忽必烈欢心，先把他升为"总制院使"，"兼治土蕃之事"，又有治理藏地的实权，地位越来越高。他人相后，向忽必烈进谗言，把胆巴国师外贬，一会把这位高僧贬往临洮，一会儿又把他流往潮州，很想在途中使胆巴劳累得疾而死。

恶徒欺师，从此即可看出桑哥卑劣的人品。不过，胆巴命大，桑哥被诛后，终于活着回到了大都。

其实，阿合马、卢世荣被诛后，忽必烈也意识到儒臣的重要性，并任命程文海（字钜夫）为侍御史，行御史台事，派他到江南招募汉族名儒。

台臣对奏，表示说程文海是"南人"，年纪又轻，"不可用"。忽必烈大怒，叱责道："汝未用南人，何以知南人不可用！自今省、部、台、院，必参用南人。"以此，忽必烈也想平衡西藏色目"财臣"和汉人儒臣在朝中的政治势力。

行诏江南时，忽必烈一改昔日蒙古文书，"特命以汉字书之"。

程文海此次江南之行收获颇丰，为元朝网罗招致了叶李（曾在南宋上书指斥贾似道）、赵孟（宋太祖之子秦王赵德芳之后）等二十多位名

儒，唯独南宋旧臣谢枋得坚守臣节，力辞不至。

汉人儒臣虽得任用，儒户御役也得减免，但元朝兵戈繁兴，维护帝国如许大的摊子，没钱万万不行。于是，吐蕃人桑哥又被忽必烈当作新一位"财神爷"。

公元1287年初（至元二十四年），在麦术丁建议下，忽必烈任桑哥和铁木儿为平章政事，重新立尚书省，"改行中书省为行尚书省，六部为尚书六部"，更定钞法，在朝境内颁行"至元宝钞"。

桑哥这位吐蕃人翻脸不认人，上任后首先检核中书省账目，查出中书省"亏欠钞四千七百七十锭"，时任尚书省平章的麦术丁自认倒霉，只得"自伏"，心中暗悔日前荐引桑哥当"理财"大臣。于是，桑哥雷厉风行，在省部及各地大行"钩考"，当众命从人殴打汉族大臣，杀了不少与己议不和的人立威。

由于桑哥敛财有道，为元廷在半年多时间内增加了不少收入。汉人左丞叶李等人上奏忽必烈认为桑哥应该任"右丞相"。所以，同年十一月，元廷就诏任桑哥为"尚书右丞相兼总制院使，领功德使司事，进阶金紫光禄大夫"。桑哥乘机又擢升了好几个私人党羽。

纵观桑哥的"经济改革"措施，其实与阿合马如出一辙。其一，"以理算为事"，设征理司这样的新部门，对江淮、四川等六个行省财赋进行理算，"钩考"地方仓库，大肆搜刮，"毫分缕析，入仓库者，无不破产，及当更代，人皆弃家而避之"，天下骚然。其二，更定钞法，发行"至元宝钞"新钞。新钞折中统旧钞一贯文折五贯文。其三，也是最重要的一条，增加课税，盐引由三十贯增为一锭，茶引由五贯增至十贯，商税方面更是大幅增收，江南地区增至由先前十五万锭至二十五万锭，内地由五万锭增至二十万锭。"世祖（忽必烈）皆从之"。

其实，桑哥"改革"重要内容之一的"钞法"，原意是想"新者（至元钞）无冗，旧者（中统钞）无废。"但岁赐和饷军等事皆以中统钞为准。百官会议时，桑哥等人提出"至元钞二百贯赃满者死"。众人唯唯之时，新入朝的赵孟年轻气锐，高言道："始造钞时，以银为本，虚实相权。今二十余年间，轻重相去至数十倍，故改中统（钞）为至元（钞）；又二十年后，至元钞必复如中统（钞）。使民计钞（以钞额数量）抵法，疑于太重。古者以米、绢民生所须，谓之二实，银、钱与二物相权（相比较），谓之二虚；四者为直（值），虽升降有实，终不大相远也。以绢计赃，最为适中。况钞乃宋时所创，施于边郡，金人袭而用之，皆出于不得已，乃欲以此（钞额）断人死命，似未可也。"这位宋朝王孙以刑名说事，实际上是他已经指出了桑哥"钞法"的虚弊。

大臣中有人为巴结桑哥，又欺赵孟是新入朝的"南人"，厉声指斥说："现在朝廷推行至元钞，所以犯法者以此钞来计赃论罪，你这么一个黄口孺子，怎敢有异议，难道是想阻碍至元钞的颁行吗？"

赵孟气势仍盛，据理力争道："法者，人命所系，议有重轻，则人不得其死。我此来乃奉诏参与议论，不敢不言其真。今中统钞虚，故改（为）至元钞，如谓至元钞终无虚时，岂有是理！您不与我相较财理，而空口陵蔑，可乎？"一席话，说得对方愧然而退。虽如此，蒙汉色目大臣皆知桑哥有忽必烈撑腰，基本没什么人出头对"新法"说不字。

"桑哥即专政，凡铨调内外官，皆由于己，而宣其敕，尚由中书。桑哥以为言，世祖（忽必烈）乃命自今宣敕并付尚书省。由是以刑爵为货而贩之，咸走其门，入贵价以买所欲。贵价入，则当刑者脱，求爵者得。纲纪大坏，人心骇愕。"所以，桑哥专政后，桑哥把朝廷当成了市场，官位当成了商品，卖官鬻爵，肆无忌惮。

当婊子不忘立牌坊。为相两年后，他差使手下谄谀小人上"万民书"，要求元廷为桑哥"立石颂德"。忽必烈得知此事，对这个能为他敛

财的"大狼狗"很支持,吩咐说:"民欲立则立之,仍以告桑哥,使其喜也。"为此,翰林院蒙汉高手奋笔疾书,详列桑哥功德,在中书省府院前坚立一巨石,上题"王公辅政之碑",唯恐内外不知桑哥的"政绩"。

折腾了四年,桑哥弄得天下怨起,人不敢言。最后,还是赵孟对忽必烈的高级侍卫彻里(奉御官,"怯萨"的一种)讲:"皇上论贾似道误国,常责留梦炎等宋朝大臣不能挺身而出。现今,桑哥之罪,有甚于贾似道!我等不言,他日何以辞其责!然我乃疏远之臣,言必不听。侍臣中,惟君为皇上所亲信,读书知义理,慷慨有大节。倘若您能不畏天威之怒。为百姓除此凶残之贼,真仁者之事,公必勉之!"

有赵孟一番激励,趁忽必烈在柳林打猎心情好的机会,彻里纵言桑哥误国害民,"辞语激烈"。起初,忽必烈闻言即大怒,责斥彻里"诋毁大臣",命令左右卫士猛搞彻里嘴巴,"血涌口鼻,委顿地上。"稍停,忽必烈又问彻里是否知罪,彻里"辩愈力",朗声言道:"为臣我与桑哥无任何私怨,现不顾生死揭发他的罪状,实出于对国家的忠心。如果我害怕皇上震怒而不敢谏,奸臣何得而除,万民何得而息!"

闻此言,忽必烈沉吟。随同忽必烈外出的蒙古贵族也里审班、也先帖儿等人见状,也一同跪下,劾责桑哥专权黩货等罪。

忽必烈还是不大相信,急召出使在外的翰林学士承旨不忽木来问情实。不忽木在行宫营帐里见皇帝,痛心疾首地说:"桑哥壅蔽聪明,紊乱政事,有言者即诬以他罪杀之。今百姓失业,盗贼蜂起,召乱在旦夕。如不诛桑哥,恐此人将为陛下深忧!"在场的贺伯颜等人也力证桑哥奸邪,"久而言者益众。"见这么多蒙古贵族指斥桑哥,当然害怕危及元朝的统治,忽必烈就下决心把"财神爷"送入阎罗殿。于是,他下诏御史台及中书省辩论桑哥之罪,并命人毁弃"桑哥辅政碑"。

怯萨,从职责看仅仅是皇帝身边的带刀侍卫,诸王贵族身边皆有

"怯萨"。与历朝历代不同，元朝皇帝的"怯萨"源由蒙古旧制，其组成人员皆是蒙古或色目的高官贵族子弟以及各地地方长官子弟。这些人，皆是蒙古帝王最信任的贴心人，他们负责皇帝的日常起居和宫廷内事务，基本把太监该干的活计都干了，这也是有元一代没有太多宦官乱政现象的主要原因。怯萨不仅仅是充当皇帝禁卫军那么简单，他们常常出任地方高级官员，或口含天宪巡视地方，因此元朝才有"怯萨入仕"这个名词。当然，"怯萨"到了元朝后期，滥竽充数者不计其数，只要花钱就能买这个"身份"。忽必烈时代，怯萨可说是除亲王、嫔妃外最接近皇帝的人员，所以赵孟才激身为怯萨的彻里前去说服忽必烈。如果换了汉人官员在忽必烈面前讲正当红的桑哥坏话，估计会立时被砍掉脑袋。

忽必烈不做靠山，桑哥肯定玩完。有司抄家，桑哥的家财竟然"半于大内"，皇帝首富，他第二。

几个月后，元廷有诏斩这个吐蕃人于闹市。金山银山，地狱里也享受不到分毫。恼怒之下，忽必烈又派彻里到江南行省，把桑哥的妻党要束木以及忻都、王巨济等党羽押还大都，审问之后，均送闹市开斩。

史天泽是名将贤相，还是汉奸

在滹沱河流域功成名就的历史人物，在今天引起争论最大的，莫过于史天泽了。

史天泽（公元1202—1275年），字润甫，原籍大兴府永清县（治今永清县永清镇），善骑射，勇力过人。1213年随父史秉直归降蒙古，其后随长兄史天倪驻真定，迁居获鹿岳村（现石家庄市区）。在这里，开始了他建功立业的人生旅途。在蒙古军队进入中原，灭亡金朝时，他和其父、其兄立下重大功绩。在元朝军队南征灭宋时，他两次领兵出征。他主持中书省，协助忽必烈，为开创元帝国的一统江山，多有建树，以致历五朝，均受倚重，成为有元代汉人官至右丞相的唯一特例。所以，尽管正史——《元史》对他评价很高，但是后人还是颇有争议，在民间，时不时能听到有人将他划入另类——汉奸的主张。

史天泽到底是值得称道的名将贤相，还是千夫所指的汉奸卖国贼？让我们抛开狭隘的感情因素，还原那段历史吧！

俗话说：乱世出英雄。史天泽的人生之路是在乱世中起步的，也是在乱世中定格的。

公元1202年，在古燕腹地的永清，一个婴儿呱呱堕地。没有人想，这位史家三公子日后会成为名噪中原的元帝国封将拜相的人物。

史家原是一个财力雄厚的乡里大姓，但是史天泽偏偏生不逢时。他正好赶上了金朝末期，金朝统治集团无论是在军事上，还是在政治上，都已是腐败不堪。再加上蒙古军队南侵，国家衰乱，民不聊生，各地地主武装多据地自保。史家的安稳日子也过到头了。

有道是时势造英雄。也许正是因为战乱，改变了史天泽的人生轨迹。

那是在史天泽11岁时，蒙古太祖八年（公元1213年）七月，成吉思汗率蒙古大军南下攻金，进至河北一带。史天泽的父亲史秉直平时爱读书，尚义气，在当地很有影响。这时，史秉直率众乡里数千人，到涿州蒙古军太师木华黎军门归降。史秉直有三个儿子，长子史天倪，次子史天安，幼子史天泽。

这时，蒙古军队初入汉地，正需要汉人来帮助治理。木华黎自然毫不犹豫就接受史秉直家族投降归附，并要任用史秉直。史秉直推辞，只是荐其长子史天倪。木华黎即以史天倪为万户（蒙古官名，本为世袭军职。元朝建立后，在各路分设万户府）。史秉直归附蒙古以后，便尽心尽力地为蒙古统治者服务，由于他很会办事，又有名气，远近前往归附的竟达10万余户。第二年，史秉直从木华黎攻金北京大定府（今内蒙古宁城西），因功授行尚书六部事，主管粮饷，保证了军需供给。

也是在这一年，史天泽的兄长史天倪面见成吉思汗。良好的家庭背景，造就了史天倪的才华，他所奏奇谋大计，让拥有一统中华大地宏图伟略的成吉思汗眼前一亮，遂摈弃族属界限，将史天倪引为股肱。成吉思汗赐给史天倪金符，授予马步军都统，管领24万户。第二年又授予右副都元帅，改赐金虎符。史天倪任河北西路兵马都元帅，守真定。史天泽任帐前军总领，举家迁居获鹿岳村（现石家庄市区）。

1225年，史天泽23岁。这年春天，一件意外的事变发生，使史天泽代替大哥史天倪，走上政治前台。

事变发生在真定，这是一次军队叛乱。

叛乱是由副帅武仙发动的。武仙，威州（治今井陉县东北）人，在蒙古军和金军争夺河北中，聚集乡兵，被金朝进宣抚使，封为恒山公，总领中山、真定府，沃、冀、威、镇宁、平定州，抱犊寨、栾城、南宫等地。《金史·武仙传》说，和他同时封授"公"衔的九公中，"财富兵强恒山最盛。"但由于大势所趋，不得不投降蒙古，做了史天倪的副手，共同治真定前后达6年。但武仙不甘居于人下，伺机反叛。1225年，武仙的党羽据西山腰水、铁壁二寨反叛，史天倪将叛军剿灭。武仙设宴邀史天倪，在宴席上杀害了史天倪，割据真定。

史天倪被杀害时，年仅39岁，正当壮年。从永清史氏到真定史氏，是从史天倪开始的。

叛乱发生时，史天泽不在真定，他正在护送母亲去北京的路上。在途中闻讯长兄被害，史天泽不顾府僚逼迫他到燕地避祸，毅然南还。沿途一路收集逃散的部众，直至满城，已聚集甚多。一面紧急向孛鲁（木华黎之子）报告，请发援兵。孛鲁派蒙古兵三千人支援，并承制命史天泽袭其兄长军职，为都元帅。此时，二哥史天安也率兵赶来，另一位汉将军易州定兴人张柔亦派兵支援。史天泽在诸路军的支援下，进兵卢奴（今定州市）。武仙部将葛铁枪率万人来战。史天泽身先士卒，生擒武仙骁将葛铁枪，攻克卢奴，略无极，拔赵州（今赵县），进军野兴，一举收复真定，武仙落荒而逃。

此后，在灭金的战争中，史天泽率兵征战，屡立战功。蒙古太宗六年（公元1234年）正月，攻破蔡州，金哀宗自杀，金亡。史天泽率兵还真定。

真定是史天泽起步的地方，也是史天泽腾飞之地。正是在真定这个宽广的舞台，史天泽奠定了辉煌人生的基业。

真定是连接中原和大漠的重镇，金、宋、蒙古三股势力都千方百计要把真定掌控在自己手里。因此，这时的真定，便成了你争我抢的对象，一直处于动荡之中。安定真定，成了史天泽的首要职责，也成就了他官宦生涯的奠基之旅。

安定真定，就要让真定远离战火。但是，在战乱频仍中做到这一点非常不易。第一个不让真定安宁的就是武仙。对武仙来讲，本来费尽心机，略施小计就把真定掌控在了自己手里的，就要舒舒服服地做真定王，没成想，还是被黄毛小儿史天泽赶了出来，如何咽得下这口气？于是就同南宋大名总管彭义斌暗中联合，要让真定再次变天。大战再次展开。史天泽选拔精锐士卒为先锋，自率铁骑继后，向彭义斌发起攻击，一举消灭了彭义斌。武仙不甘心，战场打不赢，就另谋他途，暗中派奸细联络死党，在真定城内大历寺集结，以为内应，趁黑夜攻占了真定。史天泽措手不及，只带领步卒数十人，逾城东出，奔向藁城，求援于藁城守将董俊。董俊把精锐数百人交付史天泽。史天泽率军连夜赶赴真定，与笑乃歹合兵，又夺回了真定。武仙逃奔西山抱犊寨。

重新夺回真定后，史无泽一方面招集流散，抚恤穷困，安定人心，另一方面修缮城壁，加强城防，使真定成为难以侵犯的坚固城垣。但城外的抱犊寨等地是武仙的巢穴，不立即进攻，终遗后患。于是史天泽率兵攻打，武仙逃跑。接着又攻下蚁尖、马武等寨，在这样的形势下，相州、卫州也投降归附。真定的局势得以稳定。

1229年蒙古太宗（窝阔台）即位，设立万户，分统汉兵。命史天泽为真定、河间、大名、东平、济南五路万户。蒙古太宗二年（公元1230年），武仙复屯兵于卫州，史天泽合诸军围攻。金帅完颜合达率兵10万来援救。双方激战，蒙古军北退。唯独史天泽率千人绕出敌后，败金兵一都尉军，蒙古大军乘势聚集反攻，武仙逃走，卫州再度被攻克。

安定真定，就要让真定百姓免遭生灵涂炭。彻底罢兵息战是根本途

径，但是，这是他根本做不到的。即使他有此心，也无此力。他能做的，除了自己不滥杀无辜外，就是劝阻蒙古军肆意杀戮。

在他第二次从武仙手里夺回真定后，蒙古军首领笑乃歹怪怨真定民众从武仙，盛怒之下，把真定万余人驱赶在一起，要杀戮出气。史天泽急在心里，下决心制止无端的杀戮。他心里比谁都清楚，对蒙古军兵来说，攻城略地杀人劫掠，似乎是很自然的事，他作为一个汉官，出面制止，要冒着触犯蒙古将领的风险。但是，他还是毅然出面，劝阻道："他们都是被胁迫而为，没有该杀之罪。"笑乃歹不听，史天泽据理力争许久，硬是从蒙古军的刀口下，救活了这万余民众。在伐金中，他的部队招降老幼十万余口，他都加以保护，让他们自便处所，或使归乡里，没有为难一个人。

这样的事，在他大哥史天倪身上也发生过。史天倪跟随蒙古太师木华黎平定河北西路，史天倪任权知河北西路兵马使，史天倪也是斗胆进谏木华黎："目前，中原大致平定。但是，我军仍然纵兵劫掠，这不是王者抚人民、伐罪孽的本意。"木华黎遂下令禁止剽掠，俘获的官吏百姓，一律遣归家园故里。于是，军纪严明，各地官吏民众大悦。大军从真定一路南下，克邢州（邢台），破滏阳（今磁县），下相州（河南安阳），占林州（河南林县），木华黎一路留下了"仁厚不杀"的名声，金国归降者众。

忽必烈在稳定了中原的统治后，又继续攻南宋。至元十一年（公元1274年），伯颜和史天泽总领大军20万自襄阳水陆并进，至鄂州，史天泽因病北还，逝世前上奏世祖："愿天兵渡江，慎勿杀掠。"

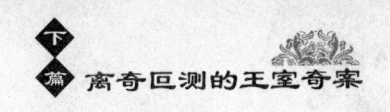

成吉思汗为什么封木华黎为国王

木华黎是蒙古扎剌亦儿氏人,"沉毅多智略,猿臂善射,挽弓两石强。是成吉思汗四杰之一。战功卓著,被封为第三千户,与另一杰博尔术并列为成吉思汗的左右手万户。后来,成吉思汗西征,木华黎又被封为太师、国王,经略汉地,名贯天下。木华黎本是成吉思汗祖先海都时代传下来的部落奴隶,他是怎样一步一步由奴隶变成将军,由将军变成国王的呢?

木华黎出身的扎剌亦儿氏自海都后就作为蒙古族主儿乞氏的奴隶属民,代代传了下来,他们都是"有胆量,有气力,刚勇能射弓的人"。

主儿乞氏在成吉思汗攻打塔塔儿人时,不但不出兵助阵,反而倒戈相向,袭击了成吉思汗的后方营帐。成吉思汗战胜塔塔儿归来,发现这一情况,恼怒之下,灭掉了主儿乞氏,将首领该杀的杀了,将其百姓全作了自己的百姓。木华黎的祖父也带着全家投奔了成吉思汗,并把木华黎兄弟送给了成吉思汗作伴当,说:"教永远做奴婢者,若离了你门户啊,将脚筋挑了,心肝割了。"木华黎的父亲、叔叔、堂兄弟均做了成吉思汗的那可儿。

木华黎继承父亲遗志,忠心耿耿地保护成吉思汗。一次在与克烈部交战失利后,天下大雪,成吉思汗无营帐可居,卧草泽中。木华黎不忍心见可汗受风雪之寒,与博尔术张毡裘,为成吉思汗遮雪避风,通宵直

立，足迹不移。木华黎"猿臂善射"，武艺超群，他同其他三杰一同为成吉思汗出生入死，辅助成吉思汗平定大漠，一统蒙古。成吉思汗在建国分封大会上对木华黎说："自你做了我的伴当，从未离开过我的门户。……多次出生入死，威震敌胆。今日封你为第三千户，居于上位，直至子子孙孙。管辖东面直至合剌温只敦（即大兴安岭）一带的百姓。

木华黎"沉毅多智略"，具有政治家风度，是将帅之才，其功绩主要表现在伐金上。成吉思汗征服西夏之后，于1211年，倾全国兵力南下攻金。金国派精锐部队40万人列阵野狐岭，抵挡蒙古入侵。木华黎为先锋，策马横戈，大呼陷阵。成吉思汗挥兵跟进，大败金兵，伏尸百里。野狐岭一役，尽歼金兵精锐，是蒙古伐金的第一场大胜仗，极大地鼓舞了士兵的斗志。之后，木华黎又接连攻克了金国的诸多州县，并派人招降了兴中府。他收附了许多汉人、契丹人的武装，大大加强了蒙古军队的力量，并在经营辽东期间，灭掉了锦州的张致，将降而复叛的朝鲜人赶回海岛。1214年，蒙古军会师中部城下，金宣宗纳女求和。由于蒙军此次征金志在掳掠，所以成吉思汗答应了金宣宗的请求，带着歧国公主，满载金银财宝、牲畜、人口大掠而还。

金宣宗担心蒙古再次进兵，决意南迁。成吉思汗怪他求和不诚，命人攻金。不久，木华黎将金国首都中都拿下。短短几个月，蒙军便攻占了金国862座城池，黄河以北尽为蒙古天下。

1217年，成吉思汗准备西征，无暇顾及金国，于是对木华黎说："太行之北，朕自经略，太行以南，卿自勉之……"将讨伐金国的大任交给了木华黎，并封其为太师、国王，赐他誓券、金印，上刻"子孙传国，世世不绝"八字，为了增强木华黎的威信，成吉思汗还将一面象征成吉思汗权力的九斿大旗赐给了他，并宣布："木华黎建此旗以出号令，如朕亲行。"成吉思汗将经略中原的全权交给木华黎，放心地西征去了。

木华黎被封国王，一时名贯天下。但是木华黎的"国王"头衔却是有名无实，没有封地。而国王名号也不过是仅次于可汗的一个爵位而已，并不是哪国的国王。更可怜的是，木华黎虽有国王之衔，但其所统率的南征军既不是蒙军主力，也非其左手万户军，而是一支杂牌军。因为所有蒙军主力都被成吉思汗带去西征了。让我们来看一看木华黎国王的军队构成：

一，由镇国率领的汪古部骑兵10000人；二，由孛秃驸马率领的亦乞列思部骑兵2000名；三，阿勒赤那颜带来的3000名弘吉剌部骑兵；四，兀鲁兀惕部由客台率领的骑兵4000名；五，带孙率领的札刺亦儿人1000名；六，薛赤兀儿带领的豁罗剌思部骑兵1000名；七，蒙可·哈勒札率领的忙忽惕骑兵1000名。以上是国王木华黎所有的蒙古铁骑。除此之外，还有吾也而元帅率领的由若干女真、契丹、汉军组成的混合部队，以及耶律秃花元帅的若干山后汉军，札剌儿率领的契丹军。这些便是木华黎所有的正规军，尽管有许多汉族地主武装也加入进来，但其军队总数也不过10万人左右。而成吉思汗这次交给木华黎的任务，却不再是掳掠财物，而是消灭金国。木华黎顶着国王的名号，却带着区区10万军队去对付金国的几十万大军，实在是困难重重。但是金宣宗见成吉思汗带着蒙古大军西征，以为无后顾之忧了，竟命金军主力去攻南宋，用极少的军队和地方武装去和木华黎的军队相抗，结果再次铸成大错。

木华黎知道自己力量薄弱，遂改变了以往以进攻为主的打法。他利用金人与汉人的矛盾，以及百姓对金人残暴统治的不满，下令禁止士兵烧杀抢掠，将所俘百姓送回乡里，耕田垦荒；占领城池之后，不再抛弃，而是招集百姓，从事耕稼，并采取一系列措施保护农业，使得军民安定。同时招降中原豪族及地主武装，并授予世袭官职，引来了大批武装，蒙古军力大大加强。

木华黎进军河北，打败张柔，收为部将，攻下了许多州县。之后木华黎又攻山东，曾用 500 名轻骑兵打退袭击济南的两万金兵，山东州县纷纷投降。1221 年，木华黎率蒙军主力进攻山西、陕西，攻占大片土地。1223 年，木华黎病重，死于山西闻喜县。

木华黎未在有生之年拿下金国，并不是他无能。除军队少，年龄大之外，主要还是因为金国国力尚在，"瘦死的骆驼比马大"，一只老虎也很难一口吃下一只大水牛。几十万人的军队，几千万人的大国，也不是靠一支十几万人的军队就能拿下来的。木华黎虽未消灭金囤，但他六年来的战争已使得金国千疮百孔，国力大失了，为后来宋蒙联军灭金做好了前期准备。

后 记

在一般人的印象中,元朝是一个威猛彪悍的帝国,征服了众多的国家,天之骄子成吉思汗更是无人不知。但是关于元朝具体的历史,很多人都不太清楚了,比如成吉思汗的成长经历,元朝如何建立,蒙古帝国怎样东征西讨……本书带你走进蒙元帝国的历史,领略元朝百年风云,兴衰成败。

中国是世界四大文明古国之一,中华文明亦称华夏文明,是世界上最古老的文明之一,也是世界上持续时间最长的文明。中华文明源远流长,已有五千年的悠久历史。

元朝虽然是一个短命的王朝,虽然它在社会政治经济方面有很多重大的错误措施,但它却开创了古代中西文化交流最繁荣的时代。大元通过海上"丝绸之路"进行经贸往来的国家和地区由宋代的 50 多个增加到 140 多个。由于蒙古的势力扩展到了西亚地区,使得欧洲与大元的交往更加频繁,技术交流更加迅速。

从 1207 年到 1227 年去世的 21 个春秋中,成吉思汗有 16 年在外领

兵征战。他逼迫金朝把首都从燕京（今北京市）迁到河南，从而占据了黄河以北的大片领土。经过四征西夏、围困西夏国都中兴府（今宁夏银川市），他差不多完成了对西夏的军事经略。他带领的蒙古第一次西征大军转战于花剌子模的东部各省区，偏师横扫里海、咸海以北的钦察草原。

轻松的语言洞察历史真相，专业的眼光破译千古之谜；点评千秋人物的成败得失，探索悬而未解的历史疑案。故事化的文本阅读，多样化的图片表现形式、千秋人物的成败得失，更替朝代的治乱兴衰、一个个古老文明的精彩瞬间、组成一部凝重的历史书、彰显出中华民族蓬勃不息的生命力。

在元朝，与西方人的交往不再只靠回响在古丝绸之路上的"古道驼铃"，一支控制着整个东亚海域的庞大商队可直抵非洲，扬帆破浪，将瓷器、丝绸、艺术品等货物大量地运往西方。而罗马的教皇与法兰西的皇帝在这一时期也注意着东方的一举一动，用警惕的目光关注着蒙古帝国的动向。

然而，蒙古帝国迅速瓦解了，元朝在游牧民族与农耕民族的文化冲突中，在大自然给予的无情灾害中，在帝国内部不断的争权夺利中，在统治者的腐化堕落中，元朝退出了历史舞台，最终消失在了岁月的长河之中。正如张养浩在他的散曲中所写到的，"宫阙万间都做了土，历代兴亡多少恨，王侯将相几风流，回首间，终归繁华一梦遥。"

今天我们来阅读这段历史，就是希望尊敬的读者们，能在茶余饭后的小憩中，对这段历史有一个粗略地了解。如果能够通过了解历史，了解这些帝王将相的功过成败，得到某些启迪，或者产生某种共鸣，抑或是得到一些知识，将使作者心中足感快慰。

解读历史，历史早已消失在了昨天，而在那段历史中的无数个鲜活形象，以及那些对后世影响深远的事件，却久远地记载在春秋史籍中。